T0274324

Sanar a tu niño interior perdido

La información contenida en este libro se basa en las investigaciones y experiencias personales y profesionales del autor y no debe utilizarse como sustituto de una consulta médica. Cualquier intento de diagnóstico o tratamiento deberá realizarse bajo la dirección de un profesional de la salud.
La editorial no aboga por el uso de ningún protocolo de salud en particular, pero cree que la información contenida en este libro debe estar a disposición del público. La editorial y el autor no se hacen responsables de cualquier reacción adversa o consecuencia producidas como resultado de la puesta en práctica de las sugerencias, fórmulas o procedimientos expuestos en este libro. En caso de que el lector tenga alguna pregunta relacionada con la idoneidad de alguno de los procedimientos o tratamientos mencionados, tanto el autor como la editorial recomiendan encarecidamente consultar con un profesional de la salud.

Título original: HEALING YOUR LOST INNER CHILD
Traducido del inglés por Antonio Luis Gómez Molero
Diseño de portada: Editorial Sirio, S.A.
Maquetación: Toñi F. Castellón

www.editorialsirio.com
sirio@editorialsirio.com

I.S.B.N.: 978-84-19105-79-0
Depósito Legal: MA-530-2023

Impreso en Imagraf Impresores, S. A.
c/ Nabucco, 14 D - Pol. Alameda
29006 - Málaga

Impreso en España

Puedes seguirnos en Facebook, Twitter, YouTube e Instagram.

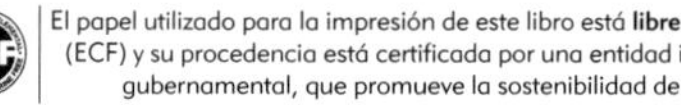

Robert Jackman

Sanar a tu niño interior perdido

Cómo evitar las reacciones impulsivas, establecer límites saludables y disfrutar de una vida auténtica.

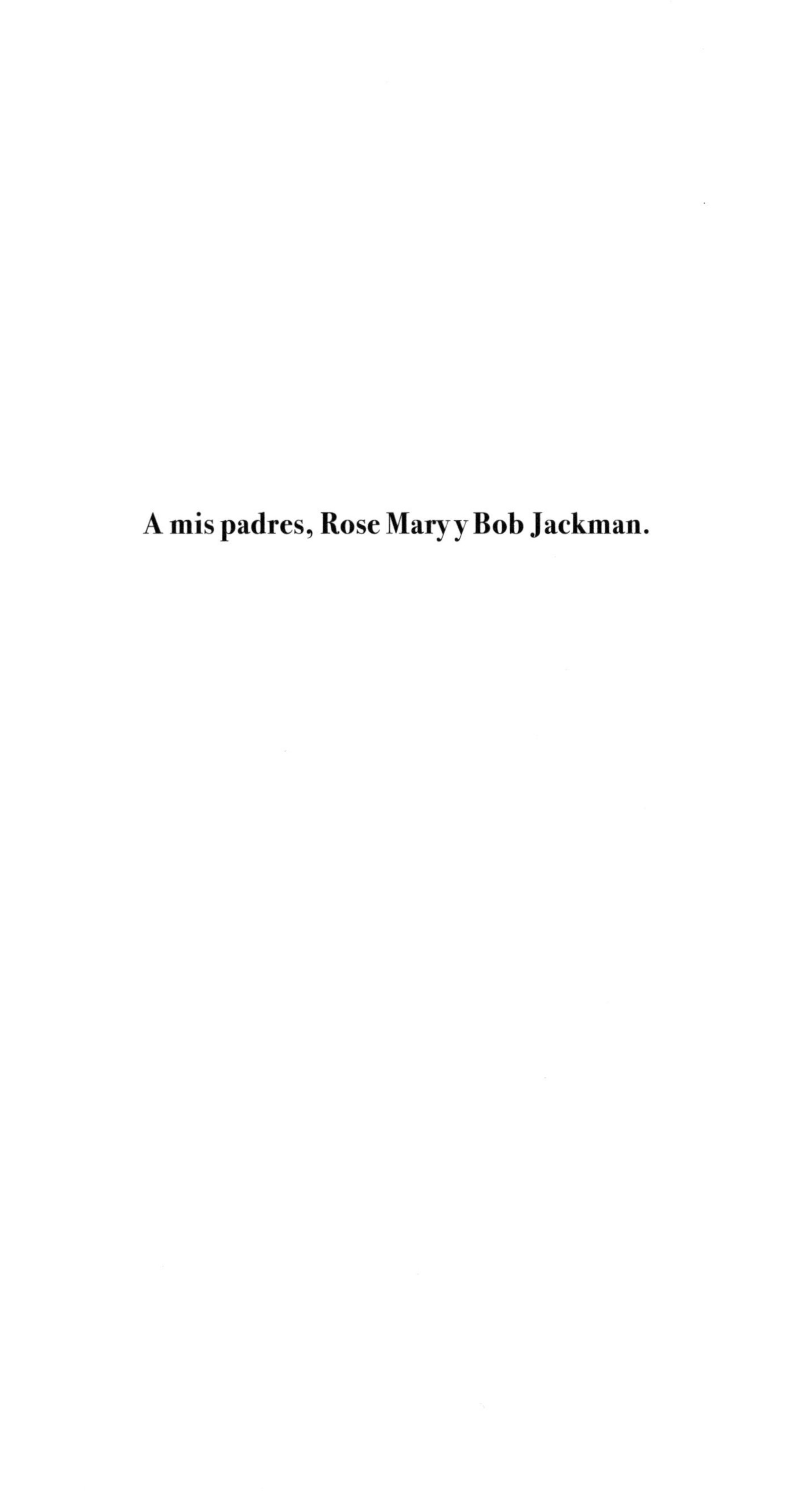

A mis padres, Rose Mary y Bob Jackman.

Índice

Agradecimientos

A mis difuntos padres, Rose Mary y Bob Jackman, gracias por creer siempre en mí y por llenar y expandir con vuestro amor mi corazón. En lo más profundo de mi ser, llevo los sólidos cimientos de la familia, el amor y la confianza en mí mismo que ambos establecisteis. Gracias por alentarme a seguir siempre mis sueños y luchar por ellos. No hay día que no eche de menos vuestra presencia en la Tierra.

A mi hermana, Cindy van Liere, gracias por estar siempre ahí para mí, por tu chispa de vida y el brillo que aportas al mundo. Gracias por ser mucho más que mi hermana; eres mi amiga. Cada día, de muchas maneras, me siento orgulloso de ser tu hermano mayor. No puedo imaginar mi vida sin ti. Eres hermosa por dentro y por fuera. Te quiero.

A mi amor, Drew Caldwell, gracias por tu bondad y tu energía dulce, cariñosa y comprometida durante los últimos treinta años. Gracias por pensar siempre que soy extraordinario y que puedo hacer cualquier cosa que me proponga. Gracias por tu gentileza y compasión cuando aparecieron mis heridas. Sin ti, hoy no sería el hombre que soy hoy, y no puedo imaginarme compartiendo este viaje con nadie más. Te quiero.

Gracias a todos aquellos que a lo largo de mi carrera han acudido a mí profesionalmente y han compartido conmigo la historia de su niño interior. Mi consciencia se expande, aprende y se enriquece con cada uno de vosotros, y por ello os estoy humildemente agradecido.

A todos mis amigos que me escucharon hablar sin parar sobre el libro que estaba escribiendo y que me dieron ánimos y amor ilimitados, gracias.

A mis hermanos de la organización Victories for Men, vuestras sinceras reflexiones me ayudaron a crear un lugar seguro para revelar y descubrir más sobre mí mismo. En 2008 empecé a buscar para conocerme mejor y encontrar más formas de sanar mis heridas. Empecé a asistir a los retiros de fin de semana de Victories for Men, donde conocí a otros que buscaban cómo sanar su niño interior herido. Pude ver a los hombres ser valientes y vulnerables, de corazón abierto y compasivos. No solo conocí a otros hombres con ideas afines y desarrollé profundas amistades, sino que también aprendí a mostrar una masculinidad sana. Reparé en gran medida mi visión distorsionada del mundo de lo que significa ser un hombre y trabajé en las heridas de mi infancia para poder abrazar plenamente mi auténtico yo. Gracias, hermanos. Victoriesformen.org

A mi mentora Kristin Armstrong, que me enseñó el valor de crear un sólido sistema de límites para llevar una vida plena y que el amor propio puede encontrarse en nuestro pasado herido. Gracias por tu amistad. Tus sabios consejos a lo largo de los años me han ayudado más de lo que imaginas.

Gracias a mi otro mentor, el reverendo Don Burt, ya fallecido, que me enseñó que «las familias son los espacios donde se hacen las personas» y a recordar que soy un ser espiritual viviendo una experiencia humana.

Un agradecimiento especial va dirigido a los pioneros y a los líderes del pensamiento en los campos de la psicología, la filosofía y la espiritualidad que han influido en mi propia sanación, así como en mi trabajo de creación del proceso HEAL. Me apoyo en los hombros de estos gigantes.

Gracias al difunto John Bradshaw, autor de *Volver a casa: recuperación y reivindicación del niño interior*. Hace veinte años fui a un retiro de fin de semana en el que John Bradshaw y Claudia Black nos llevaron a través de su proceso, y aprendí a conectar aún más profundamente con mi niño interior. Doy crédito a John Bradshaw por haberme ayudado a comprender la profunda curación que puede producirse escribiendo al niño interior y cómo su integración con el yo adulto es clave para todo el proceso.

Gracias a Pia Mellody, autora de *La codependencia: qué es, de dónde procede, cómo sabotea nuestras vidas. Aprende a hacerle frente*, por su innovador trabajo en el campo de la codependencia. Asistí a su formación intensiva de una semana de duración, llamada *terapia de postinducción*, donde aprendí los conceptos de mirar mi pasado a través de una línea de tiempo del trauma e identificar las heridas que se produjeron en el camino. También aprendí a través de su trabajo cómo afrontamos el trauma cuando somos niños, la función de los sistemas de límites saludables y cómo crean seguridad en nuestras relaciones personales. Me basé en su obra para crear los conceptos de la reacción impulsiva de dolor, el concepto de plano de la línea de tiempo y la escala de respuesta emocional. La expresión *adulto funcional* fue acuñada originalmente por Pia Mellody y Terry Real.

Gracias a Babette Rothschild, autora de *El cuerpo recuerda: la psicofisiología del trauma y el tratamiento del trauma*, cuyo trabajo me ayudó a comprender claramente el funcionamiento del cerebro durante una experiencia traumática, cómo funciona la memoria, cómo se almacena la resonancia del trauma en el cuerpo y el papel del terapeuta en la creación de un entorno seguro para que otros exploren y sanen los traumas.

Gracias a mi amigo Ross Rosenberg, autor de *El síndrome del imán humano: ¿por qué queremos a quienes nos hieren?* En su libro, Ross explora la atracción que ejercen el narcisista y el codependiente, y explica los orígenes de los patrones de heridas profundas que siguen resurgiendo en los comportamientos codependientes hasta que se curan. Gracias por ser una fuente de información para todos nosotros, Ross.

Al principio de mis estudios de psicoterapia me inspiré en el psicólogo Carl Jung, al que a menudo se hace referencia como el creador del concepto del niño interior en su arquetipo del niño divino. Jung escribió: «En todo adulto se esconde un niño, un niño eterno, algo que siempre se está transformando, que nunca se completa y que requiere cuidados, atención y educación incesantes. Es la parte de la personalidad humana que quiere desarrollarse y completarse».*

Gracias al doctor Eric Berne, autor de *Juegos en que participamos: la psicología de las relaciones humanas*, que desarrolló el concepto de análisis transaccional. El doctor Berne también desarrolló la idea del estado del ego infantil, que con el tiempo se conoció como el concepto del niño interior. Su teoría describe que el estado del ego, o el niño interior, es la parte de nosotros que contiene nuestra energía emocional bloqueada. Para sanar, tenemos que volver a conectar con el niño interior para dar voz a esa parte y que pueda liberar su dolor. El trabajo del doctor Berne, junto con el de otras personas influyentes, me ayudó a desarrollar más plenamente la idea del yo adulto responsable y los conceptos de la edad de la herida.

* Carl Jung, *Collected Works of C.G. Jung* [Obras completas de C.G. Jung], Princeton University Press, 1954.

Otros líderes del pensamiento que han influido en mi trabajo son Louise Hay, autora de *Usted puede sanar su vida*; Alice Miller, autora de *El drama del niño dotado y la búsqueda del verdadero yo*; el doctor Bessel van der Kolk, autor de *El cuerpo lleva la cuenta: cerebro, mente y cuerpo en la superación del trauma* y el doctor Joe Dispenza, autor de *Sobrenatural: gente corriente haciendo cosas extraordinarias*.

Un reconocimiento especial para mi editora, Jessica Vineyard, de Red Letter Editing. Jessica, sin duda fuiste la *sherpa* que me guio en cada paso del camino, ayudando a que mi sueño se hiciera realidad. Gracias de corazón. Gracias a tu experta orientación e inspiración, mis ideas y conceptos se han manifestado.

Gracias a Martha Bullen, de Bullen Publishing Services, por su experta orientación para ayudar a precisar el mensaje del libro y prepararlo para presentarlo al mundo. A Christy Collins, de Constellation Book Services, gracias por haber conseguido que mi libro tenga un aspecto estupendo por dentro y por fuera. Cada una de vosotras habéis sido mis diosas ayudando a dar a luz este libro. Gracias.

Introducción

Probablemente hayas escogido este libro porque tienes un patrón en tus relaciones que estás cansado* de repetir y quieres ponerle fin. Tal vez hayas intentado hacer algo para cambiar este ciclo. Quizá hayas probado algunos enfoques que solo han conseguido parchear el problema. Puede que incluso hayas ido a terapia; sin embargo, estos mismos patrones recurrentes siguen apareciendo en tu vida. Nada funciona.

¿Te has hecho alguna vez las siguientes preguntas?:

- ¿Por qué sigo cometiendo los mismos errores en mi vida?
- ¿Por qué me sigo rodeando de gente tóxica?
- ¿Por qué siento como si tuviera dentro un agujero que no se cierra nunca?
- ¿Por qué cedo mi poder a los demás y les dejo que sean ellos quienes definan quién soy? ¿Por qué mis sentimientos no tienen importancia?

* N. del T.: Por razones prácticas, en favor de la claridad y la fluidez, se ha utilizado el género masculino en la traducción del libro (excepto en las afirmaciones y reflexiones con las que los lectores y lectoras van a trabajar directamente. En ellas se han combinado ambos géneros).

- ¿Por qué alejo a las personas, incluso a las buenas, de mí? ¿Por qué no las dejo entrar?
- ¿Por qué ataco verbalmente a los demás y luego prometo que no lo volveré a hacer?
- ¿Por qué sigo cambiando para que otros se sientan cómodos?
- ¿Por qué me cuesta tanto que me quieran? ¿Soy siquiera digno/a de ser amado/a?
- ¿Por qué dudo y me cuestiono todo el tiempo?
- ¿Por qué me siento tan herido/a y disgustado/a?
- ¿Por qué hago tanto por los demás y nada por mí? ¿Por qué me autosaboteo?
- ¿Por qué siento la necesidad de ser responsable de todo y de todos, y de controlar siempre la situación?
- ¿Por qué sigo saliendo, o casándome, con el tipo de persona que no me conviene?
- ¿Por qué estoy convencido/a de que soy un fracasado o una fracasada y de que no valgo nada?
- ¿Por qué quiero escapar de mi vida?

En un momento u otro, todos nos hemos hecho este tipo de preguntas. Algunos intentan responderlas por sí mismos o piden ayuda a sus familiares o amigos para averiguar qué les pasa. Suelen recibir muchas opiniones poco útiles de los demás y luego se sienten todavía más confusos. Los otros tienden a decirnos lo que ellos harían: hacerles caso sería como seguir los consejos de una de esas pegatinas que llevan algunos coches.

Las respuestas a estas preguntas se encuentran en lo más profundo de tu ser. En tu corazón hay un *niño interior* perdido y herido que guarda la sabiduría y anhela la aprobación y la sanación. Este dolor que no reconocemos se encuentra en la raíz de todas estas preguntas. Esta herida sigue apareciendo en la vida disfrazada de *reacciones impulsivas* y respuestas exageradas.

Hace falta valor para plantearse siquiera la posibilidad de mirar a las partes de uno mismo que se sienten heridas o que nos desconciertan. Ciertamente, millones de personas se resignan a pensar que la vida tiene que ser así. No tienen ningún deseo de llevar a cabo el duro trabajo de curarse a sí mismas. Mucha gente se conforma con reaccionar ante la vida de la misma manera una y otra vez, esperando resultados diferentes en cada ocasión. El hecho de que hayas elegido este libro indica que estás dispuesto a escuchar tu sabiduría y tu dolor, y a prestar atención a lo que tienen que decir. Estás preparado para sanar y cambiar tu forma de responder a la vida.

Probablemente conozcas bien algunas de tus pautas, y ciertamente conoces tus heridas y dolores emocionales, pero es posible que no sepas cómo han llegado a ser así. Lo que sí sabes es todo lo que has intentado, lo que ha funcionado y lo que ha sido decepcionante.

El proceso HEAL* –sanar y adoptar una vida auténtica– es un método práctico para ayudarte a sanar y liberar tus pautas disfuncionales que hunden sus raíces en las heridas emocionales, que a su vez se establecieron hace mucho tiempo. Se trata de un proceso de transformación que te ayudará a desplegar y sanar las partes heridas que ya no te sirven, y te llevará a un nuevo espacio de sanación interior. El proceso combina numerosos enfoques y ejercicios para ayudarte a conectar con algunas de las razones subyacentes por las que reaccionas y respondes como lo haces. Siguiendo este proceso de transformación, empezarás a comprender y reconocer

* N. del T.: El término inglés *heal* significa 'sanar', y el autor lo utiliza a modo de acrónimo: ***H**ealing and **E**mbracing an **A**uthentic **L**ife*, cuya traducción es 'sanar y adoptar –o abrazar– una vida auténtica'.

los patrones específicos de herida a los que te aferras. Una vez que pases por el proceso, tus heridas comenzarán a sentirse más integradas con tu *yo adulto responsable* y no te parecerán tan ajenas o perdidas. No solo entenderás por qué tomas esas decisiones impulsivas, sino que también comprenderás los patrones principales de tu vida que te impiden sentirte realizado. Pasarás de sobrevivir emocionalmente a prosperar a ese nivel.

El proceso no consiste únicamente en reclamar el yo auténtico y *enraizado*, sino también en reconocer tu capacidad de *resiliencia* al atravesar situaciones difíciles en el presente. Este trabajo te ayudará a honrar las partes de tu ser que luchan por mantenerte a salvo y a observar las que te perjudican y te impiden vivir una vida auténtica. Aprenderás a identificar los espejismos y las creencias negativas y limitantes sobre ti mismo que arrastras. Lo que quizá en este momento no tengas claro en cuanto a la relación de estas reacciones impulsivas con tu herida de la infancia, se aclarará a medida que pases por el proceso HEAL, que te guiará para que te sientas más íntegro y en control de tu vida.

A través del proceso HEAL, ayudarás a tus partes heridas más jóvenes, es decir, a tu niño interior herido que se siente perdido y está buscando, a integrarse con tu yo adulto. Hasta que se produzca esta curación, la parte herida seguirá actuando, interviniendo frenéticamente para tratar de controlarlo todo y tomando impulsivamente malas decisiones con las que luego tiene que enfrentarse tu yo adulto responsable. El trabajo que realizarás le ayudará a tu yo adulto a desarrollar las herramientas necesarias para retroceder en el tiempo y tomar tranquilamente de la mano a tus partes heridas más jóvenes. Tu yo adulto, confiado, seguro y en control, reforzará su amor por su yo infantil que se siente perdido; asimismo, establecerá límites firmes y le asegurará a la parte herida que va a estar bien y no tiene que preocuparse por nada. Aprenderás a reconocer cómo y cuándo aparece esta parte infantil y a preguntarle lo que necesita para sanar e integrarse con el yo adulto. Al fin y al cabo, para saber a dónde vamos tenemos que saber de dónde venimos.

A través de la lectura de casos reales y del trabajo con los ejercicios de cada capítulo, verás todos los patrones relacionales que se establecieron en tu vida temprana. Una vez que conozcas las pautas y los temas que siguen produciéndose en tu vida, ya no podrás repetirlos inconscientemente. El momento en que ves esos patrones –cuando se enciende la bombilla y todo hace clic– es un momento de curación, un momento de gracia. De hecho, tendrás muchos momentos *ajá* mientras trabajas en el proceso HEAL.

Con el tiempo, empezarás a ver y sentir la diferencia en ti mismo al convertirte en creador consciente de tu mundo en lugar de reaccionar impulsivamente a él. Ya no vivirás el espejismo de la ensoñación, sino tu vida presente y disponible para ti primero, y luego para los demás. Has de saber que lograrás transformar el dolor emocional que arrastras y que podrás dejar de lado esa falsa idea de que estás destinado a cargar con heridas emocionales toda tu vida.

El trabajo con el niño interior nos ayuda a llegar a la raíz del problema –la herida central– en lugar de limitarnos a ponerle una tirita al dolor y esperar que mejore. Yo no he inventado el concepto de trabajo con el niño interior; me precedieron numerosos pensadores que desarrollaron diferentes enfoques sobre el niño interior herido. He de decir, con respeto y humildad, que mi trabajo e inspiración nacen de los esfuerzos de otros muchos. Lo que ofrezco aquí es mi enfoque del trabajo con el niño interior y una forma de conectar con tu ser auténtico y resistente a través de la puerta de tus partes heridas.

En mi práctica psicoterapéutica busco el modo de conseguir que una persona sea eficiente, fuerte y se enfrente bien a la situación, en lugar de centrarme solo en sus problemas o en lo que está mal. Voy más allá de su dolor presente y dialogo con la parte que es sabia, auténtica y arraigada, para animarla a salir a la luz. Esta psicología positiva invita a la parte curada a defender la parte herida. A medida que trabajes con este libro, verás cómo tus partes sabias, auténticas y resistentes han estado ahí en todo momento, esperando a que las llames para ayudar a tus partes heridas a sanar.

Descubrirás que una parte de la información hablará directamente de tu experiencia y otra te brindará una perspectiva de la lucha de otra persona. Aunque creas que la carga emocional con la que tienes que lidiar es excesiva, confía en ti mientras sigues este proceso. Empezarás a ver claramente cuándo, dónde y cómo has llegado a donde estás hoy, así como los próximos pasos que debes dar.

A medida que leas los capítulos, verás partes de ti mismo que te resultarán difíciles de examinar, lo cual es completamente natural y normal. Te vendrá bien tener un cuaderno a mano para los ejercicios de cada capítulo. Si hacer los ejercicios te abruma, quizá te convendría hablar con un terapeuta experto que conozca el trabajo con el niño interior.

En mi sitio web www.theartofpracticalwisdom.com, podrás obtener el cuaderno de trabajo complementario con material adicional, testimonios compartidos y ejercicios en profundidad. Para obtener más información, consulta la página de recursos al final del libro. En ella he enumerado varios sitios web y autores de los que he obtenido grandes conocimientos a lo largo de los años.

Ten en cuenta que las definiciones de las palabras en cursiva se encuentran en el glosario que figura en las últimas páginas.

La información aquí contenida no sustituye en ningún caso a la consulta con un psicoterapeuta, sino que es el enfoque que conozco y he desarrollado tras haber tratado con éxito a muchas personas a lo largo de los años. Yo mismo he utilizado el proceso HEAL para sanar e integrar mis heridas de la infancia con mi yo adulto.

Tómate tu tiempo y disfruta del viaje. Tendrás mucho más claro quién eres y cómo te relacionas con los demás cuando llegues al final. El proceso HEAL consiste en ampliar tu conciencia de ti mismo, no en cambiarte.

¿Estás preparado para reclamar la libertad de ser tu auténtico yo? Si es así, te pido que confíes en mí y en ti mismo a través de este proceso. Eres más fuerte de lo que crees.

CAPÍTULO 1

Heridas vivientes

Tarde, a solas en el barco de mi ser, sin luz ni tierra por ninguna parte, el cielo cubierto por una espesa capa de nubes. Trato de mantener la cabeza a flote, pero ya estoy bajo el agua y viviendo dentro del mar.

—RUMI

¿Te has dado cuenta de que hay gente que parece tenerlo todo controlado y se le da bien ser ella misma, mientras que algunas personas se encuentran fragmentadas y dispersas y se enfrentan una y otra vez con los mismos problemas?

Tal vez seas uno de esos individuos que no entienden por qué sigues atrayendo a gente que te trata mal. O quizá atraigas a quienes dicen ser tus amigos, pero que lo único que hacen es traer más problemas a tu vida. Si es así, lo más probable es que la parte herida de ti esté eligiendo inconscientemente a otras personas heridas con las que relacionarse. Quienes están heridos encuentran a otros heridos. Esta herida surge de forma bastante inocente a través de nuestras experiencias de crecimiento, cuando fuimos ignorados, rechazados o despreciados. Para algunos, se produce de forma dramática mediante el abuso, el maltrato, la negligencia u otros traumas. Mientras tanto, hicimos lo mejor que pudimos con las herramientas que teníamos en ese momento. Sea cual sea la forma en que asumimos esta herida, se instala en lo más profundo de nuestro ser, ocupando un espacio emocional e impactando en cómo nos sentimos sobre nosotros mismos en relación con el resto del mundo.

No todos se ven afectados por un acontecimiento o experiencia traumáticos de la misma manera. Para algunos, una experiencia hiriente desaparece, pero para otros el dolor se adentra en lo más profundo de su ser. Cada uno tiene su propia capacidad de resistencia en cuanto a cómo procesa y afronta las heridas y los traumas emocionales, y cómo sobrevive a ellos; y a veces el trauma o la herida se queda con nosotros, escondido mientras seguimos con nuestras vidas. Empujamos esta herida hacia lo más profundo de nuestro ser, tratando de ignorarla, porque es muy doloroso recordarla y volver a sentirla.

Cuando no reconocemos el dolor y la herida, estos empiezan a salir de forma distorsionada, intentando que los reconozcamos y nos ocupemos de ellos. Las *emociones* son mensajeros internos que intentan llamar nuestra atención. La mayoría de la gente simplemente rechaza las señales o las ignora por completo.

Puede que te hayas acostumbrado a sentir la herida que arrastras y que te hayas convertido en un miembro del club de las heridas vivientes. Tal vez pienses: «Sé que esto me pasó a mí, pero fue hace mucho tiempo y ya no quiero recordarlo». Sin embargo, el dolor va a permanecer contigo, intentando encontrar una forma de que lo reconozcas. No se irá a ninguna parte hasta que te enfrentes a él. Seguirá apareciendo, normalmente de forma indirecta, desviándote del camino, del equilibrio, y contribuyendo a la depresión y la ansiedad.

He visto a personas con todo tipo de historias dolorosas y traumáticas. Muchas han sufrido daños profundos, como traumas mentales, físicos y sexuales, a menudo por parte de familiares cercanos. Por lo general, es muy difícil pensar en este tipo de acontecimientos, y mucho menos explorarlos en profundidad. La mayoría se esfuerza por olvidar ese trauma o alejarse de él. A menudo soy la única persona a la que le cuentan lo que les sucedió. Las emociones que rodean estas experiencias necesitan un manejo y un cuidado especiales.

Si has sufrido un trauma de este tipo en tu infancia, estas son algunas cosas que debes saber:

- Nada de lo que hiciste de niño justificó que te hicieran lo que te hicieron.
- La persona que hacía esas cosas era mayor, más poderosa y tenía influencia sobre ti.
- Nada de eso te ocurre ahora.
- No estás solo. Puedes recibir ayuda profesional para afrontar este dolor. *Puedes* sanar y superar el dolor.

Si te sientes herido y destrozado por lo que has vivido, debes saber que hay una parte de ti que está intacta y entera. Es la parte a la que no llegaron, tu parte más auténtica. Y en ella reside la clave de tu curación.

Si yo no apuesto por mí, nadie lo hará.

En los primeros años de mi juventud, elegía inconscientemente como amigos a personas narcisistas y heridas. Aunque por aquel entonces no lo sabía, con el tiempo aprendí que esto se debía a mi parte infantil herida, que sabía instintivamente cómo interactuar con quienes necesitaban atención y validación, y que lo que yo hacía era engrandecer a esas personas, mientras, al mismo tiempo, me rebajaba a mí mismo. No me hacía falta pararme a pensar en cómo tratar a esta gente o qué hacer con ella, porque la entendía a la perfección; lo curioso es que, en cambio, apenas me conocía a mí mismo.

Yo venía de un hogar con problemas de alcoholismo. Las heridas de la primera infancia que me causó mi entorno familiar contribuyeron a desarrollar mi conjunto de aptitudes *codependientes*, que fueron las mismas que luego utilicé para controlar y adaptarme a otros; porque estaba convencido de que necesitaban que hiciera algo por ellos, en lugar de limitarme a ser yo mismo cuando estaba a su lado. A lo largo de mi proceso sanador, aprendí a soportar mi dolor, a examinarlo y a trabajar con algunos *sentimientos* complicados para poder volver a mi yo auténtico. Descubrí que podía ser simplemente yo mismo y que, para ser valioso, no hacía falta que hiciera nada por los demás. Utilizando el proceso HEAL (sanar y adoptar una vida auténtica), conseguí curar esa herida para poder integrar todas mis partes fragmentadas y convertirme así en un adulto íntegro, rodeado de gente que me respeta y me quiere. Ahora hago lo mismo con aquellos a los que atiendo profesionalmente.

A menudo utilizo mi propio caso para ayudar a mis pacientes a saber que no están solos. Cuando les cuento mi historia, perciben el dolor por el que pasé y descubren el proceso de autoconocimiento al que llegué a través de mi propio trabajo terapéutico. A menudo, después de contarles lo que me sucedió, la gente me da las gracias, porque conocer mi experiencia los ayuda a saber que alguien ha pasado por algo similar y que, por lo tanto, no están solos. Conocer cómo otros han superado una situación nos ayuda a sanar. Vemos que nuestro caso no es único, nos sentimos conectados y crecemos. (En el capítulo tres profundizaré en mi historia).

Nuestro dolor busca reconocimiento. Una vez que conectamos con nuestra herida, se abre una puerta para la curación.

Creo que la mayoría de la gente padece una forma leve de trastorno de estrés postraumático, o TEPT. No pretendo restar importancia a un diagnóstico completo de TEPT ni a quienes lo padecen, sino más bien poner en contexto que todos hemos sufrido experiencias de las que no nos podemos librar o que seguimos reproduciendo en nuestra cabeza.

Tu dolor emocional se refiere a ti, lo que significa que únicamente es relevante para ti. Otra persona puede ver tu historia y decir: «Oh, eso no es nada. Yo lo tuve mucho peor». Puede que sí, pero esto no es una especie de concurso para el ganador del premio al «Trauma infantil más dramático». Todos arrastramos heridas dolorosas, y esta es tu oportunidad de respetar y aprobar tus sentimientos y sanar por fin.

El dolor reciclado

Todos arrastramos lo que denomino un *dolor reciclado*, esa herida que sigue apareciendo cuando algo *despierta* un antiguo sufrimiento. Has enterrado profundamente esta parte tuya que tan bien conoces con la esperanza de olvidarla, aunque a veces tengas la impresión de que no puedes escapar de ella.

El siguiente es un ejemplo de una serie de acontecimientos que ilustran este dolor reciclado. Así es como estas ilusiones heridas se convierten en una parte de ti y cómo te vuelves insensible a ellas.

Ocurre un acontecimiento en la infancia que te sobresalta o confunde. Se trata de una experiencia nueva, y no sabes qué hacer con ella. Lo único que sabes es que no te gusta en absoluto lo que has vivido y el sentimiento que eso te produce.

Una parte emocional de ti se siente herida y dolorida. Guarda la vivencia como algo que le desagrada o, en casos graves, como un trauma. Esta es la *herida central* inicial.

La herida central, el dolor emocional, se queda congelado en el tiempo, en la edad que tenías cuando se produjo. (Digamos cinco años para este ejemplo).

Cuando te haces mayor, la parte herida más joven que permanece dormida y no ha madurado con el resto de ti *se reactiva* ante acontecimientos similares al que ocurrió cuando tenías cinco años. Esta parte reacciona como si volviera a ocurrir la mala experiencia original. El dolor se ha *reciclado*.

Esta parte de ti se pone en marcha y adopta una actitud defensiva y protectora o, por el contrario, se bloquea, con lo que se vuelve silenciosa e invisible.

Ahora has desarrollado una *reacción de dolor emocional* ante estas situaciones concretas. Cuando vuelven a surgir, empleas automáticamente esta *reacción impulsiva*, tu herramienta, ante el desencadenante.

Tu niño herido de cinco años se ha quedado ahí para siempre, esperando, y se siente perdido y muy alerta ante la posibilidad de que vuelva a ocurrir algo malo.

Cuando llegas a la edad adulta, tu niño de cinco años que *reacciona con dolor emocional* se pone por delante de tu *yo adulto responsable* cuando la situación desencadena esa respuesta. Esta parte toma decisiones y reacciona emocionalmente como lo haría un niño de cinco años, utilizando la lógica, las palabras y las expresiones de un niño de cinco años. Este es el origen de la frase: «¡Te comportas como un niño!».

Tu yo adulto y responsable, paralizado por esta ilusoria herida infantil, se queda en un segundo plano observando todo, sintiéndose impotente mientras la situación se desarrolla. El yo de cinco años está firmemente decidido a proteger todas tus partes y no quiere que la mala experiencia se repita.
Después de que el drama se desarrolle y finalice, tu yo herido de cinco años vuelve a aletargarse y, al mismo tiempo, a permanecer vigilante, a la espera de que el desencadenante vuelva a aparecer.
Tu yo adulto responsable está aturdido y confuso: «¿Qué acaba de pasar? ¿Por qué he hecho eso?».
Empiezas el proceso de arreglar o ignorar lo que acaba de ocurrir e intentas seguir adelante, sin tener en cuenta el dolor tóxico reciclado que se produce cada vez que se reactiva tu parte herida.

Lidiar con este dolor reciclado es agotador. Piensa en cuántas ocasiones vuelves a representar este drama del niño herido; tal vez sean varias veces al día. Si el sufrimiento reciclado no se cura, seguirá desencadenándose, apareciendo y repitiéndose. Creo que de esta forma el subconsciente intenta curar la herida. El cuerpo, la mente y el espíritu no están hechos para retener esta pesada carga emocional.

¿Con qué frecuencia te encuentras en estos ciclos de dolor? ¿Qué ejemplos se te ocurren sobre cómo aparece este dolor reciclado en tu vida? Son reacciones que te parecen fuera de control o exageradas.

La repetición de malas decisiones

Otra forma en la que esta herida se recicla es volviendo a tomar malas decisiones. Probablemente conozcas a amigos o familiares que salen una y otra vez, o incluso contraen matrimonio, con alguien que no les conviene o que ni siquiera es una buena persona. Te extraña que traigan conscientemente a su vida a una pareja que es igual que la última con la que estuvieron. Tú puedes verlo, ¿por qué ellos no? Tal vez te pase a ti también.

Sin ser conscientes de ello, a menudo traemos a alguien a nuestra vida en un intento de representar esos dramas infantiles llenos de dolor, y la persona que elegimos como pareja suele tener un tipo de herida que comprendemos íntimamente porque la vivimos en nuestra infancia. Este es el origen de la pauta de casarnos con nuestra madre o nuestro padre. De manera inconsciente, intentamos sanar esta parte.

¿Sigues eligiendo al mismo tipo de persona para salir o casarte? ¿Sigues escogiendo como amigos a personas tóxicas o vampiros emocionales? ¿Tienes el mismo tipo de reacción ante un acontecimiento o experiencia, como arremeter y gritar o retraerte? Si esta reacción es llamativa y resalta, puede que más tarde te des cuenta de que reaccionaste de forma exagerada. Tal vez te preguntes por qué tuviste una reacción tan fuerte cuando el acontecimiento en sí no era gran cosa. Esta es tu herida que sale a la luz. Ocurre porque algo en tu interior se desencadena y pone en marcha el patrón de herida emocional profunda con todo su dolor reciclado. Tu parte no resuelta se activa y toma decisiones sobre cómo reaccionar ante la situación. Esta parte herida está vinculada al acontecimiento emocional significativo original, y sigues repitiendo las malas decisiones basándote en esa herida profundamente soterrada. Esta parte herida no está integrada en tu yo adulto, maduro y responsable; está separada de las demás.

Las reacciones impulsivas

Martin y Laura, un matrimonio, vinieron a verme. Martin era propenso a reaccionar de forma exagerada ante situaciones que lo alteraban. Cuando su reacción se desencadenaba, enviaba impulsivamente mensajes de texto a la gente en los que decía cosas como: «No puedo seguir así, ya no soy capaz de soportarlo más». Como es lógico, los amigos y familiares que recibían uno de estos mensajes se preocupaban por su bienestar.

Por su parte, Laura intervenía, trataba de mejorar los ánimos y razonaba con él. En cambio, Martin estaba atrapado en un bucle emocional, pensando y sintiendo que todo lo hacía mal y que no iba a mejorar. Con su falta de perspectiva, estaba enfocando la situación de forma emocional, pero Laura la miraba de forma lógica. Cada uno de ellos se encontraba en un punto y era incapaz de entender al otro.

Para que Laura comprendiera el comportamiento de su marido recurrí a una metáfora. Le expliqué que cuando Martin se comportaba emocionalmente, no utilizaba el lenguaje de un adulto maduro, sino las palabras y reacciones de una parte suya mucho más infantil que se sentía abrumada. Era como un niño de cinco años alterado que quiere que alguien lo escuche y se dé cuenta de su angustia. El niño interior herido de Martin deseaba que se reconocieran sus sentimientos. Lo último que quería era que Laura intentara razonar intelectualmente con él.

Laura lo entendió enseguida. Esta explicación la ayudó a comprender las reacciones de Martin y a ser más paciente. Por supuesto, Martin es un hombre adulto con un trabajo, una hipoteca y una familia. No es un niño pequeño, pero había una parte de él que se había quedado atrapada en un momento muy anterior de su desarrollo emocional. Cuando su dolor se desencadenaba por circunstancias que lo abrumaban, esa parte sentía que lo que había sucedido a esa temprana edad se repetía. Tomaba el papel de su yo adulto y reaccionaba impulsivamente.

Tras el trabajo de curación con su yo de niño herido, a Martin ahora le resulta más difícil reaccionar de esa manera, porque comprende la dinámica de la herida que arrastra. Laura ya no le responde intentando explicar o intelectualizar su experiencia; presta atención a sus emociones y reconoce lo que siente. Martin está aprendiendo a relacionarse con esta parte herida y a expresar sus sentimientos de una forma más adecuada, y Laura ha aprendido a escucharlo de otra manera.

Quien no puede abrazar su sombra no puede abrazar su luz.
Es todo o nada.
—JEFF BROWN

Las reacciones impulsivas son las herramientas que utilizamos cuando reaccionamos a una situación desde nuestra parte herida, cuando reaccionamos sin pensar en lugar de responder con madurez. Se convierten en las reacciones que utilizamos ante los acontecimientos que vivimos. Desarrollamos estas reacciones impulsivas cuando éramos niños y adolescentes, y se convirtieron en parte de nuestro conjunto de *herramientas de respuesta emocional herida* para usarlas cuando fuera necesario. Llevamos estas reacciones con nosotros durante los años de la adolescencia y la juventud y en nuestra vida adulta madura. Utilizamos inconscientemente estas herramientas impulsivas, sin ser conscientes de que al hacerlo reforzamos nuestros dramas dolorosos reciclados.

Todas tus herramientas de reacción impulsiva trabajan al unísono para apoyar el relato doloroso de tu niño interior que se siente perdido.

Como adultos, respondemos a las situaciones basándonos en nuestras experiencias acumuladas desde el nacimiento. Desarrollamos estas respuestas basándonos en comportamientos que aprendimos de los adultos de nuestra vida o elaborando respuestas por nuestra cuenta. Llevamos estas *herramientas de respuesta emocional* con nosotros allá a donde vayamos. Algunas de ellas nos ayudan a crear mejores relaciones y otras las dañan o destruyen.

Hay dos tipos de herramientas de respuesta emocional, las respuestas funcionales y las reacciones impulsivas (también denominadas herramientas de respuesta emocional herida), y todas ellas están mezcladas en nuestra *caja de herramientas de respuesta emocional*. A veces es más fácil utilizar una herramienta de reacción impulsiva, como gritar o culpar, porque cuando estamos profundamente alterados, es más sencillo y rápido echar mano de la herramienta de arremeter con ira que hablar de forma madura y responsable sobre lo que está ocurriendo. En otras ocasiones, encontrar herramientas de respuesta funcional, como ser respetuoso y razonable, es fácil si nos tomamos nuestro tiempo. Elegimos este tipo de herramienta cuando podemos respirar hondo y estar tranquilos y con los pies en la tierra, porque hemos aprendido que si recurrimos a una reacción impulsiva herida, no siempre obtenemos un buen resultado.

Recapitulando, nuestras respuestas maduras y funcionales son las que utilizamos cuando nos sentimos seguros y responsables. Las reacciones impulsivas, que proceden de una parte herida que nos duele, las empleamos cuando perdemos la perspectiva y nos ponemos a la defensiva.

Conocemos nuestras reacciones impulsivas porque las hemos tenido durante mucho tiempo, y nos han servido. Puede que no nos sirvan cuando seamos adultos, pero sin duda nos ayudaron cuando éramos más jóvenes. Nuestras herramientas de reacción impulsiva nos ayudaron a afrontar lo que la vida nos deparaba. Nos sirvieron en los momentos en que había caos en el hogar o cuando ocurría algo malo. Eran nuestras respuestas adaptadas a situaciones que parecían estar fuera de nuestro control. Las utilizamos para obtener una sensación de control en nuestro interior, aunque solo fuera una ilusión creada por nosotros mismos. Emplear estas reacciones nos ayudaba a sentirnos mejor. Sentíamos que tomábamos nuestras propias decisiones en lugar de dejar que otros lo hicieran o proyectaran sus propias heridas en nosotros. No éramos conscientes de que estábamos creando una caja de herramientas de reacciones emocionales sofisticadas para hacer frente a un mundo que nos resultaba confuso y abrumador. Estas herramientas nos funcionaban en aquel momento, pero hoy no suelen funcionar. Aun así, las llevamos inconscientemente con nosotros y las utilizamos en nuestras relaciones adultas porque son lo que conocemos.

EJERCICIO: TUS REACCIONES IMPULSIVAS

¿Sabes cuáles son tus reacciones impulsivas? En este ejercicio examinarás algunas de las herramientas de respuesta emocional herida que usas como adulto, pero que se crearon en la infancia.

A continuación, se incluye una lista de reacciones impulsivas comunes que adoptamos en la niñez y que luego trasladamos a la edad adulta. Son las reacciones impulsivas que tenemos ante un desencadenante que hace que nuestra herida pase a primer plano. Anota en tu cuaderno las que encuentres en esta lista que consideres que has aprendido de niño o que has utilizado en tu vida adulta y rodea con un círculo las que aún sigas empleando. Mientras lees la lista, observa con atención. Evita condenarte o juzgarte con dureza.

- Cerrarte o retraerte emocionalmente.
- Estar muy callado para no llamar la atención.
- Actuar de forma pasivo-agresiva para no mostrar tu enfado.
- Culpabilizarte.
- Involucrarte excesivamente en una relación con demasiada rapidez.
- Contar rápidamente a otros detalles íntimos sobre ti mismo.
- Mentir.
- Sentir que no tienes necesidades (sin necesidades).
- Sentir que careces de deseos o sueños (sin deseos).
- Utilizar algún tipo de autoagresión para calmarte.
- Sabotearte.
- Gastar un dinero que no tienes para tratar de llenar un vacío interior.
- Proyectar tus ideas en los demás o creer que sabes lo que piensan o sienten sobre ti.
- Usar drogas, alcohol, comida, pastillas, hierba u otras sustancias para escapar o hacer frente a algo.
- Reprimir las emociones hasta que se manifiestan como ansiedad o depresión.
- Buscar atención.
- Tratar de pasar inadvertido.
- Esconderse (literalmente).
- Trabajar en exceso.
- Hacer lo que sea por agradar.
- Intimidar a los demás.
- Evadirte.
- Hacerte la víctima para llamar la atención.

- Sentirte menos que los demás.
- Sentirte superior a otros.
- Fingir que eres insignificante para, por dentro, sentirte superior.
- Ponerte por encima de alguien para hacerle sentir inferior.
- Atacar a otros por rabia debido a la vergüenza que sientes.
- Farolear (fingir que lo tienes todo, pero sentirte como un impostor).
- Rebelarte contra la autoridad o contra quienes crees que intentan controlarte.
- Gritar.
- Sentirte responsable de todo lo malo que ocurre.
- Hundirte en el desprecio a ti mismo.
- Evitar enfrentamientos.
- Decir continuamente «lo siento».
- Ceder tu poder.
- Darles más importancia a los demás.
- Permitir los hábitos destructivos de otros y evitar plantarles cara.
- Intentar ser un pacificador.
- Actuar como cuidador.
- Tratar de solucionarlo todo.
- Hacer mucho ruido o demostraciones para que los demás te oigan y vean.
- Ignorar a los demás para que no te hagan daño.
- Dar demasiado o muy poco.
- Ignorar tu reacción visceral o tu intuición.
- Dudar de ti mismo.
- Ser impulsivo.
- Ser irracional.
- Ser malhumorado.

- Ensimismarte.
- Tener rabietas.
- Aferrarte.
- Alejar a los demás.
- Lloriquear.
- Ser sarcástico.
- Evadirte a través de la pornografía o la masturbación.
- Utilizar el sexo, las compras u otras actividades para evitar sentir algo.
- Querer escapar.
- Decir que desearías estar muerto (aunque no quieras morir).
- Querer salir del dolor (no necesariamente muriendo).
- Ser avaricioso.
- Apostar.
- Sentirte ansioso.
- Cambiar para que otro se sienta cómodo.
- Ser excesivamente controlador.
- Manipular a los demás.
- Ser obsesivo.
- Ser mezquino.

Estas son algunas de las herramientas de respuesta emocional herida que puedes haber desarrollado como aptitudes para hacer frente a un hogar caótico, inseguro y conflictivo cuando eras niño. Son las reacciones impulsivas que te encontrarás cuando más tarde te detengas a reflexionar y te digas a ti mismo: «¿Por qué hice eso?».

(Si te sientes abrumado al leer la lista de este ejercicio, respira profundamente. A medida que avances en el proceso, tendrás más claro por qué reaccionas así y aprenderás formas de curar esta herida). Mira en tu interior para ver qué otras herramientas, que tengan relación con la herida y no aparezcan en esta lista, utilizas. Anota lo que encuentres, ya que esta percepción te dará pistas que te ayudarán a sanar. También puedes revisar tu lista y empezar a conectar con cómo, cuándo, dónde y por qué has desarrollado estas respuestas emocionales heridas. (Conserva las respuestas de este ejercicio para utilizarlas de nuevo en el capítulo cinco. Las reacciones impulsivas que identifiques ahora aparecerán a lo largo de tu trabajo dentro del proceso HEAL).

Algunas de estas herramientas de respuesta emocional herida están relacionadas con el desarrollo de la primera infancia (por ejemplo, gritar, enfurecerse, encerrarse), mientras que otras son expresiones de un adolescente o un adulto joven (por ejemplo, drogas, alcohol, autolesiones). Es posible que, en un principio, utilizaras las herramientas de respuesta emocional herida porque pensabas y sentías que así eras mayor y tenías el control. Las distintas estrategias que pusiste en tu caja de herramientas son un reflejo de tu desarrollo emocional al crecer. Algunas de estas te fueron útiles en un momento dado, pero ahora te perjudican. A medida que avances en el proceso HEAL, irás transformando esas reacciones que ya no te sirven en respuestas funcionales adecuadas para tu vida actual.

Cómo se manifiestan las heridas

Las heridas de la infancia aparecen de muchas maneras en la vida adulta. Como descubriste en el ejercicio anterior, estos comportamientos varían mucho: van desde utilizar el sexo y el juego como técnicas de evasión hasta gritar y ser sarcástico o, por el contrario, retraerse y pasar inadvertido. Por ejemplo, es posible que hayas descubierto que gastas o bebes en exceso, utilizas la pornografía para escapar de un sentimiento o te metes en discusiones con los demás. Este comportamiento proviene de la parte de ti que lleva la herida, que quiere que se la reconozca. Tu herida central, tu niño interior perdido, te pide indirectamente que la sanes para que todo tu ser pueda seguir adelante y estar plenamente integrado.

Estos tipos de comportamientos impulsivos son los aspectos de tu herida que nunca crecieron emocionalmente con el resto de tu persona. Son elementos de naturaleza emocional que se quedaron anquilosados y siguen repitiendo los mismos patrones. Ahora eres mayor, con responsabilidades adultas y diversas clases de relaciones, pero en el momento en que oyes, ves, sientes o te desencadena emocionalmente algo en tu mundo exterior, esa herida latente se despierta, haciendo que te muestres, te expreses e interactúes como una versión mucho más infantil de ti mismo. Y al igual que un niño, es posible que quieras tener un berrinche, huir, gritar a pleno pulmón, romper algo o tirarte al suelo a llorar.

Nuestras heridas son una verdad incómoda
que deseamos que desaparezca.

Veamos cómo se desencadenan estas heridas internas. Supón que, durante tu infancia, un miembro de la familia te llamaba tonto. Te lo repetía una y otra vez, y los demás decían cosas por el estilo. Empezaste a sentirte avergonzado de ti mismo. Escondiste esa parte tuya que no les gustaba. No hablabas de ello, lo negabas y lo rechazabas, a pesar de que, en tu interior, sabías que lo que te decían no era cierto.

No obstante, con el tiempo, comenzaste a creer que de verdad tenías ese defecto que te hacía ser menos que los demás. De manera que te sentías intimidado, incómodo, avergonzado y disgustado, cada vez que alguien sacaba el tema. En esos momentos querías esconderte o que te tragara la tierra. Y es que esa herida emocional se estaba convirtiendo en un condicionamiento que se *activaba* con los desencadenantes externos.

Muchos problemas físicos también podrían estar relacionados con heridas emocionales tempranas. Por ejemplo, yo interioricé muchas de mis experiencias de dolor de la infancia. Asimilé la conflictividad de mi familia, que absorbí en mis entrañas y me causó múltiples trastornos intestinales de niño. Mis dolores de barriga se debían a que albergaba en mi interior todos los sentimientos perturbadores que se producían en el hogar. Absorbía el caos emocional porque era un niño empático y no sabía qué hacer con la tensión que me rodeaba. Aguantaba la respiración y la empujaba hacia el vientre, y esto se manifestaba como una sensación de ansiedad en mis entrañas que era incapaz de nombrar y con la que no sabía qué hacer.

Quise contarle a mi madre lo que ocurría, pero me quedé literalmente sin palabras. Utilizaba el vocabulario y la comprensión de un niño pequeño. ¿Cómo podría haberle explicado todo ese caleidoscopio de emociones que estaba absorbiendo y que me abrumaba? Más tarde comprendí que también intentaba proteger a mi madre de mis sentimientos. No quería que se sintiera mal, por eso no le dije que no me gustaban los gritos de mis padres. Creía que la decepcionaría si se lo decía, así que seguí con mis dolores de barriga, tragándome mis sentimientos e interiorizando la cargada energía emocional del hogar. La protegía, pero al mismo tiempo intentaba protegerme a mí.

Unas palabras sobre los padres

Quiero dedicar un momento a abordar lo que sentimos hacia nuestros progenitores. Estos sentimientos pueden ser muy complejos, pero es importante recordar que aquellos que estuvieron a cargo de nosotros lo hicieron lo mejor que supieron. Quizá sientas la tentación de culparlos o ya lo estés haciendo; no obstante, te pediría que dejes a un lado los reproches por un momento y pienses también en todo lo que se esforzaron.

No se trata de negar la situación, sino de mirarla objetivamente en lugar de perderte en los hábitos del ego de culpar, avergonzar y señalar con el dedo. La mayoría ya tenemos bastante de eso, tanto si se lo hemos hecho a los demás como a nosotros mismos. Se trata de contemplar con respeto la naturaleza humana, saber que todos tenemos nuestros fracasos y nuestras victorias y que la mayoría, incluidos nuestros padres, arrastramos muchas heridas abiertas.

Tuve la suerte de nacer en un hogar en el que sabía y sentía que mi madre y mi padre me querían incondicionalmente. Aparte de todo el amor, la bondad y el orgullo que me inculcaron, su amor incondicional fue y es un tremendo regalo. Es mi mayor tesoro.

Tenemos que aprender a darnos a nosotros mismos como adultos todo lo que no recibimos en la infancia.

Sé que muchos no recibieron el regalo del amor incondicional durante su infancia. Y que en ocasiones los padres son ejemplos bastante deficientes de amor; sin embargo, creo que todos lo hacen lo mejor que pueden. Los míos lo hacían, soy consciente de ello; como también lo soy de que a veces necesitaba más de lo que ellos podían darme. La idea de este proceso de curación es que sabes lo que ocurrió en el pasado, pero ahora tienes la oportunidad de crear lo que tu niño interior necesita hoy.

Las historias que nos hacen daño

Quizá te sientas identificado con lo que he descrito sobre mi infancia, pero sigas insistiendo en que la tuya fue buena. Esto es normal y, de hecho, cuando me reúno por primera vez con nuevos pacientes, la mayoría de ellos me dicen que tuvieron una niñez bastante normal y que no ocurrió nada importante. Desarrollaron esta habilidad que los ayuda a sentirse mejor sobre algunos de los acontecimientos y experiencias que sí ocurrieron *en su familia durante la infancia*. Nuestras experiencias de heridas centrales se desarrollaron a lo largo de nuestros años de formación, desde el nacimiento hasta los veinte años, y crearon patrones disfuncionales de por vida en la forma en que nos vemos y nos relacionamos con nosotros mismos y con los demás. Estas heridas crearon nuestras historias hirientes, el *relato* que nos contamos sobre quiénes somos, cómo somos y qué merecemos. Empezamos a creer estas medias verdades y falsedades sobre nosotros mismos. Fundimos nuestro sentido del yo con esas vivencias. Nuestra herida central no sanada es la raíz de los patrones emocionales que siguen apareciendo en nuestra vida.

Pensamos: «He sido maltratado, abandonado, herido y rechazado, y por tanto soy una mala persona y no me merezco nada». Si no tenemos unos límites firmes, les cedemos a los demás el poder de crear nuestra autoestima e identidad, y con ello renunciamos a cualquier sentido del yo y nos damos la espalda a nosotros mismos. Empezamos a cargar con las heridas de otros, su dolor y sus *proyecciones* como ideas de lo que somos o deberíamos ser. Y, al hacerlo, reprimimos y enterramos nuestro auténtico yo, renunciando a cualquier sentido de autoestima, amor propio, confianza y respeto por nosotros mismos.

Aprendemos a despreciarnos a nosotros mismos
cien veces más de lo que lo hacen los demás.

A medida que crecemos, podemos tener la tentación de recrear nuestros buenos y malos recuerdos como si se tratara de una de esas películas románticas que siempre terminan bien, de modo que normalizamos lo malo que ocurrió diciéndonos que «todo el mundo» recibió ese tipo de trato mientras crecía. Como adultos, intelectualizamos estas experiencias para racionalizar e ignorar nuestras heridas. Se trata de un intento, a nivel mental, de seguir adelante y quitarle importancia a lo que nos ocurrió, pero esa herida central sigue abierta y seguirá haciéndonos reaccionar hasta que nos enfrentemos a ella.

Cuando la gente me habla de su infancia «bastante normal», sin grandes problemas, los creo. Sin embargo, también sé que han estado, digamos, casados tres veces y son infelices. Lo que cuentan sobre sus circunstancias vitales y lo que me dicen a simple vista sobre su infancia no concuerda. Han normalizado lo que les ocurrió. No son conscientes de que en su infancia les sucedieron acontecimientos dolorosos que ahora influyen en su infelicidad y en el fracaso de sus relaciones. Se han contado a sí mismos esta historia para no sentirse tan mal o avergonzados, y la difunden entre los demás. No mienten, sino que restan importancia a lo sucedido y no comprenden los efectos a largo plazo de esos acontecimientos y las heridas que arrastran. Contemplan lo que ocurrió en su infancia a través de una racionalización adulta.

Esta especie de «amnesia emocional» con respecto a algunas de nuestras realidades más duras la desarrollamos porque, de forma instintiva, somos conscientes del profundo dolor que subyace tras la superficie. En el caso de la gran mayoría, basta con rascar un poco en nuestra parte más superficial para que se nos revele todo el dolor de la herida que aún no hemos reconocido. Tenemos interiorizada la vergüenza, oculta bajo nuestros recuerdos más dolorosos, pero su influencia determina lo que sentimos acerca de nosotros mismos.

Conforme se produce el proceso de sanación, nuestra mente se va abriendo y dejando espacio para que resurjan los viejos recuerdos.

Es natural esa tendencia que tenemos a negar nuestras heridas emocionales, pero cuanto más tratemos de alejarlas de nosotros, más fuertes e insistentes se volverán hasta que encuentren una salida. Cuando por fin afloran a la superficie, suelen hacerlo de forma indirecta, su influencia determina nuestras decisiones, nuestra vida e incluso nuestra autoestima. Durante la infancia, absorbemos las palabras, los juicios y las críticas de los demás, y asumimos toda la vergüenza que proyectan en nosotros. A un nivel inconsciente mantenemos el siguiente diálogo interno: «Me encanta esta persona» o «Es mi referente, le tengo muchísimo respeto, y lo que más quiero en el mundo es gustarle. Está claro que me he equivocado al pensar que yo valía algo, porque ella me ve de una manera muy distinta; a partir de ahora voy a adoptar sus ideas y sus sentimientos sobre mí, voy a verme con sus ojos». De este modo empezamos a creer que hay algo inherentemente malo y desagradable en nosotros, que somos malos, torpes, tontos, ignorantes, etc. Al adoptar esta visión de nosotros mismos, la proyectamos, la arrastramos y la incorporamos a nuestro día a día; esta imagen y este rechazo se vuelven reales para nosotros, y perdemos la conexión con nuestro auténtico yo.

Sin embargo, las ideas acerca de nosotros mismos no siempre proceden de fuera. Podemos inventarnos historias sobre cómo somos, por ejemplo que debemos ser mejores o hacer las cosas más rápido, simplemente por compararnos con otros. Independientemente de su origen, lo que empezó como un comentario inocente de alguien o una idea que tenemos sobre nuestro ser se convierte en una noción dolorosa y distorsionada de nosotros mismos. Aceptamos esta falsa percepción y la incorporamos a nuestro relato y nuestro perfil marcados por el sufrimiento. Esta distorsión permanece hasta que empezamos a sanar y a neutralizar la pobre idea que tenemos sobre nosotros mismos.

Lo que acabamos de ver son únicamente algunos ejemplos de cómo incorporamos y desarrollamos desencadenantes de viejas heridas en nuestras vidas. No obstante, hay una forma de salir de este laberinto, que consiste en conocer y utilizar las herramientas adecuadas para llevar a cabo este trabajo.

Si tienes que perseguir el amor, no es amor. El amor nos encuentra a mitad del camino.

—JEFF BROWN

Caso real: Steven, un adolescente abandonado emocionalmente

Steven es un obrero de treinta años. Quería seguir con su novia, pero ella lo rechazaba continuamente y no lo trataba muy bien. Él insistió y se desvivió por intentar que la relación funcionara, porque lo deseaba con toda su alma. No estaba dispuesto a renunciar, así que, para que su novia no se disgustara, siguió cambiando y adaptándose a lo que ella quería que fuera. No hacía más que ceder su poder, acomodándose y transigiendo sin reconocer lo que estaba haciendo.

La relación de Steven era inestable, como una carreta de tres ruedas. A veces la carreta iba recta, llevando su carga y avanzando. Pero luego se volcaba, y no hacía más que rozar la carretera y volcar su carga. El deseo de Steven de que la relación funcionara le impedía ver que no lo hacía. Seguía tratando de salvar aquello a base de renegar de sí mismo y de ignorar sus propias necesidades. Solo veía el movimiento suave de la carreta de su relación, que era poco frecuente, e ignoraba todas las veces en que esta se volcaba y lo derramaba todo, creando un desorden que tardaba en recomponerse.

En gran medida el proceso terapéutico consiste en enseñarnos a hacer una introspección. Disponemos de mucha información, pero la mayoría de las veces no estamos lo suficientemente en paz como para escucharnos a nosotros mismos. Por ejemplo, sabemos que una relación o una situación no nos conviene, pero nos negamos a verlo y seguimos esperando que cambie. Steven continuaba engañándose y viendo la relación como quería que fuera, en lugar de enfrentarse a la realidad.

Cuando le pregunté por qué creía que seguía empeñado en conquistar a su novia, qué había dentro de él que no se daba por vencido, me contestó que solamente deseaba muchísimo aquella relación y que haría lo que fuera necesario para mantenerla. Luego añadió: «El otro día me gritó delante de un grupo de personas, pero supongo que me lo merecía». Estaba ignorando los signos reveladores de la naturaleza abusiva de la relación, el hecho de que lo avergonzaran en público, lo rechazaran y lo trataran mal.

Steven no era capaz de ver esta relación desde un punto de vista sano. Su yo adulto responsable y su yo herido recibían todos los mensajes que llegaban, pero su parte emocionalmente herida, que es la que más ruido hacía, interpretaba que se merecía este trato. Se había cerrado a lo que sentía su yo auténtico y, en su lugar, le daba poder a lo que, en realidad, no era. Lo único que sabía era que cuando no estaba con ella se sentía deprimido e inseguro, así que se aferraba a ella y no la soltaba para evitar sentir esa soledad y ese abandono.

Cuando empezamos a trabajar juntos, me dijo que en su vida no había pasado nada importante. Luego me contó que de pequeño se sentía muy unido a su tía, con la que compartió muchas experiencias y confidencias. A los catorce años, empezó a querer dedicarse a otras actividades en lugar de estar con su tía. Aún quería hacer cosas con ella, pero su vida se había expandido rápidamente, ya que estaba en el primer año de instituto y ahora se fijaba en las chicas. De alguna manera su tía se tomó este cambio como una ofensa y lo apartó bruscamente de su vida. Ya no le prestaba atención ni le pedía que hiciera nada, es más, lo ignoraba en los actos familiares. Steven sufrió mucho. Estaba desconcertado, dolido y echaba mucho de menos la relación con ella. Entendió el mensaje y no trató de volver a conectar; sin embargo, se quedó con el dolor.

Un día llegó a confesarme que una parte de él murió tras este rechazo, y que se culpaba a sí mismo. Cuando empezó a salir con chicas, era muy dependiente, hacía todo lo que le pedían y trataba de no defraudarlas, por miedo a que lo abandonaran, como hizo su tía. Con su novia actual tenía la misma actitud. Su parte herida no quería volver a pasar por aquello. Estaba sufriendo un revés emocional por el rechazo de su tía. Una parte de él se había quedado congelada en el tiempo, a la edad de catorce años, cuando ella le dio de lado, y este abandono emocional permaneció con él. Estaba convencido de que había hecho algo malo que hizo que cambiara su relación y de que él mismo era el problema.

De adulto, Steven solo sabía que una vez perdió una relación importante, y que no estaba dispuesto a permitir que esto se repitiera. Por lo tanto, no podía abandonar esta relación tóxica. Su parte herida de catorce años se aferraba, tratando desesperadamente de mantener a su novia con él. No era capaz de vivir plenamente presente la relación, porque quien la estaba manteniendo no era el hombre adulto que era en la actualidad, sino su parte herida de adolescente.

Ayudé a Steven a escribir una línea de tiempo de su vida durante los años transcurridos desde su nacimiento hasta los veinte años, que describiera los acontecimientos y las emociones que recordaba. (En el capítulo cinco escribirás tu propia línea de tiempo de los acontecimientos). Rápidamente vio la pauta que seguía desde sus primeros años. Se dio cuenta de que intentaba recrear la relación que tenía con su tía. Echaba de menos desesperadamente la cercanía, la aprobación, la diversión y el entusiasmo que había tenido con ella, y estaba intentando que la relación con su novia se ajustara a su descripción, en lugar de ver la realidad tal y como era. Esta toma de conciencia le permitió empezar a romper el patrón.

Steven comprendió que se aferraba con fuerza a una relación que no le convenía, para no sentirse de nuevo abandonado y solo. Creía que sus únicas opciones eran permanecer en una mala relación o quedarse solo y que lo rechazaran. Cuando su yo adulto reconoció el círculo vicioso en el que se encontraba, primero se sintió triste y luego enfadado consigo mismo. Fue consciente de todo el tiempo que había perdido saliendo con alguien que solo estaba interesado en sacar a relucir sus propias heridas en esta dinámica disfuncional. Empezó a poner límites y a aclarar lo que estaba bien y lo que no estaba bien que su novia –o, para el caso, cualquier otra persona– le dijera. Por ejemplo, no era aceptable que nadie le hablara con desprecio, lo ignorara o lo tratara mal.

Estaba bien que lo respetaran, que lo apreciaran y que fueran verdaderos amigos.

Durante el tiempo que trabajamos juntos, la novia maltratadora de Steven lo dejó, y dijo que no era el hombre que había creído que era ni el que necesitaba. Ella continuó con su propio ciclo de destrucción, proyectando todo su dolor en él. Sin embargo, Steven disponía ahora de algunos límites en su caja de herramientas de respuesta emocional y los utilizó para protegerse a nivel sentimental y explicarle que se sentía herido por sus comentarios y acciones.

A lo largo del proceso, el yo herido de catorce años de Steven empezó a sanar. Esta parte se integró con su yo adulto responsable, que ahora era el que establecía los límites. El yo adolescente no se asustó por el hecho de que la novia lo dejara, porque a esas alturas todas las partes de su ser comprendían que ella no le hacía ningún bien. Más tarde se dio cuenta de hasta qué punto había cedido su propio poder para lograr retenerla y de cómo terminó perdiéndose a sí mismo en el proceso.

Al principio de nuestro trabajo juntos, Steven estaba muy centrado en los acontecimientos que ocurrían en el momento y no podía ver cómo su temprana herida emocional se interponía en el camino. Su yo de catorce años estaba tan frenético y desesperado que se había sacrificado para intentar conservarla. Ahora, todas sus partes saben cómo defenderse, y está aprendiendo a no renunciar a partes preciosas de sí mismo en las relaciones.

El niño interior

Solo es posible acceder al verdadero yo cuando dejamos de tenerle miedo al intenso mundo emocional de la primera infancia.

–ALICE MILLER

La mayoría de nosotros tenemos una parte interior más infantil e inmadura, que actúa de forma impulsiva y fuera de control. Podemos considerarla como nuestro niño interior perdido, es decir, la parte de nosotros que arrastra nuestro dolor emocional. En pocas palabras, ese niño interior perdido lleva consigo las heridas emocionales y las reacciones impulsivas que tu yo adulto exterioriza cuando se desencadenan los viejos problemas.

En ocasiones, el *yo herido* de la infancia eclipsa las otras partes de la personalidad. Esta parte ha aprendido a ser protectora y defensiva y puede ser vociferante y agresiva. No quiere que vuelva a ocurrir nada malo; está herida y atemorizada y se ha quedado estancada, sin crecer ni madurar. La parte herida vive en un estado continuo de miedo en lugar de un estado de confianza, y empieza a dominar el panorama emocional. Al estar anclada en el miedo, la parte herida arremete contra cualquiera que intente ayudar, incluso contra aquellos que lo hacen con amabilidad. Esta parte protege defensivamente la herida, ya que se siente amenazada por los demás.

Dado que esta área de la personalidad suele estar tan desarrollada y ser tan grande y llamativa, resulta útil observar cómo era la persona antes de que se produjera la herida y la situación en la que vivía la familia. Por ejemplo, según su propia descripción, Steven tuvo una infancia relativamente feliz hasta la mitad de su adolescencia, así que nos fijamos en cómo era antes de ese momento, animamos a esta parte de su ser y le dimos voz. Logró conectar con esta voz fuerte y auténtica de su interior que lo ayudó a establecer límites como adulto.

Si empiezas a ver que tu parte herida es la que hace más ruido y que es la dominante dentro de ti, intenta sentarte en silencio con ella. En tus momentos de quietud, podrías pedirle a esa parte que te contara algo. Tu niño interior puede estar enfadado, sonriendo, feliz, apenado, herido o compadeciéndose de sí mismo. Simplemente está pidiendo que se le dé voz y que se le reconozca la profunda herida que arrastra por ti.

En mi trabajo personal, me enteré de que a los diez años viví una experiencia importante que me marcó. Habían ocurrido otros acontecimientos antes y después, pero los diez años fue la edad en la que mis emociones se congelaron y mantuvieron la herida en su sitio. Estaba asustado y confuso, y no entendía por qué mis padres discutían. Intentaba ser el conciliador y trataba de controlar a mis padres para que el caos que se vivía en el hogar y lo que sentía en mi interior no fueran tan agobiantes.

Creía, como la mayoría de los niños, que era poderoso, que podía ser el héroe e influir en mis padres. Creía, con el *pensamiento mágico* de la infancia, que si era un niño bueno que cumplía a la perfección con todo lo que me pedían y nunca les hacía enfadar, se acabarían las discusiones para siempre y mi mundo se volvería seguro. Pero, por más bueno que intenté ser, no conseguí que mis padres fueran siempre cariñosos el uno con el otro. No logré cambiarlos ni a ellos ni sus comportamientos, pero la creencia de que tenía que ser perfecto se quedó conmigo. Esta herida se prolongó hasta mi adolescencia y de allí siguió hasta la edad adulta.

Aquello que nos ocurre cuando somos niños suele tener un mayor impacto en nosotros que los acontecimientos que nos suceden de adultos. Durante la infancia, nuestro mundo era más pequeño, no teníamos mucho poder ni control y nuestro cerebro no estaba desarrollado del todo, por lo que muchas cosas nos parecían muy importantes. Cuando crecimos, se amplió nuestro mundo y, debido a esta visión más amplia, empezamos a pensar que lo que nos ocurría en la infancia no era gran cosa.

Cuando miramos nuestra niñez desde el punto de vista del razonamiento adulto, pensamos que deberíamos superar lo que pasó. Quitamos importancia a nuestros sentimientos y vivencias de la infancia y nos decimos que todos los hogares de la época eran «así». Puede que esto sea cierto, pero también estamos mirando el pasado desde la perspectiva de un adulto. No queremos recordar las malas experiencias que tuvimos, pero están ahí, esperando que las miremos de cerca. El niño interior perdido ha grabado a fuego en su mente todos estos acontecimientos, y son tan emocionalmente reales hoy como lo fueron entonces. Un comentario despreciable de un adulto puede influir decisivamente en la noción que un niño tiene de sí mismo.

El proceso HEAL te ayudará a abordar directamente estas *partes heridas* de forma segura, delicada y tierna, para que logres integrar a tu niño herido y convertirte en un adulto completo, emocionalmente sano y maduro.

CAPÍTULO 2

Sanar las heridas emocionales

Si estás deprimido, estás viviendo en el pasado. Si estás ansioso, estás viviendo en el futuro. Si estás en paz, estás viviendo en el presente.

—LAO TZU

Las terapias más eficaces consisten en contar historias. Hay algo poderoso en contar tu historia a otra persona, y escribirla para ti mismo es igual de curativo. Estás reconociendo tu dolor, y en el reconocimiento estás diciendo: «Sí, esto sucedió, pero ahora estoy aquí».

En los próximos capítulos leerás casos en los que he trabajado, así como mi propia historia. Se han cambiado los nombres y los datos de identificación, excepto los míos, y todos me dieron permiso para que compartiera su historia contigo. A través de estos casos verás que, cuando experimentamos un acontecimiento dramático o emocionalmente significativo durante la niñez, el trauma resultante se fusiona para formar una herida central en nuestro interior. Este acontecimiento doloroso se vincula con la edad que teníamos cuando ocurrió, lo que yo llamo *la edad de la herida*. Como forma de hacer frente a esta herida emocional, utilizamos herramientas de respuesta emocional inmadura para interactuar y tratar con un mundo confuso basado en la emoción enquistada que se originó en la edad de la herida. Aprenderás a personificar esta parte de ti mismo para que puedas empezar a relacionarte más fácilmente con ella.

Ten en cuenta que a lo largo del libro utilizaré a menudo los términos *partes heridas*, *yo herido* y *niño interior herido y perdido* para referirme al niño interior emocionalmente herido. A medida que trabajes en el proceso HEAL, puedes encontrar tu propia manera de dirigirte a tu niño interior perdido, ya sea con un nombre que te daban a esa edad o con un apodo que te parezca adecuado hoy. (Para que quede claro, el concepto de niño interior herido no significa que tengas un *trastorno de identidad disociativo*, antes conocido como trastorno de personalidad múltiple).

Cuando le des voz a tu parte herida, esta se alegrará porque su dolor será finalmente atendido.

Tu parte herida ha estado tratando de comunicarse contigo a través de todas tus reacciones dolorosas e impulsivas. Ha estado enviando códigos, banderas rojas y alarmas, pero probablemente lo has ignorado todo, sin saber qué significaba o qué hacer con esas señales. Las formas disfuncionales en las que interactúas con otras personas son tu dolor y tu herida saliendo a la luz, intentando comunicarse contigo y con los demás. Algunas de estas reacciones impulsivas heridas pueden estar más desarrolladas que la respuesta de un niño, pero todas hunden sus raíces en una experiencia dolorosa.

Dedica un momento ahora mismo a profundizar en tu interior. Piensa en las heridas, los traumas, los dolores y las cargas que llevas encima. Comprueba si puedes permanecer en silencio el tiempo suficiente para percibir la emoción o la herida traumática que intenta llamar tu atención. Tal vez se trate de un recuerdo que sigue resurgiendo o de un sentimiento que aparece cada vez que te encuentras en una determinada situación. Todos estos sentimientos son naturales y forman parte de ti.

Intenta retener esa sensación durante unos momentos y a continuación pasa al ejercicio siguiente. Tómate un momento para identificar tres emociones que sientas en este instante. Podrían estar relacionadas con lo que está ocurriendo hoy en tu vida o con una experiencia que recuerdes de tu infancia. Lo que sientes es un reflejo de lo que ocurre en tu interior; no es bueno ni malo, se trata solo de emociones. ¿Qué notas? Te invito a que te acostumbres a comprobar tus sentimientos, ya que son portadores de mucha sabiduría para ti. (Si tienes problemas para nombrarlos, consulta la tabla de emociones del apéndice A).

Cualquier tipo de dolor se queda con nosotros hasta que lo abordamos. Es el mensajero de la herida interior y seguirá enviando mensajes en forma de depresión, ansiedad, angustia y, a veces, problemas físicos, hasta que nos ocupemos de ellos. Estas emociones pueden tener una gran influencia en las elecciones que hacemos en la vida. Es importante reconocerlas para poder tomar decisiones conscientes y con fundamento sobre qué hacer con estos mensajes de dolor.

Cómo funciona el proceso HEAL

Haz una bola con un trozo de papel y empieza a desarrugarlo. A medida que lo desarrugas, puedes ver que el papel vuelve a tomar su forma plana original. Cuando lo alisas sobre la mesa, ves que algunas zonas parecen lisas e intactas y otras están arrugadas y deformadas. Cuando alises el papel todo lo que puedas, observa las zonas planas originales y las imperfecciones arrugadas. Al igual que el papel, todos tenemos partes lisas y partes arrugadas y deformadas. Juntas, estas partes son la suma total de lo que somos, ni bueno ni malo. Así es como me gustaría que empezaras a verte a ti mismo, como la suma total de todas tus partes.

Una vez que experimentes algunos momentos de curación gracias a este trabajo, diversas partes de ti que habían estado totalmente estrujadas y arrugadas adquirirán una nueva tersura. Se produce una especie de magia a medida que pasas por el proceso y sanas, y te será más fácil acceder a una versión nueva, más serena y evolucionada de ti mismo. Una nueva confianza y sabiduría surgirán a través de ti, y no reaccionarás a ciertos acontecimientos de forma tan exagerada como en el pasado. También es posible que notes que algo o alguien que antes no te molestaba ahora te irrita y no sabes por qué, o que por el contrario, apenas te fijas en cosas que antes te molestaban. Todos estos son indicadores de que estás avanzando en la expansión de ti mismo hacia un plano superior. Empezarás a prestarte más atención, a notar y reconocer sentimientos que probablemente siempre estuvieron ahí,y a preguntarte: «¿Qué quiero hacer con esto ahora?».

A través del proceso de sanación y adopción de una vida auténtica, examinarás las partes de ti que ya están sanadas –tu yo adulto funcional, integrado y responsable–, porque ya estás haciendo más cosas bien que mal. También examinarás las partes disfuncionales y separadas de ti mismo, tus partes heridas que necesitan sanar.

Utilizo el término *sanación* en un sentido presente y activo porque creo que siempre estamos sanando, expandiéndonos y creciendo hasta que dejamos este mundo. Al nacer, todos estamos sanos y luego experimentamos la vida con todas sus tragedias y triunfos, lo que a su vez influye en nuestro sentido del yo y lo cambia.

El proceso HEAL va más allá de lo que está mal en tu interior para revelar lo que está bien.

El proceso HEAL te ayudará a verte desde una perspectiva diferente y con más claridad. Cuando empieces a relacionar los sucesos dolorosos de la primera infancia con algunos de tus problemas y reacciones actuales, tendrás momentos *ajá* que arrojarán una enorme claridad sobre tus pautas disfuncionales. Verás nítidamente cómo tu niño interior herido aparece y toma decisiones que se basan en un razonamiento emocional infantil que conlleva dolor e incomprensión. Una vez que reconozcas conscientemente que lo que estás haciendo te hace daño, cuesta mucho seguir haciéndolo.

El proceso HEAL es una experiencia transformadora, diseñada para ampliar tu consciencia de ti mismo. Se trata de un proceso dinámico, que te permitirá leer sobre los viajes que otros han realizado mientras aprendes a observar y describir tu propio viaje. Se te guiará a través de un proceso para trazar un mapa de los acontecimientos significativos que han ocurrido en tu vida desde el nacimiento hasta los veinte años. Examinarás estas vivencias y aprenderás a identificar cuáles son las *experiencias relevantes a nivel emocional*. Las vivencias que fueron felices y alegres te expandieron y te ayudaron a sentirte arraigado y auténtico; en cambio, las experiencias traumáticas o hirientes contrajeron y restringieron tu auténtico ser, impidiéndole abrirse, ser libre y alcanzar la plenitud. Al descubrir las heridas centrales que destacan, podrás correlacionar más fácilmente esas experiencias, sentimientos y reacciones impulsivas con algunas de tus interacciones adultas actuales. Empezarás a conectar los patrones establecidos durante tu infancia con tus reacciones actuales. También verás que hay una parte de ti que sí ha crecido: el adulto responsable que toma las decisiones maduras en tu vida actual.

El yo adulto responsable

El *yo adulto responsable* es la parte de tu ser que ha madurado cronológica, mental y emocionalmente, la que ha crecido. Es la parte de ti que no está anclada en el pasado y que se comporta como un adulto, es responsable, tiene los pies en la tierra, paga las facturas y, en general, hace lo correcto. Es lo mejor de ti. El yo adulto responsable no siempre aparece, pero cuando lo hace, intenta hacer lo adecuado y consigue que todo siga adelante.

El yo adulto responsable no quedó atrapado en un bucle disfuncional de heridas, sino que progresó, terminó los estudios, encontró un trabajo, posiblemente una pareja, y estableció una vida en un mundo adulto. La parte herida aparece en tu vida adulta cuando se desencadena tu dolor, pero el adulto responsable puede dar un paso al frente cuando sea necesario y tomar decisiones razonables si tienes los pies en la tierra y estás centrado.

El adulto responsable es el yo funcional que puede marcar los límites adecuados. Es la parte de ti que te ayudará a sanar a la parte herida, a ser fuerte, a encontrar una voz capaz de establecer límites, a ser firme y a defender todas las partes de tu ser. El yo adulto responsable es *el* factor más importante para que el proceso HEAL se lleve a cabo con éxito.

Caso real: Jennifer y sus ciclos repetitivos

Jennifer es una mujer inteligente que se esforzó por comprender por qué seguía cometiendo los mismos errores en sus relaciones personales. Elegía a hombres que no la trataban bien y que, en algunos casos, la maltrataban. Su primer marido no la sometía a malos tratos, pero era incapaz de mantener una relación comprometida y monógama, y tenía múltiples aventuras.

Su segundo marido tenía dos hijos adolescentes y una personalidad tipo Jekyll y Hyde. Era un hombre agradable con la familia y los amigos, pero maltrataba verbalmente a Jennifer cuando estaban solos. Tuvo una aventura durante su relación.

Su tercera relación de larga duración duró doce años. Fred era un viudo que, según se dio cuenta más tarde, era un narcisista encantador, controlador y abusivo. Cuando se conocieron, estaba criando él solo a tres niños pequeños. A lo largo de la relación, maltrató verbalmente a Jennifer y a sus hijos. Ella permaneció con Fred principalmente porque tenía miedo de dejar a los niños solos con él. Se prometió a sí misma que se quedaría hasta que el último hijo fuera a la universidad. Estaba orgullosa de sí misma cuando dejó la relación, pero él no le permitió marchar. La acosó y colocó dispositivos de seguimiento en su coche; cuando Jennifer se enteró de esto último, se aterrorizó.

Cuando vino a verme, estaba deprimida y desconcertada, además de cansada de la montaña rusa. Se sentía bien en el trabajo y trataba de ser positiva al llegar a casa o reunirse con sus amigas, pero seguía sintiéndose fatal por dentro. Como resultado de la manipulación narcisista a la que la sometió su expareja, había veces en que creía que se había vuelto loca. Sabía que había un camino mejor, pero le preocupaba que su vida fuera así. Pese a haberle dejado, experimentaba algunas réplicas de síntomas postraumáticos de esta relación tan disfuncional.

Jennifer empezó a trabajar con el proceso transformacional HEAL. Creó una línea de tiempo de su infancia, desde el nacimiento hasta los veinte años, y destacó un acontecimiento que le sucedió cuando tenía ocho. De pequeña había vendido sandías para su abuelo en su puesto de frutas. Un día le faltaron veinticinco céntimos. Su abuelo la acusó de haber robado el dinero, en lugar de ser un adulto racional y darse cuenta de que probablemente se había equivocado en el cambio. Esta experiencia la conmocionó. Se sintió fatal por haber defraudado a su abuelo, pero pensaba que había dado el cambio correcto y había llevado la cuenta del dinero. Jennifer confiaba en su abuelo: él debía de tener razón y ella estaba equivocada. Después de todo, ¿por qué iba a mentirle o a hacerle daño? Se trataba de su abuelo, que decía quererla, así que por supuesto pensó que era culpa suya.

A los ocho años, Jennifer carecía de la capacidad y la perspectiva necesarias para establecer límites, y comenzó su mantra de «lo siento». Adoptó una nueva forma de relacionarse con el mundo: aprendió a ser la víctima y a asumir la culpa del comportamiento inadecuado de los demás. Aprendió a confiar en la gente más de lo que confiaba en sí misma.

Esta experiencia marcó un momento decisivo en la vida de Jennifer y la historia que empezó a contarse a sí misma. La edad de la herida se activó a los ocho años, y así comenzó su creencia de por vida de que era estúpida y debía asumir la culpa y disculparse por los comportamientos de otras personas.

Al revisar las elecciones y los patrones de su vida adulta, Jennifer pudo ver que los tres hombres con los que había tenido relaciones tenían mucho en común. Todos eran narcisistas, egoístas y maltratadores a su manera, y no eran quienes decían ser. Descubrió que los tres tenían características similares a las de su abuelo: todos la convencieron de que no valía nada y era poco inteligente, y perpetuaron sus inseguridades más profundas.

Mientras trabajaba en el proceso HEAL, Jennifer vio claramente estos patrones y aprendió la necesidad de establecer límites saludables, tanto con ella misma como en sus relaciones. Vio que buscaba a esos hombres en particular, y que ellos se sentían atraídos a ella, debido a su herida de víctima y a la idea que tenía de sí misma. Su herida intentaba curarse, pero no de forma saludable, atrayendo inconscientemente a estos hombres. Aprendió a establecer *límites internos* para dejar de decirse a sí misma que era mala y que estaba equivocada todo el tiempo. Aprendió a dejar de disculparse por los comportamientos de otras personas.

Desarrolló nuevas estrategias de respuesta funcional para responder mejor a las situaciones que *desencadenaban su reacción*. Con el tiempo afirmó que lo más importante que había aprendido era a responsabilizarse de sí misma –que era la única que podía arreglar sus problemas– y a dejar de culpar a los hombres por la forma en que terminaban sus relaciones.

A través de un proceso de introspección, Jennifer se dio cuenta de que era su niña interior herida la que seguía con esos hombres, a pesar de que su yo adulto sabía que mantenía relaciones poco saludables y que merecía algo mejor. Las estrategias funcionales y los límites que desarrolló para sí misma y para los demás le proporcionaron una base para decir no a futuras malas relaciones y romper el ciclo.

Jennifer se pasó cuarenta y cinco minutos durante nuestra primera cita contándome lo malos que habían sido todos esos hombres. Le expliqué que podía ayudarla si se esforzaba en mirarse a sí misma y a sus elecciones, en responsabilizarse de su vida en lugar de esforzarse por entender a esos hombres narcisistas. Le dije que podíamos hablar una y otra vez de por qué le hacían lo que le hacían, pero que nunca llegaríamos a una conclusión. La curación que buscaba no consistía en averiguar los motivos de esos hombres, sino en curarse a sí misma. Esta toma de conciencia la ayudó a apartar su atención de los otros y a dirigirla hacia la ardua tarea de buscar en su interior.

Más tarde Jennifer me explicó que no siempre le fue fácil enfrentarse a sí misma, pero que en cuanto lo hizo, todo empezó a cambiar. Y que se siente agradecida porque la curación de su herida le permitió aprender a amarse y perdonarse, y trajo a su vida a muchas personas maravillosas que antes no habría tenido en su círculo.

Herramientas de respuesta funcional

A través de la historia de Jennifer entendiste cómo había desarrollado una pauta de asumir la responsabilidad de los comportamientos de los demás y de disculparse por todo como forma de interactuar y controlar sus relaciones. A partir de su primera herida emocional, desarrolló reacciones impulsivas como ponerse a la defensiva, disculparse en exceso y culparse a sí misma. Podría haber seguido en el ciclo de culpar a esos hombres, incluido su abuelo, pero el juego de la culpa solo la habría mantenido como víctima. Aprendió a desarrollar las estrategias funcionales y comenzó a asumir la responsabilidad de sus decisiones vitales, sin culpar a los demás ni a sí misma y aprendiendo a establecer límites claros con ella y con los demás. Su yo adulto y responsable ya tenía muchas de las herramientas de respuesta funcional, y el trabajo a través del proceso HEAL la ayudó a aprender a utilizarlas no solo en el trabajo, sino también en sus relaciones.

A menudo mantenemos buenos límites en el trabajo, como hacía Jennifer, pero pensamos que no los necesitamos en nuestra vida personal. Luego nos preguntamos por qué nuestras vidas son tan desorganizadas y caóticas. Tenemos las herramientas de los límites, pero las utilizamos de forma casual y no siempre. También tenemos una mezcla de reacciones impulsivas y herramientas de respuesta funcional, pero la habilidad consiste en aprender cuál es la herramienta adecuada para cada situación.

Tu caja de herramientas de respuestas funcionales está llena de pensamientos, sentimientos y comportamientos que son útiles de forma positiva y afirmativa. Estas herramientas te ayudan a mantener una relación sólida contigo y con los demás. No han surgido de tus heridas, sino que se han desarrollado desde un espacio sano o completo dentro de ti y están arraigadas en tu núcleo auténtico. Utilizas estas herramientas cuando estás equilibrado, no reaccionas y eres neutral, tanto si estás solo como con otros. Las usas cuando tienes una idea clara de lo que es bueno para ti y lo que no, y cuando estableces unos límites adecuados. Empleas tus herramientas de respuesta funcional cuando te sientes auténtico, confiado, seguro de ti mismo, lúcido, fuerte y equilibrado.

Cuando no estás centrado o despejado, puede ser más difícil acceder a tus estrategias de respuesta funcional, porque tendemos a emplear las herramientas más accesibles en una situación. Si te sientes temeroso o abrumado, la herramienta más fácil de usar no siempre será la más funcional, especialmente si estás descentrado y te sientes herido. A menudo es más fácil cerrarse en banda o insultar que mantener los pies en la tierra, expresar claramente tus sentimientos y establecer límites saludables.

Como leerás en el capítulo tres, muchas de las habilidades maduras y funcionales que desarrollé surgieron de observar a mis padres y a otros adultos cuando estaban centrados y sus pensamientos e intenciones eran claros. Aprendí a ser compasivo y amable, y a tender una mano cariñosa para ayudar a los menos afortunados. También aprendí herramientas de respuesta funcional observando a mis amigos centrados y verdaderamente equilibrados para ver cómo manejaban las situaciones.

Tus estrategias funcionales y tus reacciones impulsivas están en la misma caja de herramientas. A medida que trabajes con los ejercicios de HEAL, desarrollarás compasión por la parte herida de ti que utiliza herramientas de reacción impulsiva. Verás cómo esas armas impulsivas te sirvieron en su día y cómo ahora te impiden tener una vida adulta integrada. Tus herramientas de respuesta funcional se desarrollaron con el tiempo, al igual que tus herramientas de respuesta emocional herida. Estos pensamientos, sentimientos y comportamientos te ayudaron cuando eras un niño y puede que te sigan ayudando hoy. Son los atributos y las respuestas que contribuyen a que te mantengas enraizado y conectado con tu auténtico yo.

La siguiente lista ofrece ejemplos de herramientas de respuesta funcional:

- Sentirte orgulloso de ti mismo incluso cuando no te reconozcan los demás.
- Reconocer las acciones y elecciones saludables y positivas que necesitas para afrontar tu jornada.
- Reconocer a los amigos que son buenos para ti y te alientan.
- Celebrarte a ti mismo cuando has logrado algo que era realmente difícil de hacer.
- Respetarte a ti mismo y a tus decisiones.
- Reconocer cuándo las relaciones son recíprocas y cuándo no.
- Saber que tomas las mejores decisiones posibles cada día, aunque no sean perfectas.
- Animarte a seguir adelante y encontrar la motivación para hacer las cosas que sabes que son adecuadas para ti.
- Amar las partes de ti mismo que todavía necesitan cuidados para sanar.
- Pedir ayuda a los demás.

- Practicar un buen autocuidado descansando más cuando lo necesites o participando en aficiones o deportes como forma de relajarte.
- Ser emocionalmente vulnerable con otras personas en las que confíes.
- Conectar con familiares y amigos que te ayuden a sentirte completo.
- Discernir quién o qué te beneficia y quién o qué te perjudica.

Cuando hayas sanado tu perspectiva, tus herramientas de respuesta funcional te resultarán obvias porque verás los resultados positivos y saludables que obtienes al utilizarlas. Entonces te será más fácil acceder a ellas, en lugar de a las herramientas de respuesta emocional herida.

EJERCICIO: TUS HERRAMIENTAS DE RESPUESTA FUNCIONAL ACTUALES

Utilizando esta enumeración de herramientas de respuesta funcional, piensa en algunas de las que te ayudan en la actualidad. Anota en tu cuaderno las herramientas que utilizas y las que te gustaría desarrollar. ¿Qué herramientas sabes intuitivamente que necesitas desarrollar?

Piensa en las herramientas de respuesta funcional que emplean otras personas en tu vida y que tú no utilizas. ¿Cuáles te gustaría empezar a usar? Anótalas también. (Guarda estas notas para el ejercicio «Desarrollar tus nuevas herramientas de respuesta funcional» del capítulo siete).

Objetivos del proceso HEAL

Todos tenemos experiencias que fomentan y nutren nuestra curación. El objetivo del proceso HEAL es animar a todas las partes de ti a sanar de forma continuada y alcanzar un estado de *integración* con tu yo adulto responsable. Se trata de un proceso transformacional, dinámico y continuo. Estás desarrollando nuevos paradigmas de pensamiento y sentimiento que pasarán a formar parte de ti y te ayudarán a sentirte más completo y auténtico.

Autenticidad

La *autenticidad* se refiere al núcleo de lo que somos. Es nuestra verdadera naturaleza cuando estamos enraizados, equilibrados y centrados, la parte que sabe que somos dignos de amor, respeto y confianza. Tu auténtico yo nunca te ha abandonado, pero puede que lo hayas enterrado con fantasías que tú mismo has creado o con ideas que se han proyectado sobre ti, como la de ser indigno.

No nacemos con la idea de que somos menos que nadie.
Es algo que aprendemos.

A menudo cargamos con el peso de antiguas creencias que nos han sido impuestas por otros. Estas falsas creencias asfixian al auténtico yo, enterrándolo bajo pesadas capas de engaños y falsedades. Uno de los objetivos del proceso HEAL es revelar el auténtico yo, animar a esta parte a que trascienda esas falsedades que lo cubren y a que crezca más fuerte y plena. Cuando conectes con tu auténtico yo, la vida será mucho más fácil porque lo único que tendrás que hacer es ser tú mismo y mostrarte.

Resiliencia

La *resiliencia* es como un barco que jamás se hunde, por más agitado que esté el mar. Es la parte de nosotros que resurge cuando las circunstancias nos zarandean, la parte que sigue adelante con el impulso de la vida. Cuando necesitamos superar o atravesar un momento difícil, el yo resiliente se combina con el yo auténtico para ayudarnos a trascender situaciones abrumadoras o repetitivas. Es una fuente de fuerza y firmeza en lo más profundo de nuestro ser.

El yo resiliente, junto con el yo auténtico, nos ayuda a encontrar motivación cuando estamos en un estado de desesperación. Nos mantiene fuertes y nos ayuda a recordar que somos adorables incluso cuando el amor nos rechaza. Es la parte que hace que nos levantemos por la mañana confiando en que algo –cualquier cosa– será mejor que el día anterior.

La resiliencia es nuestra capacidad para adaptarnos, navegar y recuperarnos de experiencias vitales adversas y desafiantes. El yo resiliente mantiene la esperanza del yo auténtico cuando hemos perdido la perspectiva y creemos que todo está acabado. Uno de los objetivos de HEAL es reforzar y restaurar tu yo resiliente hasta su máximo potencial, para que sea fácil recurrir a él cuando lo necesites. Al igual que tu yo auténtico, está esperando a ser alentado y reclamado.

Sintonía

Nuestra *sintonía* describe lo receptivos que somos a los demás y a sus necesidades, así como la manera en que se lo reflejamos; es lo que determina nuestras respuestas a situaciones específicas. La *sintonía con uno mismo* es lo alineados que estamos con nuestra propia vida y nuestras necesidades específicas.

Todas las experiencias de tu infancia te dan forma, independientemente de que las consideres buenas o malas, y esas vivencias pasan a formar parte de tu narrativa, de tu historia. A lo largo de tu vida vas tejiendo un tapiz característico que se basa en tus experiencias. No existe un solo tapiz como el tuyo, y esto es lo que te hace, y nos hace a cada uno de nosotros, único, importante y especial. Tu sintonía contigo mismo está entretejida en las fibras de tu tapiz. Ese nivel de sintonía con tu ser guarda relación con tu grado de sanación interior. Si tienes muchos problemas sin resolver y mucho *resentimiento*, te resultará más difícil estar en sintonía.

No hay nadie en el mundo que actúe igual que tú, porque la suma total de las vivencias entretejidas en tu tapiz es únicamente tuya. Es posible que otros hayan tenido experiencias vitales parecidas, pero nadie tiene exactamente la misma percepción del mundo. Estás sintonizado o ajustado a una forma específica de ver la vida que constituye tu sello único. Esta sensación de singularidad es la razón por la que queremos que nos escuchen cuando contamos nuestra historia. La consideramos especial y queremos que se nos conozca y se nos aprecie por nuestra singularidad.

El nivel de sintonía con uno mismo está relacionado con aspectos únicos de nosotros, como la personalidad (naturaleza), el entorno (crianza) y nuestro propio sentido de la resiliencia o nuestra capacidad para superar una experiencia. En función de las experiencias tejidas en el tapiz de nuestra historia vital, algunos podemos atravesar vivencias dramáticas e intensamente emotivas sin un rasguño, mientras que otros pasarán por experiencias similares y se sentirán abrumados o anegados emocional y mentalmente, y a partir de ahí, se cerrarán en banda.

Nuestro nivel de sintonía con los demás explica que a uno de nuestros amigos le gusten los conciertos a todo volumen, los ruidos fuertes y las actividades excitantes, y que otro prefiera los momentos de tranquilidad, el silencio y los pequeños gestos. Cada uno percibe la vida a través de su propia lente, que está en sintonía consigo mismo. Todos nos sentimos atraídos hacia las cosas y las personas que nos hacen sentir bien y que coinciden con lo que somos, con lo que disfrutamos de forma natural y con lo que nos llena de energía. Interpretamos nuestras experiencias a través de una lente sintonizada de respuesta, de modo que algo es *sinérgico* (se une o fluye) con lo que somos o está en *oposición* (es irregular y difícil) a nuestra sintonía personal.

Cuando tu sintonización contigo mismo es clara y no está obstruida con percepciones erróneas, puedes conectar fácilmente con tu auténtico yo.

Por ejemplo, a un niño tranquilo e introvertido de unos nueve años, hablar delante de toda la clase puede resultarle abrumador e incluso traumático. Podría crearle una herida en el alma, una sensación dura y desagradable. Sin embargo, cuando el payaso de la clase se levanta para hablar, cuenta con un escenario que es perfecto para él, por lo que ese mismo acontecimiento le resultará agradable y fluido. Uno de ellos tiene una experiencia que es incongruente con quien es naturalmente, mientras que el otro está en sintonía con la experiencia. Estos dos niños son simplemente quienes son. El introvertido cuenta con tantas habilidades y talentos valiosos como el extrovertido; solo experimentan la situación de forma diferente.

Si llevamos este caso un poco más lejos, veremos que a menudo se anima al introvertido a cambiar y volverse más extrovertido. Pero esto va en contra de su sintonía natural. Otro ejemplo es cuando no estás en sintonía con otros ni ellos contigo. Por lo general, estas personas tratarán de cambiarte, porque no aprecian lo especial y único que eres. Te dicen con qué sintonizan, con qué resuenan y todo lo que les gusta a *ellos*, que, en su opinión, es mejor que lo que a ti te gusta. Cuando esto ocurre, no estás en sinergia con ellos, sino en oposición. Esto crea un momento propicio para la confusión y las heridas emocionales si no tienes unos límites fuertes.

Los momentos dolorosos ocurren cuando los demás proyectan sus propias percepciones sobre nosotros y nos tomamos esas proyecciones al pie de la letra. Cuando eras más joven, por ejemplo, tu madre o una amiga podría haberte preguntado: «¿Vas a ponerte *eso*?», o quizá tus padres te preguntaban por qué querías jugar al fútbol o te cuestionaban con desaprobación si te interesaba un tema como la ornitología. Estas situaciones parecen bastante inocentes, pero cuando oímos estos comentarios una y otra vez, los mensajes calan. Aquí es donde entra el monólogo interior negativo, como: «Soy malo», «Soy tonto», «¿Por qué no soy capaz de hacerlo mejor?», «¿Por qué son tan malos conmigo?» y «¿Qué he hecho mal?». Empezamos a reproducir en nuestra mente las palabras de otras personas y comenzamos a creérnoslas.

Esto puede crear un hábito permanente de pensamiento y sentimiento, de dudar de uno mismo, de cuestionar las cosas y de tener miedo de lo que puedan decir los demás. Las personas que sufren estas dudas siguen en sintonía consigo mismas, pero han perdido la conexión con su sentido de lo que realmente son, su autenticidad. Se cierran a su auténtico yo porque han cedido mucho poder a los demás. Han llegado a creerse esta autopercepción confusa y errónea. Existe una disonancia entre la falsa idea de sí mismas que han adoptado en el camino y su auténtico yo.

A los que tienen una clara conexión con su sintonía y su yo auténtico no les importa lo que la gente diga de ellos. Mantienen unos límites sólidos y pueden encogerse de hombros y evitar que sus palabras les afecten. Tienen clara su respuesta de sintonía –su auténtico sentido del yo– y tanto su resiliencia como su sinergia están muy desarrolladas. Gracias a sus límites internos fuertes y constantes, son capaces de mantenerse alineados con su auténtico yo.

En resumen, cultivar y mantener una clara sintonía con uno mismo –cómo experimentas e interpretas todas las interacciones de tu vida diaria– es un objetivo del proceso HEAL.

Discernimiento

Durante la infancia, utilizabas el *discernimiento* cuando claramente algo no te gustaba o no querías hacerlo. Tu discernimiento, o lo que pensabas acerca de aquello, era claro y centrado. Con el tiempo, otras personas y acontecimientos influyeron en ti y quizá interfirieran en tu capacidad de discernir lo que te gustaba y lo que no, y dejaste de tener claro quién eras. Partiendo del amor y la confianza en los demás, empezaste a darles el poder de determinar tu autoestima y tu sentido de la identidad.

El discernimiento es el punto en el que se crea la decisión entre actuar conscientemente y reaccionar de forma impulsiva. Aprender a discernir la diferencia que existe entre tu sentido de la identidad y la idea que otra persona tiene de ti es una parte importante del proceso HEAL.

Los ejercicios que realizarás a lo largo de los capítulos te ayudarán a aprender el arte del discernimiento personal. Uno de los objetivos del proceso es que conozcas, a un nivel visceral profundo, a aquellos con quienes estás sinérgicamente alineado y a aquellos con los que no lo estás. Aprender a tener claridad en tu discernimiento es fundamental para mantenerte fuertemente alineado con tu auténtico yo.

El proceso HEAL también te ayudará a discernir cómo te sientes de verdad sobre ti mismo. Aprenderás si la idea que tienes de ti procede de otra persona o de tu interpretación de los acontecimientos de la vida. El arte del discernimiento te ayudará a desarrollar la capacidad de tomar distancia y ver que no naciste con la idea de que eres malo o menos que nadie y a descubrir de dónde procede esa idea.

EJERCICIO: AUTODISCERNIMIENTO

Tómate unos minutos para determinar tu capacidad de autodiscernimiento con las siguientes preguntas. Si necesitas más sugerencias, puedes consultar las preguntas de autorreflexión de la introducción. De las siguientes preguntas, responde en tu cuaderno las que consideres pertinentes:

- ¿Qué está impidiendo que tu autopercepción sea clara y auténtica?
- ¿Cómo saboteas tu vida?
- ¿Qué creencias negativas tienes sobre ti mismo? ¿De dónde vienen?
- ¿Por qué es difícil algunos días saber que te quieren?
- ¿Qué tipo de situación o persona te hace sentir bien? ¿Por qué?
- ¿Qué tipo de situación o persona no te hace sentir bien? ¿Por qué?
- ¿Por qué dejas que los demás influyan en tus decisiones la mayoría de las veces?
- ¿De quién es la voz dentro de tu cabeza?
- ¿Por qué crees que dudas de una elección o decisión que tomaste y te echas atrás?
- ¿Con qué frecuencia tomas decisiones sin ni siquiera pensar en ellas?

- ¿En qué situaciones eres consciente de tus elecciones? ¿Por qué en estas situaciones y no en otras?
- ¿Con qué personas de tu vida te cuesta saber dónde acaban ellas y dónde empiezas tú?
- ¿Qué sentimiento o idea que adoptaste de otra persona arrastras contigo?
- ¿Cómo, dónde o de quién adquiriste la creencia de que eres menos que los demás?

Revisa tus respuestas. ¿Qué temas encuentras? ¿Hay situaciones o nombres que hayas enumerado más de dos veces? ¿Cuál es el mensaje que descubres sobre tu nivel de discernimiento?
Si solo has respondido a algunas de estas preguntas, es posible que tengas una fuerte conexión contigo mismo, que te conozcas muy bien y que tomes buenas decisiones. Si llenaste una o dos páginas de respuestas, y anotaste muchas de las mismas personas y situaciones, necesitas trabajar para ganar claridad al utilizar tu discernimiento. Si en tu vida hay mucho drama y disfunción, probablemente necesites trabajar más en tu capacidad de discernimiento, tanto respecto a situaciones como respecto a otras personas.
Tienes la capacidad de discernimiento; solo aprendiste a ceder tu poder a los demás para caerles bien o para que te quisieran. Hiciste que sus necesidades fueran más importantes que las tuyas a causa de una mala fijación de límites.
El discernimiento tiene que ver con la claridad en nuestro interior, no con la confusión. Si estás confundido sobre por qué, cuándo y cómo piensas o sientes algo, sigue leyendo. Cada paso del proceso HEAL te ayudará a desarrollar una idea clara y una conexión con quien realmente eres.

Descongelar la herida

Como has leído, parte de los objetivos de la curación y de la adopción de una vida auténtica es desarrollar y honrar tu autenticidad, tu capacidad de recuperación y de sintonía contigo mismo y tu discernimiento. Aunque estos son objetivos importantes en tu curación, sirven para apoyar un objetivo mucho más profundo: sanar tu parte más infantil y emocionalmente herida, que está congelada en el tiempo, para que pueda integrarse con tu yo adulto responsable y te permita liberarte a nivel emocional. Sanar esta parte congelada para que no siga apareciendo y tomando malas decisiones es vital para tu curación general.

Como aprendiste en el capítulo uno, esta parte de ti es un resquicio herido de tu desarrollo emocional que está atrapado y congelado en el tiempo. Es la parte que siempre está al acecho de una situación que se asemeje al acontecimiento de la herida original. El patrón de respuesta herido resultante sigue repitiéndose hasta que lo reconoces y lo curas. Una vez curado, la parte que guarda el recuerdo deja de activarse, y ya no repetirás los mismos patrones una y otra vez. En otras palabras, tendrás una clara conexión con tu auténtico yo.

Límites

Los límites nos ayudan a tener una sensación de seguridad en nuestras relaciones personales. En el capítulo cuatro aprenderás cómo la falta de límites mantiene fija tu herida, y en el capítulo seis descubrirás cómo crear límites funcionales. Por ahora, debes saber que los límites son tu reacción visceral ante una situación. Los límites provienen de la parte de ti que sabe inmediatamente si algo te gusta o no.

Cuando tenemos una fuerte conexión con nuestros límites, sabemos que podemos cuidar de nosotros. Los *límites internos* son compromisos y acuerdos con nosotros mismos sobre lo que es aceptable o inaceptable. Los *límites externos* son declaraciones o acciones que hacemos a los demás y que establecen lo que queremos o no queremos. En el contexto del niño interior herido, el yo más infantil necesita saber que el yo adulto responsable va a estar ahí para protegerlo y erigir unos límites funcionales fuertes para que el niño interior no se pierda y vuelva a hacerse daño. La parte herida quiere ver si el yo adulto responsable establecerá límites en situaciones disfuncionales o caóticas.

La gente puede desarrollar un sistema de límites propio de diversas maneras. La mayoría utiliza algunos límites, y si durante la infancia contó con buenos modelos de límites en su familia, probablemente le resulte fácil establecerlos en sus relaciones adultas. Pero los que no tuvieron buenos modelos de conducta en este aspecto suelen tener límites incoherentes, rotos o inexistentes. Cuando faltan buenos sistemas de límites internos y externos, no existe una sensación de seguridad en las relaciones personales.

Muchos no tenían un sistema de límites fuerte cuando eran niños y ni siquiera sabían que podían fijarlos. La parte herida se dedicaba a la autoprotección, utilizando herramientas de respuesta emocional herida para intentar defenderse en lugar de protegerse mediante límites adecuados. Esta parte herida seguirá interponiéndose ante el yo adulto mediante reacciones impulsivas hasta que el yo adulto responsable establezca límites claros.

Los límites son una forma de crear una sensación de seguridad personal, física, íntima, emocional y mental con otra persona. Ser capaz de establecer unos buenos límites nos permite mantener nuestro sentido del yo cuando nos encontramos en una situación desafiante o amenazante. Tener límites significa decir no cuando queremos decir no. Significa tener una clara conexión con nuestro auténtico yo para saber cómo nos sentimos con respecto a algo.

Los niños que crecen en entornos disfuncionales no aprenden a establecer buenos límites, y tampoco suelen aplicarse los límites que hay en el hogar. Aprendí a poner siempre a los demás en primer lugar y a dar más importancia a sus necesidades que a las mías. Seguía reprimiendo mis emociones, y la intensidad que sentía en mi interior tenía que ser muy fuerte para que por fin dijera claramente no a algo. Ni siquiera cuando decía no, gritaba o me enfadaba, era capaz de mantener unos buenos límites. No estaban claramente definidos en mi familia, y nunca supe muy bien de qué situaciones era responsable y cuáles eran competencia de mi madre y mi padre. Debido a esta ambigüedad, a este *enredo*, terminé pensando que yo debía cargar con la culpa cuando la situación era desastrosa en el hogar.

Los sistemas de límites eficaces son el pegamento que hace que el proceso HEAL funcione. Descubrirás los pasos que debes dar para establecer unos buenos límites, de modo que tus partes heridas sepan que no tienen que estar vigilantes todo el tiempo. Aprenderás que no tienes que cargar con las heridas de otra persona y sabrás dónde acabas tú y dónde empieza ella. Una vez que aprendas a poner límites, no solo conseguirás sobrevivir a los encuentros negativos, sino que lograrás prosperar en tu vida.

Integración

El objetivo final y más crucial de la curación y la adopción de una vida auténtica es crear una base de apoyo y estímulo para que todas las partes heridas se *integren* con tu yo adulto responsable. Mediante tu trabajo introspectivo, esta integración reunirá las partes de ti que están bloqueadas, congeladas en el tiempo y atascadas.

Con el trabajo que realizas para impulsar a tu yo adulto responsable a dar un paso adelante y establecer fuertes límites internos y externos, tu herida se sentirá mucho menos descarnada y sin cicatrizar. Tu conciencia ampliada te permitirá ver los patrones impulsivos y destructivos, y te dará el poder de cambiar tus respuestas a las situaciones. A medida que vayas sanando, esta parte herida de ti dejará de dolerte y se volverá menos sensible. Seguirás recordando lo ocurrido, pero estos recuerdos no tendrán tanta energía emocional cargada a su alrededor. Una vez que la parte herida vaya sanando, dejará de estar aislada, latente y esperando el siguiente estímulo desencadenante. Madurará emocionalmente para integrarse con el yo adulto responsable.

Caso real: Anya, una niña valiente

Anya es una mujer de treinta y dos años profesional y con una gran experiencia. Sus padres son estadounidenses de primera generación. Cuando eran adolescentes, emigraron por separado a Estados Unidos, donde se conocieron, se enamoraron, empezaron a trabajar y tuvieron dos hijas, Anya y su hermana, Kiara. Aparentemente, la familia había alcanzado el sueño americano, pero en el hogar no había ninguna alegría. La madre y el padre de Anya trabajaban en turnos consecutivos, por lo que las dos niñas pasaban el tiempo entre los familiares mayores que vivían en su mismo edificio y los vecinos, a los que no conocían bien.

A los nueve años, la madre de Anya le dijo que iba a ser la adulta de la casa hasta que su padre llegara del trabajo. Ahora era responsable de Kiara, de seis años, así que Anya se convirtió en la «pequeña mamá». Su madre también le dijo que tenía que asegurarse de que su padre no bebiera cuando llegara a casa, ya que ella trabajaba en el segundo turno y su padre en el primero. Anya tenía que llevar la cena a la mesa, asegurarse de que Kiara hiciera los deberes y esconder las botellas de licor o distraer a su padre el tiempo suficiente para que no bebiera demasiado, de modo que cuando su madre llegara a casa no se enfadara con Anya por lo borracho que estaba su padre. ¡Uf! Eso es demasiado para una niña pequeña.

De su historia se desprende que Anya sufrió muchas heridas emocionales. Cuanto más hablábamos, y cuanto más trabajaba en la línea temporal de su infancia, más recordaba. El proceso de terapia le proporcionó a su yo de nueve años un entorno seguro para desahogar sus sentimientos sobre todas las situaciones y sentimientos que nadie en su familia había sabido escuchar. Empezó a conectar con los sentimientos de su yo más infantil herido y vio cómo seguían aflorando en su vida adulta. Comentó que era como si descorriera una gran cortina y viera claramente por primera vez la tensión emocional que había sufrido en sus primeros años de vida.

Anya empezó a darse cuenta de cuánta presión había ejercido su madre sobre ella a una edad tan temprana. En aquel momento, sus padres le hicieron sentir que ese nivel de responsabilidad no era extraño ni excepcional, y no le permitieron quejarse ni sentir nada al respecto, porque necesitaban que «tirara del carro» para que la familia funcionara. Dependían de ella para que hiciera el trabajo de un adulto, por lo que Anya para poder subsistir tenía que dejar de lado las formas infantiles de jugar, soñar y sentir la libertad. Ya no podía ser una niña; tenía un horario y unas obligaciones que superaban sus capacidades y debía hacerse responsable del alcoholismo de su padre y, de alguna manera, controlarlo. Estaba adoptando, en términos codependientes, el papel de *la cuidadora*, *la que lo soluciona todo* y *la controladora*, y se estaba convirtiendo en una persona *sin necesidades*, *sin deseos* propios y muy centrada en los demás. Por desgracia, por mucho que se esforzara, no era suficiente. No era capaz de mejorar nada y nadaba siempre a contracorriente.

Sus padres no reconocían en absoluto el malestar de Anya, y esto generó en ella una ira y un resentimiento que se fueron acumulando a lo largo de los años. Ahora, como mujer adulta y casada con hijos, no sabía qué hacer con estos sentimientos de frustración derivados de una situación que no podía arreglar porque para ello habría tenido que retroceder en el tiempo. Incluso en la edad adulta, Anya veía que su madre seguía poniéndola en el papel de cuidar de los demás. Su madre le transmitía una sensación de culpabilidad si se le ocurría hacer algo para sí misma. Anya quería a sus padres y seguía intentando ayudarlos, pero se sentía abrumada y desesperada, y creía que el ciclo no acabaría nunca.

Con el tiempo se dio cuenta de que una experiencia emocional relevante clave durante su infancia fue la de sentirse poco apreciada. Si sus padres hubieran valorado y agradecido el peso de la responsabilidad que asumía a esa temprana edad, habrían validado sus sentimientos infantiles, pero estaban atrapados en sus propias vidas y no eran conscientes de lo imposible que era para una niña asumir responsabilidades de adulto.

Como parte de su proceso HEAL, Anya escribió *cartas sanadoras* dirigidas a su yo infantil. Contó que este ejercicio le había proporcionado una gran sensación de alivio, ya que por fin estaba reconociendo y valorando todo su arduo esfuerzo. Lloró mucho por su pequeña, porque se estaba dando permiso para ver el absurdo y la enormidad de lo que se le había pedido que hiciera de niña y la carga emocional que arrastraba. Tuvo que crecer deprisa, desarrollar sus habilidades cognitivas para llevar a cabo una estrategia de planificación y ejecución, y no tuvo tiempo ni lugar para sus sentimientos.

En casos como el de Anya, los sentimientos se suelen empujar hacia el interior. Los niños que viven en estos entornos aprenden que estos sentimientos no los van a ayudar, que solo empeorarán las cosas. Crecen siendo muy analíticos y lógicos, casi sin sentimientos, porque han tenido que utilizar toda su capacidad cerebral para resolver situaciones complicadas con el fin de sobrevivir emocionalmente.

Las personas que son muy analíticas y confían mucho en su inteligencia y reprimen sus emociones probablemente aprendieron a una edad temprana que hacer eso era mejor que sentir sus emociones.

En la actualidad, Anya tiene un trabajo extremadamente analítico. Sabe entender bien a la gente y darse cuenta de si alguien tiene un buen o un mal día. También sabe cómo adaptarse al estado de ánimo de otra persona. Todas estas son herramientas de respuesta emocional herida de su infancia que llevó consigo a la edad adulta. Estas habilidades la ayudan en algunos aspectos, pero su voluntad de ser cuidadora puede desviarla, ya que a menudo atiende a los demás en lugar de ocuparse de sus propias necesidades.

Para Anya es importante que todo esté en orden y bajo control, sin ninguna sorpresa. Al fin y al cabo, aprendió desde pequeña que debía tener el control en la casa o su madre se enfadaría. A medida que crecía, desarrolló una animosidad hacia su madre debido a las expectativas poco realistas que depositaban en ella. A menudo descargaba esta ira con su marido.

Gracias a su trabajo para comprenderse a sí misma, el yo adulto y responsable de Anya empezó a reconocer cuándo sus partes infantiles heridas y lastimadas se desencadenaban y trataban impulsivamente de controlar todo y «sobrevivir» a ello. Su yo adulto y responsable se entristeció al ver que estas reacciones impulsivas eran el resultado de todo el dolor y la lucha emocional por los que pasó de niña. Por consiguiente, gran parte de su curación se centró en la comprensión y la compasión por todo el duro trabajo que su yo de niña herida tuvo que hacer para que su complicado hogar funcionara lo mejor posible. A medida que Anya trabajaba en su línea de tiempo, sus cartas a sí misma y su autoconocimiento, las relaciones con su marido y su madre se suavizaron. Fue capaz de salir del modo de supervivencia/control que había utilizado durante décadas y pudo relajarse y disfrutar más de su vida. También aprendió a establecer límites consigo misma y con quienes la rodeaban. Reconoce que se está expandiendo y transformando, pero que su madre sigue comportándose igual. La diferencia es que Anya ya no hace todo lo que su madre le pide. Ahora expresa verbalmente cómo se siente cuando su madre le habla con desprecio o ignora sus dificultades. Su niña ha encontrado su voz y su yo adulto está encontrando las palabras que debe utilizar para establecer límites con su madre. El yo adulto y responsable de Anya le recuerda ahora a su yo de niña herida que los acontecimientos de la infancia ya no están ocurriendo. Le recuerda a su yo infantil que está a salvo, que puede establecer límites con quienes la rodean, que hoy está emocionalmente más segura que nunca y que tiene un marido cariñoso que la ayuda con sus hijos.

A medida que trabajes en el proceso HEAL y sanes a tu niño interior emocionalmente herido, descubrirás que los que te rodean no están cambiando como tú; no podemos cambiar ni controlar a nadie. Sin embargo, te estarás transformando y expandiendo a ti mismo y a tus relaciones desde dentro.

Tenemos que aprender a darnos a nosotros mismos como adultos lo que no recibimos en la infancia.

CAPÍTULO 3

El niño interior perdido

Sana al niño y aparecerá el hombre.

—TONY ROBBINS

Muchos individuos no se dan cuenta de que tienen un niño interior perdido que toma muchas decisiones en su vida adulta con las que el yo adulto responsable tiene que bregar después. Llevan su vida en piloto automático, reaccionando impulsivamente, gritando a pleno pulmón, retrayéndose y enfadándose, o manteniendo a los demás a distancia porque les asusta la conexión emocional. Se sienten heridos, confundidos, maltratados, avergonzados o abandonados, igual que cuando eran niños, pero ahora parecen adultos y suenan como tales. No son conscientes de que una parte de ellos se encuentra perdida y atrapada emocionalmente. Mucha gente tiene miedo de mirar hacia dentro porque sabe, en algún nivel, que algo poderoso está acechando en las sombras, algo que arrastra todos esos sentimientos que quieren evitar.

El niño interior perdido es una parte de ti que está emocionalmente detenida en el tiempo. Está «perdida» en el sentido de que puedes ser ajeno a lo que más tarde serán signos evidentes de comunicación de esta parte. Aunque forma parte de ti, está perdida porque no ha madurado emocionalmente con el resto de tu ser.

Aquí te cuento mi historia para que puedas ver cómo el niño interior se pierde, queda atrapado y está desesperado por comunicarse, y cómo al final se puede encontrar y sanar.

Mi historia

Nací en Louisville, Kentucky, en 1961. La infancia en el extremo sur del país en los años sesenta fue una época maravillosa llena de veranos largos y calurosos, en los que me escapaba a la naturaleza y volvía a casa con los bolsillos llenos de piedras y, a veces, de ranas. Era la era del *jet*, con aletas en los coches y formas de cohetes y diseños orbitales en cosas que no tenían nada que ver con la exploración espacial. Era una época de esperanza y optimismo, pero también había muchos disturbios y protestas raciales. El telediario de la noche, en blanco y negro, contaba la tortuosa carnicería de la guerra de Vietnam mientras yo me sentaba en la alfombra trenzada y observaba con horror, confusión y tristeza. Recuerdo claramente que mi padre me preguntó, cuando tenía unos cinco o seis años, si iría a luchar en la guerra. Era una pregunta absurda para un niño, pero con absoluta certeza respondí que no, lo cual, en retrospectiva, fue la primera vez en mi infancia que hice una declaración de límites firme y consciente.

Procedía de una familia numerosa y extensa y estaba muy unido a muchos de mis parientes. Sin embargo, tenía algunos primos a los que rara vez veía, por lo que no siempre tenía claro qué niño de cabello castaño era de qué parte de la familia, y mucho menos cómo se llamaban. Aprendí que había un orden sureño de las cosas y unos modales y cortesías adecuados. Había una jerarquía entre los que aspiraban a ser adinerados y la mayoría, que simplemente se las arreglaba como podía.

Tuve la suerte de crecer en el seno de una familia amorosa que no se separó, con mi madre en casa cuidando de mí y de mi hermana pequeña. Mi padre trabajó diligentemente en la misma empresa durante más de cuarenta años, proporcionándonos un estilo de vida cómodo que nos situaba sólidamente en la clase media. Cuando empecé el instituto, mi madre volvió a trabajar en la empresa en la que había trabajado antes de casarse con mi padre. Mis dos progenitores trabajaban ahora para empresas de primer orden, donde tenían un sentido de pertenencia, conexión, paternidad y longevidad.

Mis padres crearon un entorno en el que yo me sentía, en lo más profundo de mí mismo, querido y protegido. Esta sólida base estableció en mí un firme sentimiento de amor incondicional y resiliencia. Hicieron lo posible por educarnos a mi hermana pequeña y a mí, aun cuando sus vidas se volvieron cada vez más complicadas. Sin embargo, mi padre empezó a emborracharse y a gritar por la creciente presión, mientras que mi madre contrajo dolencias físicas, y todo esto provocó altibajos emocionales en los que reinaba la incertidumbre. En realidad, mi madre actuaba como «cómplice» de mi padre y se dejaba arrastrar por sus arrebatos emocionales totalmente desproporcionados.

Al vivir en medio de esta situación, aprendí las habilidades del *codependiente*, una categoría de comportamientos –o habilidades, como prefiero denominarlas– que se utilizan para adaptarse a circunstancias estresantes o disfuncionales. Las habilidades codependientes que aprendí durante este tiempo fueron las primeras herramientas de respuesta emocional herida que puse en mi caja de herramientas. Estas estrategias de respuesta emocional me resultaron enormemente útiles al principio, cuando intentaba descubrir cómo manejarme emocionalmente con mi familia. También estaba empezando a desarrollar un *falso yo*, una identidad distinta de mi auténtico ser. Estaba aprendiendo a negar mis propias necesidades y a reprimir mis sentimientos. Alrededor de los seis años, para ayudar a mi madre y a mi padre y aliviar su estrés para que no discutieran, mi pequeño yo pensó: «Haré todo lo que me pidan a la perfección, y así no gritarán ni discutirán y mi padre no se emborrachará ni se enfadará».

Se trata de un caso clásico en el que el hijo de un alcohólico asume la responsabilidad por el comportamiento de sus padres. Estaba convencido de que, si yo cambiaba, podría controlar su situación. Era el hijo mayor y asumí todas las cualidades del primogénito en una familia en la que el alcohol era el principal estímulo de las emociones fuertes. Aprendí a tener miedo de la gente enfadada, empezando por mi propio padre; busqué la aprobación de los demás volviéndome extremadamente servicial, sobre todo con mi madre, y desarrollé un tremendo sentido de la responsabilidad de todo el hogar. Me agobiaba la elevada carga emocional que se respiraba en la casa. No sabía qué hacer con esas sensaciones, así que las interioricé. La casa se llenaba a veces de tensión, destellos de ira que se manifestaban en mi interior en forma de preocupaciones y tristeza. Luego, para mi confusión, pasábamos al polo opuesto y experimentábamos momentos de satisfacción e incluso de alegría.

Cuando yo tenía siete años nació mi hermana. Estaba tan acostumbrado a ser hijo único que al principio me sentí perdido y resentido, pero finalmente su llegada al mundo me ayudó a mitigar mi soledad. Ahora éramos dos y me dediqué a protegerla.

En mis primeros años, desde los seis hasta los once más o menos, estaba tan angustiado que me encerraba en mi cuarto y me tendía en la cama a llorar. Me esforzaba por ocultar estos arrebatos emocionales, porque creía que no era bueno mostrar mis sentimientos. Al fin y al cabo, vivía centrado en lo que sentían mis padres y no quería que se enfadaran conmigo. Por aquel entonces estaba muy perdido. Mi madre, y a veces mi padre, entraban en mi habitación, se sentaban en el borde de mi cama y me preguntaban con mucha delicadeza qué me pasaba. Podía sentir su sinceridad y preocupación, pero la verdad es que no sabían qué hacer para que me sintiera mejor.

Me reconfortaba su acercamiento; sin embargo, no lograba expresarles lo que sentía, aunque sí recuerdo haberle dicho a mi madre que no quería que discutiera con mi padre. Sus peleas me asustaban terriblemente y creía que la casa iba a explotar con aquellos gritos; ¿o, más bien, eran los sentimientos que trataba de esconder en mi interior los que parecían a punto de estallar? Mis padres se daban cuenta de mi angustia, pero no eran capaces de ver cómo influían en mi confusión y dolor. No parecían ser conscientes de ese círculo en el que vivíamos en el que pasábamos de la tranquilidad y el bienestar a un estado de agitación en el momento en que mi padre llegaba del trabajo, lleno de ansiedad, se abría una cerveza y luego se tomaba algo más fuerte mientras mi madre se mordía los labios anticipando la pelea que se avecinaba. Allí estaba yo, junto a ellos, conteniendo la respiración y sintiendo que se me encogía el estómago. Para hacer frente a la situación echaba mano a una serie de herramientas de respuesta emocional herida, como la de tratar de cuidarlos, poner un poco de paz, ayudarlos e intentar evitar los conflictos. Al final, me sentía inútil y me refugiaba en mi propio mundo, me retraía emocionalmente e intentaba desaparecer de su vista. Procuraba adivinar lo que pensaban, controlar la situación, me tragaba mi emoción y la somatizaba en forma de dolores intestinales. Utilizando las herramientas dañadas que estaba desarrollando, intentaba que todo fuera mejor. Quería ser un héroe y rescatar a mi familia.

Así aprendí a separarme de mis emociones y a compartimentar mi vida interior en diferentes yoes como forma de sobrevivir a la intensidad. Intenté entender mis sentimientos profundamente confusos. Desarrollé la herramienta de la compartimentación durante mis primeros años para hacer frente a la tremenda agitación emocional del hogar. Como me cerraba y no hablaba de mis sentimientos, a menudo entraba en estados de depresión y tristeza. Por fuera quería que los demás vieran que todo estaba bien, pero por dentro me sentía vacío, incapaz y solitario.

Estaba tratando de convertirme en quien creía que mis padres deseaban que fuera. Me fijaba en sus expresiones y en su forma de caminar, y escuchaba el tono de sus voces para saber si aquel iba a ser un buen día o no. Prestaba atención a sus expresiones faciales para determinar cómo tenía que cambiar yo para ayudarlos. ¿Debería acercarme a ellos y contarles cómo fue mi día? ¿Era un buen momento para hacer una pregunta? ¿Debía quedarme callado y leer o ver la televisión, o debía salir de casa e ir a jugar junto al arroyo? Me estaba convirtiendo en un experto en interpretar el comportamiento de la gente, y esa herramienta pasó a formar parte de mi caja de herramientas emocionales.

Escapar a la naturaleza era una forma perfecta de tranquilizarme y de volver a la tierra. Bajaba al arroyo del bosque con mis coches y mis soldados de juguete. Me esforzaba por salir adelante, y el aislamiento era reparador; era un alivio de la presión en el hogar.

Este retraimiento y aislamiento, signos de estrés traumático en un niño, se convirtieron en dos de mis principales habilidades para afrontar la situación. Más tarde pasaron a ser las herramientas de respuesta emocional herida consistentes en replegarse en la soledad y no mostrar mis verdaderos sentimientos cuando me hice mayor. También desarrollé el arte de la reflexión personal, la meditación en la naturaleza y la exploración como formas de reconectar con mi auténtico yo. Estas se convirtieron en herramientas de respuesta emocional funcional.

Yo solo conocía mi mundo, y en eso no me diferenciaba de mis amigos ni de cualquier otro niño. Intentaba entender mi extraña vida familiar, y la única solución que se me ocurría era cambiar para adaptarme. Cuanto más esperaba ser capaz de manejar la situación, más pensaba que había algo que fallaba en mí, algo malo, ya que esto no funcionaba. Creía que debía ser capaz de averiguar por qué discutían mis padres, que tenía la capacidad de mejorar la situación y controlar sus estallidos. Cuando peleaban, es que yo no cumplía con mi deber. Estaba convencido de que era yo quien fallaba, que estaba haciendo las cosas mal, que no era bueno.

Me inventé la historia de que era menos que los demás, que no valía tanto como ellos. Asumí esta falsa idea de mi imagen, y se convirtió en algo real. Esta visión errónea de mí mismo empezó a oscurecer a mi auténtico yo. No creía que pudiera permitirme ser yo mismo; tenía que ocuparme de los otros y no dedicarme a mí, porque yo no valía la pena.

Durante la infancia, la mayoría de los días eran bastante aburridos y monótonos; mis padres trabajaban, yo volvía a casa andando desde el colegio y cuando mi hermana creció empezamos a volver a casa juntos. Yo cuidaba de ella, hacíamos los deberes y por la noche veíamos todos la televisión en la sala de estar. Los fines de semana, mi padre enganchaba la barca al coche, mi madre preparaba la comida y la nevera, y nos íbamos a un lago o al río, donde pasábamos todo el día con los amigos, divirtiéndonos. Volvíamos a casa como perros cansados y empapados, y dormíamos profundamente, extenuados y satisfechos.

Yo era un niño muy sensible; por eso, pese a esta normalidad familiar, aprendí a prestar atención a lo que estaba a punto de empeorar. Podía pasar de sentirme despreocupado y relajado a estar hipervigilante, pendiente de cada movimiento de mi madre y mi padre. Nunca sabía cuándo iba a ocurrir, y lo más desconcertante era la naturaleza arbitraria de los enfados.

Mi cerebro infantil y mi corazón no lograban entender cómo, de pronto, los buenos momentos se veían interrumpidos por peleas y gritos. Comencé a crearme un falso yo a base de reprimir grandes partes de mí para adaptarme al entorno y la familia. Cada vez daba más poder y energía a este falso yo, el yo perfecto de Bobby que se creía capaz de controlar y cambiar el comportamiento y las emociones de los adultos. Vivía en un estado de *pensamiento mágico*, en el que estaba convencido de que podía dominar la situación y hacer de nuestra casa un lugar feliz –o al menos tranquilo– todo el tiempo.

Mi madre también procuraba, a su manera, que el hogar estuviera tranquilo y que fuera emocionalmente seguro. Una cosa que aprendí fue que, si no lo teníamos todo preparado para cuando mi padre volviera del trabajo, podía haber muchos problemas. Desde que tengo uso de razón hasta que me fui de casa para ir a la universidad, adopté las herramientas de respuesta emocional herida de mi madre como principal «cómplice» y mártir, y todo el peso que arrastraban consigo. Podía ver y sentir la tensión que ella sentía, así que, al final, me *enredé* o enganché con sus emociones. Ya no sabía dónde acababan sus emociones y dónde empezaban las mías. Era un niño pequeño que no solo tenía la tarea de comportarse como tal, sino, además, la responsabilidad de cuidar de mi madre y controlar el estado de ánimo de mi padre para que no se enfadara y nos gritara.

Yo sabía que mi padre me quería, a pesar de que se emborrachaba y montaba en cólera. No era un ogro, no era un hombre mezquino, simplemente tenía emociones (principalmente una tremenda ansiedad no diagnosticada) que no era capaz de expresar de forma adecuada. Recuerdo que, a partir de los ocho o nueve años, me sentaba en la sala de estar viendo la televisión, oía abrirse la puerta del garaje y pensaba: «A ver, ¿qué me espera esta noche?». Se me revolvía el estómago y prestaba atención al sonido de sus pasos para ver si eran ligeros o pesados. Lo observaba entrar en la sala de estar y me fijaba en su rostro para intentar adivinar su estado. ¿Parece irritado? ¿Su cara está contraída? ¿Tiene las cejas bajas o altas? ¿He hecho algo malo hoy? O –espera– ¿parece tranquilo? Mis emociones eran complicadas porque por un lado me alegraba de verlo, pero por otro nunca sabía qué versión de mi padre iba a llegar a casa esa noche.

Después de un arrebato de ira y de que disminuyera la previsible borrachera, mi padre intentaba reparar el daño y acercarse a nosotros. Me enseñó a construir cosas, nos llevó de viaje por todo el país y me dio una calidad de vida mucho mejor que la de muchos de mis amigos. Sacrificó su tiempo, dinero y energía para que mi hermana y yo disfrutáramos de una infancia llena de oportunidades. Era un hombre con sus propias emociones complejas y su dolor interior, pero no sabía cómo expresarlos de manera apropiada. Tuve que desarrollar un conjunto de herramientas de respuesta emocional similares a las de mi madre para poder encontrar mi lugar y unirme a él.

Cuando me hice mayor, mi madre decía a sus amigos: «Con Bobby nunca tuvimos problemas, siempre hacía lo que le pedíamos». Pues claro; esa era la labor de Bobby. Asumía la responsabilidad de hacerlo todo bien. ¡Qué presión para un niño pequeño!

Recuerdo claramente un incidente de cuando tenía diez años. Mi madre y mi padre discutían en la cocina, y mi hermana y yo estábamos en el sofá de la sala de estar; ella estaba en «su» lado y yo en el «mío». Los oímos discutir en la cocina, pero seguimos viendo la televisión como si no pasara nada, porque eso es lo que hacen los niños codependientes: fingir. Sus gritos se volvieron más fuertes, mucho más que el televisor.

Me sentí extremadamente estresado y agobiado, y quise desaparecer en mi mundo o que el sofá me tragara para poder escapar. Mientras sus gritos seguían aumentando, me acerqué a mi hermana para crear una barrera entre ella y mis padres. Quería protegerla de la intensa emoción y resguardarla de la explosión de ira, pero esta seguía. Más fuerte, más intensa, más insultos. Tenía que sacarla de allí, tenía que proteger a mi hermana, así que, en un gran arranque de valor, la tomé de la mano, la llevé de vuelta a su habitación y cerré la puerta de golpe tras nosotros. Nos sentamos en silencio en el borde de la cama y la abracé fuerte, eso fue todo. Ninguno de los dos dijo nada mientras mis padres seguían peleando. De repente se hizo el silencio, y entonces se oyeron pasos.

Tenía mucho miedo, porque el pequeño y perfecto Bobby había desafiado el orden familiar; se había enfrentado al muro de la ira y el malestar, y había dicho que no. No tenía ni idea de lo que iba a pasar, pero sabía que tenía que sacar a mi hermana de la sala para que estuviera segura. No pensé en mí mismo. Estaba siguiendo el manual de actuación típico de los codependientes, ya que somos capaces de establecer límites para proteger a otra persona y, en cambio, no necesariamente lo hacemos por nosotros mismos.

Mi padre, con la cara enrojecida, abrió la puerta y me vio abrazado a mi hermana. Nos gritó que teníamos que volver a la sala de estar ¡ahora mismo! Quería que volviéramos a la «danza» familiar, pero eso era lo último que yo deseaba. En un momento de claridad en el que el tiempo se detuvo, dejé de tener miedo. Por primera vez, me sentí valiente de verdad. Busqué en mi interior y encontré mi autenticidad, mi resistencia y mi determinación. Dije que no. Se acercó, nos agarró del brazo a mi hermana y a mí y nos sacó de nuevo, colocándonos en el sofá. Quería que todo volviera a la «normalidad».

No sé qué pasaba por su mente, aunque estoy seguro de que alguna parte de él se dio cuenta de lo que estaba haciendo con su ira descontrolada. Pero yo ya estaba harto y había encontrado mucho valor para intentar romper y desbaratar el ciclo familiar. En el fondo, le decía que eso no podía seguir así. Estaba cansado y agobiado por aquellas peleas, y no quería que mi hermana viviera lo mismo que yo durante los primeros diez años de mi vida. No quería que la hirieran con su dinámica disfuncional. Pensé: «Estoy en esta locura con vosotros dos, pero a ella no la vais a agarrar». Sabía que no podía luchar ni discutir con mis padres, pero podía expresar lo que sentía dando patadas y proteger a mi hermana. Lo recuerdo todo de aquella escena –la hora del día, la iluminación, los muebles, dónde estaba todo el mundo de pie o sentado–, lo que hace de este suceso uno de mis recuerdos más traumáticos desde el punto de vista emocional.

(Me gustaría hacer una breve digresión aquí y explicar lo que ocurre en el cerebro cuando se produce un trauma y como resultado de este. Cuando tenemos una experiencia traumática, el cerebro lo graba todo para que, si el suceso se repite, conozcamos las señales de alarma y nos pongamos a salvo. Se trata de una respuesta primitiva de supervivencia que se origina en lo más profundo del cerebro, en la amígdala y el hipocampo. Durante un acontecimiento traumático, la amígdala actúa como centro de control del cerebro, evaluando qué acción tomar a continuación en función de los datos entrantes. Se comunica con el resto del cuerpo a través del sistema nervioso central a fin de proporcionarnos la energía para luchar, huir o inmovilizarnos. En situaciones normales, el hipocampo pone un sello de tiempo –un principio, un medio y un final– a todos los acontecimientos de nuestra vida. Sin embargo, durante un acontecimiento traumático, el hipocampo se bloquea y el recuerdo traumático no se almacena como otros recuerdos.

Es por eso por lo que, cuando, mucho después de que el acontecimiento traumático haya pasado, nos encontramos con algo que nos lo recuerda, volvemos a experimentar el acontecimiento a través de *flashbacks*; una parte del cerebro no sabe que el trauma ya pasó. También por eso algunos recuerdos vuelven una y otra vez).

Al acercarse la adolescencia, supe que necesitaba protegerme de la relación de mis padres, pero carecía de buenas herramientas. En ocasiones, veía la necesidad de establecer límites y me sentía capaz de hacerlo; sin embargo, la mayoría de las veces volvía a echar mano a las herramientas de reacción impulsiva y respuesta emocional herida que empecé a crear en mi infancia.

Durante aquellos primeros años de adolescente, mi madre tuvo que someterse a diversas operaciones quirúrgicas y se empeñó en enseñarme a cocinar. Yo siempre me esforzaba por estar a la altura de las circunstancias, pero esto era diferente: jamás lo había hecho. Cocinar se convirtió en una demostración física de lo que podía hacer para ayudar a la familia y mejorar las cosas. Por más cansado que estuviera, hacía mis deberes y las tareas domésticas y luego me esforzaba todavía más y le entregaba toda mi energía a la familia. Esta falta de autocuidado se vio reforzada por el falso yo que había desarrollado, porque mi auténtico yo estaba muy apagado y nublado en aquel momento.

Asimismo, intentaba averiguar cómo mejorar la relación con mi padre, pero estaba resentido por sus enfados y su comportamiento. Yo también me enfadaba y me molestaba que no pudiera controlarse. No tenía sentido que este hombre que sabía que me quería, que era amable con los demás y que nos hacía pasar ratos maravillosos a mí y a mi hermana, se enfadara de aquella manera y dijera cosas crueles. Estaba atravesando la pubertad y me sentía aún más aturdido, sensible, abrumado y agotado por el caótico baile emocional que suponía vivir con él. De repente, un día, algo en mí se rompió.

Durante mi adolescencia vivía en piloto automático a nivel emocional. Es cierto que me había adaptado a mi entorno y estaba creciendo y madurando. Sin embargo, aunque ahora era mayor y más alto, por dentro no sentía que hubiera crecido; me sentía como un niño lastimado y perdido. Cuando mi padre se enojaba o mi madre se ponía triste seguía reaccionando igual que antes. En mi interior quedaban cicatrices de batalla de todas las emociones que había absorbido, tenía mi manual de actuación y sabía lo que podía esperar. Me sentía derrotado, no era bueno poniendo límites y tenía que renunciar a ser yo para ayudar y estar presente para los demás. Seguía siendo el héroe de mi familia disfuncional y me dedicaba a ello día y noche, sin descanso.

Por aquellos años supe que, profesionalmente, quería dedicarme a ayudar a los demás, lo cual era natural, teniendo en cuenta el aprendizaje que tuve en la primera infancia. Durante mis primeros años de carrera trabajé en un hospital psiquiátrico privado como celador. Esta experiencia llevó mis habilidades de cuidador, rescatador y solucionador a un nivel completamente nuevo. Trabajar en el hospital fue mi primera inmersión en el campo de la salud mental. Era 1980, así que imagínate la camisa blanca institucional, con los zapatos y el cinturón del mismo color. Parecía sacado directamente de la famosa película *Alguien voló sobre el nido del cuco*.

Me asignaron a trabajar en la unidad de admisión de cuidados intensivos para hombres. Allí era donde ingresaban los pacientes más graves, que estaban totalmente fuera de sí y exhibían comportamientos perturbadores. Tenía una oportunidad única de ver a los pacientes con enfermedades mentales graves caminando en estado catatónico, medicados hasta perder el sentido, arrastrando los pies o mirando fijamente al espacio.

En esa época, se estaban introduciendo lentamente nuevos fármacos para la atención de la salud mental, pero en su mayor parte solo había un pequeño número de terapias y unos cuantos medicamentos antipsicóticos disponibles para ayudar a los pacientes con sus síntomas. Estos fármacos de amplia acción, que inundaban el cerebro, producían respuestas similares a las de un zombi en los pacientes, pero cuando veía a estos grandes hombres fuera de sí, los agradecía. Era una época de atención institucionalizada a largo plazo para los «vitalicios», los pacientes que ingresaban cuando eran jóvenes, con la enfermedad mental en ciernes, y se quedaban la mayor parte de su vida. Llevaba a los pacientes a recibir la terapia de *electroshock* (hoy conocida como terapia electroconvulsiva o TEC), me quedaba en la habitación mientras los psiquiatras les administraban el procedimiento y luego los acompañaba de vuelta a sus habitaciones.

Aunque había recibido formación y conocía los protocolos de seguridad, no había mucho que pudiera preparar a un joven delgado de dieciocho años para enfrentarse a un hombre adulto con una mirada salvaje, en medio de un episodio psicótico, que quiere matarte mientras tú y los demás camilleros sujetáis su voluminoso cuerpo en una cama con correas de cuero. Mi entrenamiento en la primera infancia, consistente en compartimentar mis emociones y reprimir mis sentimientos, me ayudó a mantener la calma en medio de sus delirios psicóticos, alucinaciones y episodios maníacos. Gracias a ver a mi padre enfurecerse y a mi madre contrarrestar esos arrebatos a base de no mostrar sus emociones, tenía una caja de herramientas de respuesta emocional preparada para cuando fichara en el hospital. Mis padres se preguntaban por qué quería trabajar con «los locos de la colina». No podía explicarlo, salvo que me interesaba la psicología. Ahora me doy cuenta de que sentía una gran empatía y conexión con esos individuos emocionalmente heridos. Quería estudiar psicología para entenderme a mí mismo y creía que podía identificarme con el sufrimiento emocional de estos pacientes. Estaba madurando y llegando a conectar con mi propio poder personal, pero al mismo tiempo conocía la sensación de estar herido y sobrepasado por las emociones. Podía reprimir las mías, de manera que era capaz de permanecer con estos pacientes en medio de un brote psicótico. En cierto modo, eran mi gente.

Tras dos años en una universidad local, me marché de casa y me cambié a la Loyola University. En ese momento todo cambió para mí y para mi hermana. Yo tenía veinte años y me había librado del ambiente disfuncional, pero cuando me fui, mi hermana pasó a la primera línea. Yo ya no podía interceder entre mis padres y ella. No estaba allí para intentar adivinar cómo se sentían ni para moderar y suavizar las cosas o tratar de mejorarlas. Estas eran las habilidades que había desarrollado para lograr que el hogar fuera lo más normal posible. Cuando me fui llevándome mis singulares herramientas de respuesta emocional herida de codependencia, mi hermana se quedó sola con mis padres y tuvo que desarrollar sus propias habilidades.

Durante su época del instituto tuvo su propio punto de ruptura con ellos. Cuando iba camino del instituto, después de haber estado lidiando con sus discusiones y con el estrés en casa, tenía que detenerse un momento para aplacar las lágrimas. A veces no podía ir a clase por lo alterada que estaba. Nuestra madre nunca se lo cuestionaba y se limitaba a llamar al instituto para avisar de que estaba enferma ese día.

La herida de nuestra madre no le permitía ver el dolor de mi hermana porque ella misma sufría mucho. Mi hermana tenía la sensación de que ni siquiera se daban cuenta de su presencia. A mis padres no les interesaba profundizar para ver lo que ocurría, porque estaban enfrascados en sus propias tragedias. La querían, pero no supieron ver lo que le pasaba. Más tarde hizo las paces con ellos y ha sido capaz de perdonarlos y de perdonarse a sí misma por la forma en que se desarrollaron las cosas.

Después de obtener mi título de psicólogo, ejercí en varios campos y experimenté mucho trabajo de sanación. Con el tiempo, volví a la facultad y obtuve mi máster y mi licencia profesional. Incluso mientras hacía todo este trabajo educativo y personal, seguía sufriendo un conflicto entre mi yo perfecto idealizado y mi yo auténtico. No tenía ni idea de lo desconectado que estaba.

En Chicago, mi vida era nueva y emocionante. Todo parecía ir sobre ruedas, pero no me sentía bien. Realizaba actividades adultas responsables, como trabajar, mantener un apartamento y cubrir los gastos del coche, pero sentía todas las grietas y heridas de más de dos décadas, fruto de absorber y almacenar las emociones de otros. Entre los periodos en los que aprendí a ser un adulto funcional, mi yo herido seguía apareciendo y tomando decisiones impulsivas.

En ese momento, a mediados de la veintena, estaba dispuesto a superar la fantasía de haber tenido una infancia ideal y comencé un trabajo de terapia que me ayudó a crecer desde dentro. Estaba harto de sentirme confuso, menos que los demás, y de tener relaciones insatisfactorias. Sabía que algo estaba mal en mí, pero no sabía qué, y desde luego en mi caja de herramientas no encontraba nada para arreglarlo. El terapeuta al que acudía me ayudó a explorar mi yo adulto y a comprender cómo había aprendido a compensar mis experiencias vitales y adaptarme a ellas. Empecé a ser consciente de cómo traía a mi vida adulta todas las herramientas de respuesta emocional y las heridas de mi infancia. Fue a través de esta terapia como comencé a reconectar con mi yo de niño.

La primera vez que hice un trabajo de niño interior fue como sacar un álbum de fotos polvoriento de la estantería y pasar las páginas. La historia me resultaba familiar y, aunque la miraba de forma más objetiva a través de los ojos de un adulto, experimenté un resurgimiento de las emociones de una época anterior. Al rememorar los recuerdos, empecé a ver al niño que llevaba dentro, que sonreía y era feliz por fuera; pero que, por dentro, se sentía aturdido, asustado, infeliz, enfadado, molesto consigo mismo y muy solo. Sin embargo, mientras le contaba al terapeuta mi historia, protegía instintivamente a mi madre y a mi padre. Los tenía en un pedestal y no quería deshonrarlos ni ser desleal con ellos. No deseaba hablar mal de ellos ante un total desconocido.

Todos sabemos que nuestros padres tomaron malas decisiones, pero normalmente no queremos ser malos; queremos protegerlos. Esto puede ser un intento de mantenerlos endiosados, de idealizarlos a ellos y a nuestra infancia. En cierto nivel, queremos mantener la ilusión, pero también sabemos que una vez que asomamos la cabeza detrás de la cortina y arrojamos luz sobre cómo era realmente nuestra infancia, no hay vuelta atrás. Mantener la ilusión de que todo estaba bien, incluso cuando sabemos que no lo estaba, es nuestra forma de proteger el falso yo.

Mientras contaba mi historia sobre el crecimiento y el aprendizaje de mis rasgos codependientes heridos, mi terapeuta me preguntó qué edad creía que tenía el pequeño Bobby. Nunca había pensado en ello, pero me resultó fácil determinar que esa parte de mí tenía unos diez años, ya que fue la época de mi vida en la que las cosas se volvieron muy conflictivas en nuestro hogar. Me pareció evidente que mi yo de diez años era portador de todas las heridas de ese periodo de tiempo.

Llegué a comprender que el pequeño Bobby seguía estando muy dentro de mí y que cuando en mi vida adulta sentía algo que me resultaba caótico, estridente, violento, dudoso, fuera de control, anormal, desagradable, perjudicial o amenazante, el pequeño Bobby saltaba y daba un paso adelante. Seguía viviendo mi vida emocional a través de los ojos y los sentimientos de un niño de diez años.

Estaba claro que aún afrontaba la vida y lidiaba emocionalmente con ella como ese niño de diez años. Como adulto, me asustaba, me cerraba, pensaba en exceso, lo interiorizaba todo y pagaba las consecuencias de los comportamientos y elecciones de los demás. Me guardaba mis sentimientos, no mostraba mi dolor y tampoco dejaba entrar a nadie en mi vida. Gracias a la terapia aprendí a discernir cuál era mi dolor emocional y cuál el de los demás. También entendí cómo reaccionaban mis partes heridas ante las situaciones. Asimismo, aprendí a prestar atención a estar en sintonía conmigo mismo, a establecer límites y a invitar a mi auténtico yo a salir a la luz.

Desde fuera deseaba que me vieran feliz y con éxito; claro que sí, porque quería ser perfecto para el mundo exterior, como le pasaba al pequeño Bobby. Me costaba aceptarme a mí mismo, me evadía en un trabajo que no me satisfacía y evitaba mirar a mi pasado. No vivía una vida auténtica; vivía como un niño herido que se ha acostumbrado a habitar el cuerpo de un hombre.

Mi imagen de mí mismo se reflejaba en las amistades que había desarrollado. Aparte de mis amigos de la infancia, que eran como hermanos para mí, algunos de los amigos que reuní a mi alrededor en mis primeros años de vida adulta en Chicago eran lo que yo llamo «pájaros heridos»: narcisistas, codependientes y disfuncionales, y en muchos casos también hijos de alcohólicos. Estos amigos reflejaban mi yo codependiente cuidador-rescatador-que trata de arreglar la situación como sea. Eran «heridas vivientes» como yo, pero pensé que podía ayudarlos, o al menos empatizar con ellos (acuérdate de que quienes están heridos se rodean de heridos). Estaba siguiendo el manual de instrucciones de los hijos adultos de alcohólicos. Todas mis habilidades de respuesta emocional herida coincidían con las principales características de un hijo adulto de un alcohólico: aislarse, ser excesivamente responsable, ocuparse de los demás, ignorar las propias necesidades y centrarse en las de los otros.

Cuando conocía a personas que eran fuertes y auténticas, me preguntaba cómo lo conseguían. ¿Cómo tenían tanta confianza y se conocían tan bien a sí mismas? Podía sentir su fuerza interior. Quería estar cerca de ellas e intentaba entablar una amistad, pero nunca duraba mucho porque yo no estaba en un espacio emocional similar. En cierto modo, deseaba juntarme con ellas para que se me pegara algo de su autenticidad, pero al mismo tiempo no quería estar a su lado porque no necesitaban que las cuidara ni les solucionara ningún problema. De manera que no sabía cómo *estar* a su lado, porque no tenía nada que *hacer* por ellas.

El pequeño Bobby no sabía relacionarse o tener amistad con otras personas, especialmente del sexo masculino, que se mostraran seguras de sí mismas, enérgicas, rudas, agresivas o que simplemente fueran hombres. Aquello era aterrador e imprevisible para mi pequeño yo, que creía que ser escandaloso, perder el control y tener una enorme energía se parecía demasiado al modo en que mi padre mostraba sus emociones de forma violenta. Asociaba el comportamiento agresivo e incluso asertivo de los hombres con el desencadenante de una situación que estaba fuera de control.

Cuando curé mi herida, empecé a quererme y respetarme y aprendí a poner límites, mis relaciones mejoraron. Mi mundo exterior comenzó a reflejar mi mundo interior, donde empezaba a sentirme fuerte, conectado, auténtico, libre y yo mismo. Decidí incluir en mi vida a otros que vivían con mayor autenticidad que yo. Ya no me encogía para que todo el mundo se sintiera cómodo.

A medida que fui sanando, mis relaciones sanaron también. Aprendí a integrar en mi yo adulto funcional mis partes heridas infantiles. Empecé a utilizar las herramientas de respuesta funcional que había aprendido de mis padres y de otros, como darme permiso para soñar, crear lo que quería en la vida y mostrar amor y compasión a los demás y a mí mismo. Ya no estaba desconectado de mi niño herido, porque esta parte se estaba curando. Ahora tampoco se desencadenaba su reacción, y mi yo adulto protegía a todas mis partes con herramientas saludables de respuesta funcional, especialmente los límites. Algunas de mis amistades desaparecieron de forma natural a medida que mi sentido de la autoestima se fortalecía. Conforme establecía límites, mis amigos adultos jóvenes que estaban cerca porque yo siempre había estado ahí para apoyarlos (pero que nunca me escuchaban) dejaron de encontrarme útil. Los veía por lo que realmente eran, en lugar de por lo que yo quería que fueran. Aprendí a respetarme a mí mismo y empecé a hacer una limpieza de la casa a nivel emocional.

Mi madre y yo siempre estuvimos muy unidos, y a medida que fui creciendo y sanando, llegué a sentir una profunda compasión y respeto por su trayectoria. Me di cuenta de lo mucho que se había sacrificado, aunque fuera tan indulgente con mi padre, por el bien común de la familia y de cómo logró mantenerla entera e intacta.

Mi relación con mi padre sanó. Aprendí a respetarme y a quererme a mí mismo primero, y luego a respetar y querer a mi padre por quien era. Conseguí aceptarlo y acogerlo por completo en mi corazón. Ya no era «yo contra él». Logré perdonarle sus defectos, sus heridas, sus ansiedades, su forma de beber, sus ataques de rabia. Descubrí su brillo, su generosidad silenciosa, su amor, su creatividad, su fuerza y su compasión. Conseguí ver más claramente nuestra relación y lo orgulloso que estaba de mí.

Mis padres ya han fallecido. Los quiero y los echo de menos en todo momento.

Parte de nuestro trabajo de sanación consiste en aceptar nuestro pasado. Volver a contar nuestras historias puede ayudar a este proceso de integración. Ganamos perspectiva sobre nosotros mismos cuando escribimos y hablamos de nuestras experiencias. Quería contarte mi historia, ya que me referiré a ella a lo largo de los próximos capítulos como ejemplo de herida central y de cómo el proceso HEAL puede ayudarte.

EJERCICIO: ESCRIBE TUS REFLEXIONES

Ahora que has leído mi historia, es posible que te surjan algunos recuerdos y sentimientos. Tómate unos minutos para anotarlos en tu cuaderno. ¿En qué se parecen algunas partes de mi historia a la tuya? Al leer sobre mis experiencias, ¿qué sentimientos y recuerdos se han despertado en ti? Tal vez estés viendo dentro de ti cómo desarrollaste herramientas de respuesta emocional herida para lidiar con tu familia durante la infancia. El hecho de ser consciente de lo que sientes y escribirlo te ayudará a la hora de hacer el ejercicio de la línea de tiempo del capítulo cinco.

LAS MÚLTIPLES FORMAS DE LAS HERIDAS

Los traumas emocionales pueden presentarse de muchas formas, desde actos aparentemente menores, como que te griten, hasta acontecimientos importantes, como sufrir un accidente de coche, vivir un conflicto bélico, lidiar con la muerte de un ser querido, experimentar abusos sexuales y sufrir crueldad mental. El trauma, en cualquiera de sus formas, tiene un efecto duradero en nosotros. El cuerpo, la mente y el espíritu pasan por una compleja serie de procedimientos para proteger el núcleo del ser y contener con seguridad las emociones principales durante un acontecimiento traumático.

Reaccionamos ante el trauma de tres formas principales: supresión, represión y disociación. La *supresión* es cuando, de forma consciente, apartamos un recuerdo de nuestra mente. Tomamos la decisión de olvidarlo y no darle ningún poder. La *represión* se produce cuando, durante un periodo de tiempo, apartamos inconscientemente de nuestra mente un acontecimiento que nos resulta doloroso recordar. La *disociación* se produce durante un trauma grave, cuando el instinto natural de supervivencia del niño le dice que «podrán intentar hacerte daño, pero no van a llegar a lo más profundo de tu ser». El niño o el adulto se desconecta internamente del acontecimiento para protegerse.

Después de un trauma, la persona traumatizada no siempre sabe que el acontecimiento ha terminado. Por eso el dolor se recicla y sigue intentando llamar nuestra atención para que hagamos algo al respecto.

Dar un nombre al trauma es importante porque de esta manera lo sacamos de las sombras. Cuando los traumas viven en la oscuridad, se convierten en secretos oscuros y sucios. Cuando no se habla de los traumas ni se procesan emocionalmente, dirigen nuestras vidas. Sin embargo, cuando los nombramos, podemos conquistarlos.

La herida central

La herida central es muy dolorosa, como una llaga abierta o una herida provocada por un acontecimiento o un recuerdo traumático que provoca un corte profundo. La herida central emocional es el resultado de pequeñas interacciones repetidas con miembros de nuestra familia, como en mi historia, o con aquellos en los que confiamos. Estas interacciones pueden ser pequeños ataques verbales, comentarios sarcásticos o pullas que tienen la intención de avergonzarnos y hacernos daño. Pueden ocurrir de vez en cuando o a diario. Sea como sea, se trata de heridas que aparecen constantemente. A medida que se producen, nos acostumbramos a estos golpes emocionales. Con el tiempo, crean una llaga que se convierte en una lesión invisible. Esta herida contiene el dolor emocional enquistado y con el tiempo se convierte en una parte de nosotros y configura nuestra idea del yo.

Tal vez ahora mismo estés pensando en acontecimientos de tu propia vida y te preguntes si lo que experimentaste fueron heridas centrales. Todos hemos sufrido dolor, decepción y vergüenza al crecer, pero muchas de estas experiencias de heridas son una parte normal del desarrollo y de la experiencia humana. No son buenas ni malas, simplemente son. La gran diferencia estriba en cómo nos afectan individualmente estas experiencias hirientes y cómo las sorteamos, especialmente durante la infancia, cuando confiamos en nuestra capacidad de resiliencia y en nuestra autoadaptación única.

Ciertamente, es necesario corregir y reprender a los niños que se comportan mal o se descontrolan con sus emociones. El error que cometen muchos padres es decir que el que es malo es su *hijo*, en lugar del *comportamiento*. Con el tiempo, el niño relaciona esta vergüenza o este ridículo al que se lo somete como una afirmación negativa sobre lo que es en el fondo, y así se forma una creencia que lo hiere. Si tan solo se aclarara la distinción entre ser malo y tener un mal comportamiento, la idea que muchos niños tienen de sí mismos sería muy diferente y cambiaría el curso de sus vidas.

Algunas de estas experiencias dolorosas las absorbemos profundamente y otras tan solo las observamos y seguimos adelante. Reflexiona sobre tu vida y fíjate en qué cosas te afectaron profundamente. ¿Te dijeron que eras malo o que tu comportamiento era malo? Hay una gran diferencia en cómo asimilamos y procesamos estos dos tipos de información emocional.

Las heridas emocionales enquistadas

Cuando sufres una herida central, esta se bloquea y se mantiene en la edad que tenías cuando la recibiste, es decir, la *edad de tu herida*. El daño se queda congelado en el tiempo, como si estuviera dentro de una bola de nieve, y vuelve a activarse cuando alguna circunstancia le sirve de desencadenante en tu vida adulta. Estas emociones y heridas enquistadas no avanzan cronológicamente con el resto de tu ser, y el trauma o el dolor emocional queda latente hasta que se desencadena, y entonces el ciclo se repite.

Esta idea de una herida congelada en el tiempo y atrapada en una bola de nieve dentro de ti es una forma de comprender esa parte interior que lleva la herida y conectar con ella. Es una manera de verte a ti mismo y al dolor emocional que has llevado durante mucho tiempo desde una perspectiva diferente.

Las heridas del trauma profundo

La herida traumática de base proviene de una herida que penetra muy profundamente en tu ser. Algunos ejemplos de heridas traumáticas profundas son el maltrato físico, como los golpes, los puñetazos y las bofetadas; el maltrato emocional, como los insultos, la sensación de abandono y el no sentirse querido u honrado, y el abuso sexual, como ser obligado a mantener relaciones sexuales no consentidas, ser introducido en el sexo o en la pornografía a una edad temprana y que alguien se exponga a ti sin tu consentimiento. (Por supuesto, esta no es una lista exhaustiva). Estos tipos de heridas físicas, mentales, sexuales y emocionales, especialmente los traumas por abuso sexual, tienen un efecto duradero y son sumamente perjudiciales.

Todas las heridas extremadamente traumáticas calan muy hondo en la psique y a menudo se tarda más en superarlas. Este tipo de heridas suelen desviar el desarrollo emocional e intelectual e inician ciclos de depresión, ansiedad e incluso enfermedades mentales graves que duran toda la vida. Cada uno de nosotros tiene su propia capacidad de reacción, respuesta e integración de este tipo de traumas.

A lo largo de mi carrera he trabajado con personas que han sufrido malos tratos tan espantosos que he decidido no utilizar sus experiencias como ejemplo. Me siento muy abatido al escucharlas y me inspira una tremenda compasión saber que tuvieron que soportar tales traumas cuando eran niños. Estas experiencias extremadamente traumáticas fuerzan a los individuos más allá de su capacidad, y los vemos aguantar a duras penas, intentando vivir su vida lo mejor que pueden con el dolor que arrastran. Los niños pequeños tienen una capacidad fenomenal para soportar la explosión de rabia de un adulto y para desarrollar habilidades de adaptación para sobrevivir, tanto mental como físicamente. He visto tanto a niños como a adultos utilizar su resiliencia para proteger su auténtico yo del daño; pero todos tenemos un punto de ruptura con respecto a cuánto podemos soportar, a cuánta resiliencia podemos utilizar. Cuanto más trauma experimenta alguien a lo largo de su vida, más mengua su capacidad de resiliencia.

La forma en que experimentamos el trauma depende del individuo, de modo que lo que puede ser devastador para alguien podría no serlo para otro. Cada uno de nosotros aporta su visión del mundo, su personalidad y su noción de su identidad a cualquier situación que se nos presente. Algunos podemos capear una determinada crisis mejor que otros.

La gente a veces le quita importancia a un suceso o lo trivializa diciendo: «Bueno, en aquel entonces todo el mundo recibía azotes o yo era un niño malo, así que supongo que me lo merecía». Estas racionalizaciones o simplificaciones ayudan a la mente a dar sentido o intelectualizar el suceso para poder superarlo. La mente suprime conscientemente esto y dice: «Sigamos adelante, porque sé que, si me quedo en este terreno emocional mucho más tiempo, voy a empezar a sentir cosas que no quiero sentir. Salgamos de aquí, aquí no hay nada que ver...».

Si estás profundamente traumatizado por un maltrato físico o abuso sexual, debes saber lo siguiente:

- El maltrato o abuso fue algo que los demás *te hicieron*.
- *Nada* de lo que hiciste provocó que nadie te maltratara o abusara de ti.
- Ya pasó todo; ahora estás a salvo.
- Puedes pedir ayuda y curar esta herida.
- Puedes sanarte y emprender una vida auténtica.

Cada uno tiene su propio tiempo y ritmo para sanar su relación con el trauma. Cuando este se produjo no tenías el control de la situación. Eras físicamente más pequeño, no disponías del vocabulario que necesitabas para expresarte y protegerte, y tu mundo no iba más allá de unos cuantas casas alrededor de tu vivienda. Confiabas en los adultos para que te mantuvieran a salvo de todo tipo de daños, pero tal vez ellos estaban ofuscados por su propio dolor a causa de la adicción, la enfermedad mental o la angustia emocional; trabajaban mucho y no tenían tiempo para ti, o ellos mismos habían sufrido o sufrían abusos o malos tratos.

A veces, un padre se entera al cabo de los años de que su hijo sufrió algún tipo de abuso o maltrato y se siente terriblemente culpable. O no lo sabía, o bien hizo la vista gorda y le quitó importancia a la situación; también podría ser que el niño jurara guardar el secreto del abusador para no contárselo a nadie. Es posible que si el progenitor tiene dolor emocional por sus propias heridas, no note, comprenda o vea el dolor emocional del niño. Aunque los padres sean físicamente adultos, es probable que su edad emocional sea mucho menor, y esto se manifiesta en cómo responden o no responden a su hijo.

Hasta que sanamos nuestras heridas emocionales, carecemos de una perspectiva sana para ver las de los demás. Todo nos parece normal y creemos que «así son las cosas». Por ejemplo, cuando un padre no se da cuenta de que su hijo está llorando o angustiado, es posible que él también tenga su propio nivel de angustia y que necesite la misma aprobación, cariño y atención que necesita el niño. Por eso el trauma emocional en una familia se transfiere de una generación a otra. La familia en su conjunto está atrapada en su drama emocional detenido en el tiempo hasta que alguien lo rompe y cura el ciclo.

Las herramientas de respuesta emocional herida y las reacciones impulsivas que se desarrollan a partir de experiencias traumáticas graves son específicas del trauma. Un niño que sufre abusos sexuales suele aprender a distanciarse de sus emociones y a compartimentarlas. Esta es la habilidad de supervivencia al trauma de la *disociación*. Este niño traumatizado tiene una reacción inconsciente a la situación para proteger su corazón. «Esta persona mayor, más grande y fuerte tiene más poder y control que yo. Está haciendo algo que no está bien, algo terrible, que me da asco. Me ha dicho que no se lo cuente a nadie. He intentado negarme, defenderme, pero es más fuerte y grande que yo y me dice que no puedo hacer nada. Me siento impotente, así que me rindo. Como no puedo luchar contra él, tengo que ir a mi interior para salvarme. Enterraré mis emociones, mi esencia, mi personalidad, mi voz y mi espíritu en lo más profundo de mi ser para ponerlos a salvo. No voy a dejar que se adueñen de mi verdadero yo. Pueden hacer lo que quieran con mi cuerpo, pero a mí no me van a tocar».

Muchos hombres y mujeres me han contado que sobrevivieron emocional y mentalmente a una agresión sexual traumática cuando eran niños mediante lo que más tarde aprendieron que es la disociación. El peso y la carga del trauma son muy difíciles de soportar para un niño pequeño. Su autoestima, amor, confianza y respeto quedan destrozados. Dejan de confiar en sí mismos o en su mundo. Han cambiado para siempre.

La agresión sexual en la infancia es extremadamente destructiva para la psique del niño. Este tipo de heridas profundas crea habilidades específicas para hacer frente a la situación y herramientas de respuesta emocional herida. Algunas de estas herramientas nunca son detectadas por los demás, de manera intencionada. Un niño agredido desea desesperadamente no ser visto, por lo que se adapta y trata de pasar inadvertido. Disimula sus verdaderos sentimientos de vergüenza y rabia. Se vuelve vigilante o hipervigilante. Se desconecta de sus sentimientos para sobrevivir a la experiencia. Al hacerlo, bloquea partes de su sistema funcional de respuesta emocional y se vuelve distante e insensible. Si la experiencia fue increíblemente traumática, se disocia de ella por completo.

Las heridas emocionales se producen gradualmente o en un instante. Nuestra experiencia de esta herida se basa en nuestro sentido de la identidad, la autenticidad, los límites y la capacidad de recuperación. Las heridas centrales se presentan de muchas formas, como un comentario fuera de lugar que duele, patrones de caos en el hogar o abusos graves y repetidos. Los traumas emocionales profundos pueden causar daños psicológicos y psíquicos, cuya curación exige mucho más esfuerzo. A menos que se aborden las heridas emocionales básicas, pueden sobrevivir sin cicatrizar en la edad adulta, y el patrón de heridas se repite. La herida central no tratada se pierde en la búsqueda de una amenaza conocida. Hasta que la herida no se reconoce, no se cura ni madura emocionalmente.

Seguimos atrayendo a personas a nuestra vida para que interpreten nuestros dramas emocionales, porque la herida central no curada está enquistada. No siempre nos damos cuenta de lo nocivo que es todo esto, tan solo pensamos que nuestra vida es así. Este patrón subconsciente oculto permite que la edad de la herida permanezca oculta, anclada y congelada en una bola de nieve, a la espera de que se despierte y brote con las herramientas de respuesta emocional herida.

Tómate tu tiempo y ten paciencia contigo mientras exploras tus heridas centrales a medida que avanzas en el proceso HEAL. Si no estás seguro de si algo es una herida central o no, probablemente lo sea. Si ha permanecido contigo durante todo este tiempo y reaccionas emocionalmente cuando la recuerdas, significa que tiene un mensaje para ti. La buena noticia es que todas las heridas pueden curarse y puedes convertirte en un adulto totalmente integrado y completo mediante el proceso HEAL.

CAPÍTULO 4

Niño herido, adulto herido

Hay un espacio más allá de las ideas de lo que está mal y lo que está bien. Nos encontraremos allí.

—RUMI

A medida que vamos llegando a la edad adulta, creemos que dejamos atrás nuestros comportamientos infantiles. Nos relacionamos con otros adultos, tomamos decisiones de personas mayores y asumimos más responsabilidades. Pero los niños emocionalmente heridos se convierten en adultos emocionalmente heridos. Incluso como adultos, a veces reaccionamos de forma impulsiva a los acontecimientos externos y más tarde nos sentimos avergonzados o culpables de nuestro comportamiento.

Después de que la tormenta se haya disipado y las emociones estén más calmadas, el adulto responsable evaluará el daño y pensará: «Eso no era propio de mí. ¿Por qué me comporté así?». A menudo nos sentimos confundidos después de actuar. No tiene sentido. Entendemos lo que hicimos, pero no sabemos por qué. El recuerdo del suceso está cubierto de vergüenza y a menudo no somos capaces ni de imaginar que nos perdonamos a nosotros mismos porque la vergüenza es muy fuerte.

No tienes que vivir con esta vergüenza y puedes romper el patrón de reacciones impulsivas. No obstante, mientras no se cure tu herida central, llevarás a tu niño interior herido y perdido allá a donde vayas, y en cualquier momento serás vulnerable a reacciones inapropiadas e impulsivas procedentes de esa parte infantil tuya lastimada.

En este capítulo comenzarás la inmersión profunda en el proceso HEAL. Entenderás mejor por qué se producen las heridas centrales y sabrás cómo sanar al niño interior perdido para que se integre con el yo adulto. Una vez que la herida central esté curada, ya no se activará y dejarás de repetir los mismos patrones enfermizos una y otra vez. El niño herido ya no controlará al adulto herido. Esta parte se integrará con el yo adulto responsable, aportando una calma, una paz y una libertad que quizá nunca hayas conocido.

Patrones recurrentes

A menudo, quienes intentan desarrollar relaciones sanas se sienten frustrados porque saben que, en algún nivel, están utilizando respuestas emocionales desfasadas y repitiendo los mismos patrones, pero es lo único que saben hacer. Desean sinceramente salir del patrón de involucrarse en relaciones inadecuadas e insatisfactorias, pero no han sanado sus heridas emocionales. Tienen «mal ojo para elegir», por así decirlo, ya que escogen sistemáticamente a sus parejas basándose en sus heridas centrales no reconocidas. Esta es otra demostración de cómo alguien que está herido busca a alguien que también esté herido. Dirá que por nada del mundo querría estar con una persona como su ex, pero luego empezará a salir con otra versión de esta. La nueva pareja puede ser diferente, tanto en su aspecto como en su manera de actuar; no obstante, la dinámica es esencialmente la misma y quien quiere cambiar seguirá teniendo las mismas reacciones impulsivas en esta relación que en la anterior.

Su herida emocional, que no ha sanado, busca a alguien con quien completar o reproducir la experiencia original dolorosa. A un nivel profundo, desea curar el patrón de la herida. Puede que de forma inconsciente piense, por ejemplo: «Quiero curar esta herida de mi novio de la adolescencia». Su herida traduce entonces este deseo internamente con: «Oh, ya sé, elegiré a una persona narcisista herida y seré codependiente de ella, aunque me trate mal. No importará porque sé cómo adaptarme a ese tipo de situación: dispongo de las herramientas para hacerlo».

Por supuesto, no pensamos estas cosas conscientemente, pero sí de manera subconsciente. Por eso, algunas personas tendrán «mal ojo para elegir» hasta que sanen esa parte. Escogerán a sus parejas basándose en sus heridas emocionales, en un intento inconsciente de superar este ciclo de repetición de la relación. Quien está herido encuentra a alguien herido y quien está curado encuentra a alguien sano.

Historia: Bridget, una niña olvidada

A Bridget le ha ido bien en su vida profesional; en cambio su vida personal ha sido un reto. Está divorciada, tiene dos hijos adolescentes y comparte la custodia con su exmarido. Cuando vino a verme por primera vez, no tenía ningún interés en volver a salir con nadie, ni siquiera en acercarse a alguien. Cuando la situación transcurría con calma, se encontraba bien, pero la mayoría de los días se sentía decepcionada, asustada y sola. Si algo iba mal, o se llevaba una sorpresa desagradable, o sus hijos la alteraban mucho, se ponía muy tensa. Sus heridas internas se activaban y entonces se llenaba de rabia y atacaba verbalmente a los demás.

Utilizaba el alcohol, la marihuana y los medicamentos recetados para sentirse mejor temporalmente.

Bridget reconoció el dolor reciclado y quiso poner fin a esa pauta. Cuando estallaba su malestar, no se sentía ella misma. Los sentimientos y comportamientos que describió eran los de una niña enfadada que tiene una rabieta. No era el lenguaje ni la acción de su yo adulto y profesional; era su yo herido que arremetía contra sus allegados.

Identificó a su niña interior herida de cuando tenía unos cuatro años. Al principio de su terapia, odiaba la idea de tener una niña interior herida. A través del proceso HEAL aprendió por qué aparecía esta parte herida más temprana, pero ya estaba cansada de la herida y del dolor reciclado. Decía: «¡La odio! ¡Quiero que desaparezca de una vez!».

El proceso HEAL no consiste en ignorar o dejar a un lado el yo infantil, sino en integrar esta parte con el yo adulto. Bridget aprendió a identificar los factores desencadenantes que provocaban su comportamiento alterado y a desarrollar una comunicación con esta parte de ella misma. Creó una lista de sus reacciones impulsivas para poder identificar cuándo se desencadenaba esta parte suya emocionalmente paralizada.

Un día, cuando estaba enfadada consigo misma por tener esta niña interior herida, le pregunté cómo era el lugar en el que vivía la niña dentro de ella. Afirmó sin dudarlo: «Es un lugar frío y oscuro, con trapos en el suelo y sin ventanas». «Eso parece terrible», dije. Le pregunté qué haría si una niña de cuatro años estuviera delante de ella sintiendo todas esas emociones y viviendo en un lugar así. Bridget dijo que la abrazaría, la asearía y la llevaría a un lugar mejor para vivir. Con esto, imaginó un lugar amoroso para su niña, con ventanas y sin trapos en el suelo. Al personificar esta parte, consiguió dejar de rechazar lo que más necesitaba aceptar de sí misma.

Cuando su niña herida se activaba, Bridget se ponía nerviosa, inquieta, recelosa y controladora. Elaboró herramientas de respuesta funcional para utilizarlas cuando apareciera esta parte. Se nos ocurrieron palabras que su yo adulto y responsable podría decir, como: «Está bien, voy a asegurarme de que no ocurra nada malo. Estoy tranquila y confío en que haré lo correcto». Esto era todo lo que necesitaba decir para que su yo herido se calmara. Cuanto más establecía estos límites internos con ella misma y externos con los demás, más sabía su yo infantil que su yo adulto y responsable estaba al mando.

En la actualidad, Bridget se sigue esforzando por establecer límites con ella misma y con los demás. Su vida no es perfecta; sus hijos todavía la ponen de los nervios y sigue sin salir con nadie, pero su parte más infantil ya no es tan impulsiva y reactiva. Se esfuerza por reconocer cuándo aparecen sus partes heridas y utiliza sus herramientas de respuesta funcional para darse ánimos, tranquilizarse y quererse a sí misma, sabiendo que esto la mantiene centrada y lo más auténtica posible.

Tus herramientas de reacción impulsiva

Como vimos en el capítulo uno, durante la infancia desarrollaste herramientas de reacción impulsiva para hacer frente a tu situación familiar y a tu entorno. Has visto algunas de las herramientas de reacción impulsiva que elaboraste de niño (ver el ejercicio: «Tus reacciones impulsivas», en el capítulo uno). Ahora vamos a darles a esas herramientas el reconocimiento que merecen y a examinarlas en detalle.

Honrar tus herramientas de reacción impulsiva puede parecer contradictorio, pero te ayudaron a soportar la herida, el dolor y la confusión durante tu niñez, así como a adaptarte a ellos y encontrarles un sentido. Utilizaste estas herramientas de respuesta herida, ahora maltrechas y desgastadas, para intentar hacer la vida más manejable. Basándote en todo lo que sabías de tu mundo en ese momento, estas herramientas eran las mejores que podías emplear. Lo que estás haciendo aquí es una labor de amor hacia ti mismo, no de odio ni de rechazo. Podrías seguir utilizando esas herramientas de reacción impulsiva, pero ahora querrás empezar a emplear otras que te ayuden a expandirte en lugar de vivir con la cabeza agachada. El objetivo es que conozcas conscientemente todas las estrategias que has desarrollado para que luego disciernas cuál quieres usar en una situación concreta.

Piensa en una herramienta de respuesta emocional herida que utilices y recuérdala. Por ejemplo, tal vez seas extremadamente servicial y te esfuerces demasiado por complacer a los demás. Agradece a esta herramienta que haya estado disponible cuando la necesitabas en el pasado y luego pregúntate si todavía la necesitas o si solo la utilizas por costumbre. ¿Puedes prescindir de ella por ahora? ¿Puedes sanarla y desprenderte de ella? Seguramente empieces a sentir que algo se agita en tu interior. Esto es normal. Deja que esta emoción te inunde como una tormenta que atraviesa un valle. No es más que una tormenta, un sentimiento. Deja que pase por encima de ti y sigue adelante.

Es posible que no estés preparado para renunciar a una herramienta de respuesta emocional herida en la que has confiado durante mucho tiempo porque no sabes si volverás a necesitarla. Este es un razonamiento válido, y en terapia no queremos exponer a alguien emocionalmente hasta que se sienta seguro y sepa cómo protegerse. Si crees que aún necesitas esta herramienta, no prescindas de ella. Simplemente reconoce que es así y sé consciente de cuándo la utilizas. Todavía puedo emplear mis herramientas de respuesta emocional herida si quiero, pero también sé el precio que pago en mis relaciones si recurro a una herramienta de reacción impulsiva en lugar de a una funcional.

Tus herramientas de reacción emocional, tanto las impulsivas como las funcionales, están siempre disponibles para su uso. Llegará un momento en el que te preguntarás: «¿Es esta la mejor herramienta que puedo utilizar ahora?».

EJERCICIO: CÓMO SE DESARROLLARON TUS HERRAMIENTAS DE REACCIÓN IMPULSIVA

Este ejercicio es una continuación del que hiciste en el capítulo uno, «Tus reacciones impulsivas». Antes de empezarlo, revisa la lista de herramientas de reacción impulsiva que anotaste en tu cuaderno para el ejercicio anterior.

Para darte un ejemplo de cómo trabajar en este ejercicio, vamos a utilizar la estrategia de reacción impulsiva: «Cuando me siento fuera de control, le grito a la gente». Si esta es una de tus herramientas de reacción impulsiva, pregúntate por qué la necesitabas antes. Por ejemplo: «Necesitaba esta herramienta para defenderme cuando me sentía indefenso». Piensa en qué, dónde, por qué y para quién creaste esta herramienta. Recuerda las veces que te sentiste indefenso, inseguro, asustado y preocupado. Por ejemplo: «Creé esta herramienta como defensa cuando mi hermano mayor me pegaba». Escribe tus respuestas junto a cada estrategia impulsiva.

También puedes anotar de quién aprendiste la herramienta, si es el caso. ¿Fue en respuesta a algo que ocurría en tu vida o a lo que alguien te dijo o hizo? ¿Viste a otro hacerlo o fue algo que te impusieron a ti? Un pensamiento frecuente durante este ejercicio es: «No sé por qué. Sencillamente, siempre lo he hecho así». Eso está bien. Anótalo también. Estamos tan familiarizados con nosotros mismos que incluso nuestras acciones y reacciones disfuncionales nos parecen normales.

Una vez que tengas tus respuestas, examínalas cuidadosamente en su conjunto. ¿Ves algún patrón que se repita? Anótalo. Por ejemplo, puedes descubrir la pauta de elegir compañeros a los que das poder o que se comportan como si tuvieran poder sobre ti. Una vez que hayas identificado un patrón, piensa en cómo se aplica a tus relaciones pasadas y actuales. ¿Crees que eliges a tus amigos o parejas basándote en este modelo? ¿Cómo se relaciona con tus mecanismos de reacción impulsiva?

Este ejercicio te ayudará a empezar a comprender que hay un motivo por el que aprendiste tus reacciones emocionales heridas. No naciste con ellas, sino que las creaste y desarrollaste para ayudarte a hacer frente a la situación que estabas viviendo. A medida que avanzas en el proceso HEAL, discernirás si estas herramientas aún te sirven o no y si quieres seguir utilizándolas.

Deja de lado por ahora los resultados de este ejercicio. Volveremos a ellos en el capítulo cinco.

Traspasar los límites

La mayoría de la gente no sabe si es buena poniendo límites. Muchos no saben hacerlo y, en el caso de que los hayan establecido, desconocen cómo son. Los límites crean una sensación de seguridad emocional en nuestras relaciones. Representan nuestra reacción visceral ante una situación, cómo nos sentimos inmediatamente cuando nos gusta o nos desagrada algo o alguien, o si queremos hacer una actividad o no. Nuestras heridas aparecerán donde y cuando carezcamos de límites internos y externos saludables. Cuando nuestros límites se han traspasado o no están claros, nuestras reacciones impulsivas se manifiestan de diversas maneras a lo largo de nuestra vida adulta.

Cuando el niño interior perdido que no tiene buenos límites reacciona impulsivamente ante una situación o acontecimiento, el yo adulto responsable es el que tiene que encargarse de arreglar y gestionar los problemas que crea la parte herida. Esta falta de límites crea una enorme confusión y podemos perdernos en los problemas que se originan a causa de esto y en el estruendo de nuestras partes heridas. Para el yo adulto es difícil ignorar este caos y agitación internos. Hasta que se produzca la curación y el yo adulto aprenda a establecer unos límites sanos y funcionales, el yo herido no dejará de volver a realizar jugadas aprendidas y a recurrir a la seguridad de las emociones congeladas y las reacciones impulsivas.

Sin límites

Una situación de ausencia de límites se produce cuando no hemos establecido una declaración de límites clara sobre cómo nos sentimos con respecto a algo o a alguien y no sabemos cómo hacernos valer ante los demás. Las personas se *enredan* cuando los límites están difusos. Suelen meterse en los asuntos de los demás, se sienten obligadas a ofrecerse para todo y dejan que sus amigos y familiares les echen encima sus problemas. En términos codependientes, son los que arreglan, los que rescatan y los que controlan. A menudo se sienten abrumadas y no saben qué hacer con sus propios problemas, así que empiezan a inmiscuirse en los de los otros. En algunas ocasiones, *enredo* viene provocado por tener límites difusos y en otras, por no tenerlos.

Aquellos que carecen de límites no sienten sus propias necesidades ni sus deseos. Han aprendido a cerrarse y a no reclamar nada de su poder, actuando a menudo como víctimas. No saben lo que les gusta o no les gusta, así que preguntan a los demás qué les gusta a *ellos* y lo adoptan para sí mismos. Se obsesionan con los comportamientos y sentimientos de los demás. «¿Qué quieres?». «No lo sé, ¿qué quieres tú?».

Quienes no establecen límites suelen vivir exhaustos por esa falta de límites y por el *enredo* que esto ocasiona; lo único que quieren es huir de todos los problemas que atraen y en los que se ven involucrados. Arrastran profundas inseguridades y llevan toda la vida dejando que los demás les dicten quiénes deben ser y lo que deben pensar acerca de sí mismos. Proyectan su sentido del bien y del mal en todos los demás, lo que crea dos pautas principales que hacen daño a la persona sin límites.

La primera es tratar de *adivinar lo que el otro piensa*, es decir, el intento de imaginar lo que los demás opinan y piensan sobre él. Este tipo de herida es confusa para ambas personas en una relación. La que se dedica a adivinar lo que piensa la otra suele inventarse una historia basada en unos cuantos hechos y luego crea un escenario para lo que esté ocurriendo. Proyecta sus inseguridades y juicios en el otro e inventa historias que se ajustan a su idea de quién es esa persona o de lo que piensa o siente. Tratar de adivinar lo que piensan los demás puede llevar a alguien a creer que su vida es un desastre y que todo el mundo lo rechaza.

El otro patrón de conducta es el de la persona sin límites que intenta controlar a los otros con una actitud pasiva y al mismo tiempo agresiva porque cree que están tratando de controlarla a ella. Trata de establecer la seguridad y el control en las relaciones, pero lo hace de forma indirecta y sigilosa, evitando el conflicto. Al carecer de límites no sabe cómo expresar sus sentimientos, así que espera que el otro capte el mensaje por su actitud evasiva, por sus comentarios sarcásticos o por hacer las cosas sin preguntar. Al principio, el otro no se da cuenta y no capta estas pistas sutiles o indirectas. Esto es especialmente cierto si la otra persona tiene una inclinación narcisista. Sin embargo, con el tiempo, la mayoría de la gente ve que la están manipulando, y aparece el resentimiento, lo que complica todavía más la relación.

No me subestimes dando por hecho
cómo voy a reaccionar.

La persona sin límites suele sentirse perdida, resentida, estresada, cansada, preocupada y confusa, y no sabe cómo ha llegado a ese punto. Este comportamiento surge de un sentimiento de miedo: miedo al conflicto, a ser excluido, a no poder controlar una situación, a que no se cuente con ella o a que no se la necesite. Teme no ser valiosa para el otro en todo momento y en todas las situaciones.

Le preocupa no valer, ser menos que los demás. Las personas sin límites se han perdido a sí mismas y suelen sentir mucha tristeza, sufrimiento y resentimiento.

EJERCICIO: FALTA DE LÍMITES O *ENREDO*

¿Crees que no estableces límites con los otros o que son escasos? ¿Crees que, como consecuencia de ello, puedes tener problemas de enredo con tus familiares o amigos? Carecer de *límites* significa no prestar ninguna atención a lo que está bien y lo que no está bien que hagas o pienses, o a lo que otros te hagan. *Enredo* significa que tenemos unos límites poco definidos con nosotros mismos y con otros, por lo que nos metemos en las vidas de los demás. Puede que te cueste mirar hacia dentro de esta parte de ti mismo, pero observar tu capacidad o incapacidad de establecer límites es un paso importante si quieres crear una sensación de seguridad para tu parte herida.

Analiza detenidamente las siguientes preguntas y apunta en un cuaderno las que te digan algo. Mientras lo haces, limítate a observar, sin juzgarte. No hay nada bueno o malo; solo estás explorando en qué punto te encuentras ahora mismo con tus límites. Estas respuestas te servirán al llegar al capítulo seis, en el que aprenderás a establecer límites saludables, de manera que guárdalas para más adelante.

- ¿Dejo que me pisoteen?
- ¿Me hago la víctima? Si es así, ¿por qué les doy a los demás poder sobre mí?
- ¿Quiero huir porque estoy agotado/a de intentar arreglarle la vida a todo el mundo?
- ¿Quiero que los demás sean capaces de adivinar mis pensamientos y sepan lo que necesito?
- ¿Me digo a mí mismo/a que si me quisieran, sabrían lo que me hace falta?
- ¿Pongo a prueba a otros para ver cuánto me quieren?
- ¿Intento controlar a la gente de forma indirecta?
- ¿Espero que la gente se dé cuenta de cuando me siento enfadado/a, triste o frustrado/a?
- ¿Quiero pasar desapercibido/a y al mismo tiempo que cuenten conmigo?

- ¿Dejo que otros decidan cómo me siento o cómo debo sentirme sobre mí mismo/a?
- ¿Creo que alguien habla de mí a mis espaldas?
- ¿Necesito saber lo que hacen los demás?
- ¿Doy mi opinión a quienes no me la piden?
- ¿Dejo que otros dirijan mi vida porque no sé lo que quiero?
- ¿Me siento indigno/a de poner límites o decirle no a alguien?
- ¿Creo que no merezco nada?
- ¿Intento ayudar a otros con sus vidas porque la mía es un desastre?
- ¿Evito responsabilizarme de algo?
- ¿No respeto las opiniones o creencias de otros?
- ¿Dudo y cuestiono a todo el mundo?
- ¿Dudo de mí mismo/a y me cuestiono?

Revisa la lista de preguntas a las que has respondido afirmativamente. ¿Ves alguna tendencia? Estos pensamientos y comportamientos son la forma en que tu falta de límites y de control se manifiesta en tus relaciones. Son un reflejo del trabajo de sanación que se necesita; no son buenos ni malos, simplemente son. Profundizaremos un poco más con algunas preguntas sobre por qué te cuesta establecer límites. Puedes ampliar estas respuestas en tu cuaderno. Sé lo más sincero posible. Recuerda que este trabajo es únicamente para ti, a menos que quieras compartirlo.

- ¿He intentado tener una sensación de poder o he tratado de establecer límites en mis relaciones, pero me he rendido cuando no ha funcionado? (*No les gustó que dijera que no, así que no funcionó. A partir de ahora me limitaré a darles la razón*).

- ¿Puedo sentir cuando alguien es bueno o tóxico para mí? ¿Me resulta difícil distinguirlo?
- ¿He examinado honestamente si adopto el papel de víctima en mis relaciones? (*Pobre de mí*).
- ¿Culpo a otros o a la situación y evito asumir la responsabilidad de mis actos?
- ¿Sé lo que es importante para mí, o me limito a seguir al líder y a quienes creo que son mejores que yo?
- ¿Solo quiero que todo el mundo se lleve bien y no meterme en problemas? (*Pensamiento mágico*).
- ¿Me preocupa que, si pongo límites, algunos no quieran tener una relación conmigo porque ya no los atiendo?
- ¿He creado una lista de mis *deseos* y *necesidades*?
- ¿He hecho algo para cuidarme?
- ¿He intentado honestamente no meterme en la vida de los demás a fin de desviar la atención de la mía? (¿Me preocupo por los demás para no tener que mirarme a mí mismo/a?).

Tus respuestas a estas preguntas te ayudarán a empezar a observar los patrones y temas que se repiten en tu vida. Si necesitas ayuda para crear una lista de tus necesidades, consulta el inventario de necesidades del apéndice B.

Las heridas se siguen reciclando debido a un sistema débil o deficiente de límites. Una vez que sepas cómo establecer límites fuertes y eficaces, podrás reclamar tu poder personal y conectar con tu auténtico yo. Podrás detener el ciclo porque sabrás cómo protegerte adecuadamente. Los patrones y temas que estás descubriendo a través de estos ejercicios han aportado mucha información a tu historia y configuran tu mundo interior (tu diálogo interior y tu percepción) en mayor medida de lo que crees.

Ten paciencia contigo mientras aprendes el arte de poner límites. Puedes encontrar la voz que te permite fijar tus límites y crear relaciones amorosas y mutuamente respetuosas.

Establecer límites sanos constituye la estrategia para salir de nuestras relaciones disfuncionales y tóxicas. También ayuda a redefinir las relaciones que pueden haber perdido el rumbo.

Límites burbuja

Muchas personas van por la vida enfundadas en una armadura emocional, preparadas en todo momento para librar una batalla imaginaria. Su parte herida no sabe que esa batalla terminó hace tiempo, así que cada día cargan con el peso de su dolor. Llevan a su alrededor una especie de burbuja que las cubre y marca sus límites para protegerlas así del mundo; es lo que yo denomino *límites burbuja.*

Esta burbuja es fuerte y al mismo tiempo frágil, moldeable, pero rígida. Establece el tipo de límite que tienes cuando mantienes a la gente relativamente cerca, pero sin permitir que te toque, y te sientes a la vez protegido y abierto. No es un límite extremo ni tampoco un *enredo* absoluto. Te sientes parte de la vida y disfrutas estando con otras personas, pero aprietas los dientes y esperas que no se te acerquen demasiado. Cuando estás en tu burbuja te sientes protegido; aún puedes ver a los demás e incluso dejar que se acerquen un poco; sin embargo, en un abrir y cerrar de ojos sabes cuándo están demasiado cerca y tocan los bordes de tu burbuja. Esos bordes son tu santuario.

Algunos niños, que ahora son personas adultas con límites burbuja, aprendieron durante su infancia a protegerse de los ataques de su propia familia, que se producían en forma de comentarios irónicos y de una agresividad contenida o de un silencio insoportable. Es posible que en su hogar apenas se expresaran las emociones o que conocieran pocos adultos que hablaran de ellas, por lo que nunca aprendieron a mostrar lo que sentían.

Debido a esta falta de expresividad saludable de las emociones, estos niños crecieron totalmente desatendidos a nivel emocional e inventaron historias para dar sentido a su mundo. Las necesidades básicas, como la comida, la ropa y el cobijo, estaban cubiertas, pero las necesidades emocionales y afectivas quedaron insatisfechas.

A veces, esta carencia de expresión emocional y cariño crea un vacío interior que el niño trata de llenar de otras maneras para sentirse completo. Este comportamiento puede adoptar la forma de evasión, aislamiento, retraimiento, vida de fantasía, consumo de drogas o alcohol, autolesiones, gritos y otros comportamientos inadecuados. Estas conductas son herramientas de respuesta emocional que el niño interior herido y perdido utiliza para reconfortarse, hacer frente a los problemas y dar sentido a su mundo. El niño y el progenitor no consiguen crear un vínculo de apego seguro, lo que predispone al niño a establecer apegos poco saludables más adelante en su vida.

A menudo, en los hogares *carentes de afectividad*, la única comunicación que recibe el niño es que se lo juzgue o se le avergüence, por lo que aprende a agachar la cabeza y a mantenerse al margen. En algún momento, el niño interior herido deja de buscar el alimento emocional de los padres y se retira a un mundo interior en donde utiliza sus herramientas de respuesta emocional herida para protegerse, consolarse y tranquilizarse. Con el tiempo, este refugio se convierte en una burbuja que lo rodea y protege, pero se creó a partir de la confusión, la frustración, la necesidad y la carencia. No se corresponde con su auténtico yo ni con sus esperanzas y sueños para su vida.

Las formas definitivas de los límites burbuja consisten en la adicción, el consumo excesivo de alcohol, conductas sexuales inapropiadas, las drogas, el mantener a la gente a distancia y las distracciones para evitar el trabajo interior. El efecto a corto plazo es el entumecimiento, pero estos comportamientos acaban convirtiéndose en muletas y luego en límites ineficaces, todos ellos creados para apoyar la historia dolorosa del niño interior perdido.

El adulto con un límite burbuja busca compañeros poco afectivos para reproducir este drama y repite lo que sabe en un intento de sentirse amado. Quiere cercanía, pero aleja a la gente. En secreto, espera que alguien sea capaz de ver más allá de su fachada, a través de su burbuja, a su yo real y herido, que clama por reconocimiento y amor.

A veces, a causa de la frustración, quien vive encapsulado dentro de una burbuja que marca sus límites querrá dejar de lado su rigidez, romper la burbuja y abrirse a una relación. Desea volver a sentir la conexión con los demás y cree que bastará simplemente con romper esa burbuja que lo protege y mostrarse tal y como de verdad es; sin embargo, se abre excesivamente y demasiado pronto. Además, no siempre se le da bien «escoger» a la hora de buscar una pareja íntima o sentimental y, en su apresurado intento de lograr una conexión íntima con alguien, sacrifica su propio sentido de identidad, lo que puede tener consecuencias devastadoras. Suele tener una baja autoestima y cree que no es lo bastante bueno, por lo que no dispone de herramientas sólidas y eficaces de límites en las que apoyarse que le permitan respaldar esas interacciones con los demás.

Cuando alguien quiere romper repentinamente los límites de su burbuja puede sentirse entusiasmado y nervioso al conocer a alguien. Es posible que decida contarle todos sus secretos y ofrecerle una gran cantidad de información, sacando a relucir todos sus trapos sucios. Inconscientemente piensa que, si lo hace, el otro sabrá de entrada quién es. Quiere ver si, al mostrarse tal y como es, atrae a la otra persona o la aleja. Pasa de la seguridad conocida de la burbuja que marca sus límites a no tener ningún límite.

Como ambos no se conocen emocionalmente y no tienen un sistema de límites saludable, este exceso de información es su intento de crear intimidad, pero también constituye un riesgo. El desahogo emocional suele abrumar al otro y ahuyentarlo, lo que hace que quien se ha desnudado emocionalmente se avergüence de haber revelado demasiado y antes de tiempo. Se siente tonto y se retira al mundo cerrado de su burbuja.

Límites extremos

Los límites extremos son lo contrario de no tener límites y mucho más duros que los límites burbuja. Establecer *límites extremos* consiste en realizar un cambio de vida drástico con la idea de que es la única manera de mantenerse emocional, física, mental o sexualmente a salvo. Un ejemplo de límite extremo es cuando alguien se traslada a otra región o país para alejarse de otra persona o de su familia. Construir un límite así es como levantar una fortaleza de hormigón armado: mantendrá a los demás fuera para siempre.

Quienes establecen límites extremos suelen estar enfadados y heridos por algo que les hizo alguien, o bien sienten mucho miedo por algo. Están dispuestos a alejarse de una amistad, relación o entorno laboral como respuesta al miedo que sienten. Perciben que no hay otras alternativas y que la única forma de protegerse es apartarse de la otra persona o situación. Sin embargo, la mayoría establecen límites extremos muy pronto y por un sentimiento de frustración, más que por el miedo a ser perjudicados. Esto ocurre cuando no saben cómo establecer límites saludables.

Algunos ejemplos de límites extremos son:

- Me marcho sin decirte a dónde.
- Te bloqueo de todo contacto, incluido el teléfono y las redes sociales.
- Haré como que no te conozco, aunque estemos en la misma sala.
- Diré que no a todo y me alejaré de todos.
- No reconoceré mi dolor. Me desconectaré de mí mismo/a. (Este es un ejemplo de un límite interno extremo).

Algunos de estos límites extremos no funcionales pueden sonar como si los estableciera alguien que necesita alejarse miles de kilómetros por su propia protección, y hay quien necesita alejarse o bloquear a alguien de su vida por su propia seguridad. (Si este es tu caso, consulta los recursos del apéndice C). Sin embargo, los límites extremos deben sopesarse cuidadosamente y son el último recurso, debido al daño potencial a largo plazo que pueden crear en una relación.

Si tienes la tentación de crear un límite extremo con alguien de tu vida, hazte las siguientes preguntas para averiguar si es la mejor opción para ti. Anota las respuestas en tu cuaderno y tenlas a mano para el trabajo de límites del capítulo seis.

Antes de establecer un límite extremo, pregúntate:

- ¿He examinado mis sentimientos en un momento en el que estoy centrado/a y no me dejo llevar por las emociones? ¿Cómo me siento como consecuencia de lo que esta persona ha hecho o está haciendo conmigo? ¿Es necesario establecer un límite extremo o podría bastar con algún límite funcional?

- ¿Le he comunicado mis límites a esta persona? ¿He intentado varias veces entablar una buena relación con ella o conocerla personalmente y hablar de ello? ¿He hecho todo lo posible para que esto funcione con límites funcionales?
- ¿Siento que, por muy claramente que exprese mis límites, el otro no los respeta? ¿No se escuchan o respetan mis necesidades? ¿Me siento maltratado/a y abandonado/a?
- ¿He considerado las consecuencias de establecer un límite extremo con esta persona? ¿Cómo me sentiré después de establecer un límite extremo? ¿Cuáles serán las consecuencias en los intentos de reparar esta relación en el futuro?
- ¿Tengo una idea clara de la posición del otro? ¿Estoy haciendo suposiciones basadas en lo que hace o en lo que dice sentir?
- ¿Me siento amenazado/a de alguna manera? Si es así, ¿necesito establecer un límite extremo por mi propia seguridad y la de mi familia?
- ¿Se violan continuamente mis límites, independientemente de lo que diga o haga?

Si has respondido a estas preguntas desde un estado de claridad, después de razonarlo, y sigues sintiendo que necesitas un límite extremo para la protección personal y familiar, procede con precaución y cautela. Si empiezas a sentir ira, rencor, venganza, celos y rabia, tómate un momento para volver a centrarte. Cuando te sientas más calmado, pregúntate si necesitas un límite extremo o simplemente tienes que trabajar tus propios sentimientos. Es preferible que te sientas con los pies en la tierra, bien centrado, cuando tomes esas decisiones.

Si puedes responder honestamente de corazón que necesitas establecer un límite extremo para protegerte y honrar el amor propio, el respeto y la confianza en ti mismo, haces bien en protegerte. Pero si no te has planteado las preguntas anteriores y quieres cortar la relación porque es demasiado difícil o complicada de resolver, deberías volver a reflexionar y ver si puedes establecer un límite más funcional.

Establecer un límite extremo sin discernir cuál es el mejor enfoque solo servirá para perpetuar el drama de la herida. Quienes establecen un límite extremo probablemente establecerán otros similares con otros, porque hacerlo es más fácil que resolver los problemas. Este tipo de personas suele ir por la vida cerrando muchas puertas y dejando las habitaciones desordenadas y llenas de problemas emocionales sin resolver.

Si te identificas con alguna de las descripciones de límites perdidos, rotos, de burbuja o extremos de las que hemos hablado, recuerda que también hay límites funcionales sanos. Tómate un momento para reflexionar sobre los límites funcionales que tienes, las áreas en las que haces un buen trabajo para mantener tu identidad. Son relaciones equilibradas y recíprocas, en las que te sientes honrado, creído, respetado y querido. Este tipo de relaciones son el ideal al que hay que aspirar cuando te relacionas con los demás y haces crecer tus vínculos. Muchas personas tienen unos límites muy buenos en el trabajo y, en cambio, muy deficientes en casa. Esto suele ocurrir porque en el trabajo hay reglas laborales y de comportamiento claramente definidas, por lo que la gente se mantiene dentro de los límites. En casa, como no hay reglas estrictas, la gente tiende a llevar a su vida personal los límites o la falta de ellos que vio en su familia de la infancia.

Recuerda que haces más cosas bien que mal. Todos lo hacemos lo mejor que podemos con las herramientas de que disponemos, y a medida que trabajes en el proceso HEAL, irás aprendiendo lo que ya funciona y lo que todavía necesita algo de trabajo.

Límites por ira

Muchos establecen un límite con otra persona solo después de haberse hartado y enfadado. Han estado reprimiendo sus sentimientos, y al final utilizan la ira y el resentimiento reprimidos que han aguantado para darse permiso para defenderse. Utilizan la energía de la emoción reprimida y la ira para justificar el límite. Más tarde pueden culpar a su ira como la razón por la que establecieron el límite: «¡Me has hecho enfadar mucho!». Se esconden detrás de esta excusa y se libran de asumir la responsabilidad de sus sentimientos. Recuerda que eso es lo que hice yo cuando tenía diez años. Había reprimido tanto mi rabia que no iba a soportarla más. Estaba protegiendo a mi hermana y también estaba en un momento de ruptura.

La ira es el miedo sometido a una gran presión.

Las personas que ponen límites por ira a menudo no están acostumbradas a poner límites. Les cuesta expresar sus sentimientos, por lo que los demás no saben lo que sienten por algo hasta que estalla su ira contenida. Se les dice que el problema es su ira, pero no lo es. El problema es que nunca aprendieron qué hacer con esta ira natural, así que la reprimen y al final explotan.

Irónicamente, suelen ser las mismas personas que recibieron el mensaje de que la emoción de la ira era mala o que estaba mal tenerla, por lo que el ciclo de reprimir la ira se observa más en los hombres que en las mujeres. Los chicos reciben mensajes confusos sobre las emociones durante la infancia: «No te enfades», «No llores», «Dime cómo te sientes, no puedo adivinar lo que piensas», «No te metas en peleas en el colegio», «Tienes que defenderte», «Ahora eres el hombre de la casa, sé un hombre». A las mujeres y a las niñas se les dice: «No seas tan emotiva o dramática», «¿Por qué estás tan callada?», «Dime cómo te sientes», «Tienes que ser fuerte para que te tomen en serio» y se las presiona para que se ajusten a la sociedad y se vuelvan insignificantes para que los demás se sientan cómodos, mientras se les dice: «Sé tú misma y quiérete por ti».

No es necesario que te disculpes, justifiques o expliques tus sentimientos o tus límites. Tus sentimientos son tuyos. Puedes elegir cómo expresar tu ira. Si se han violado tus límites, no necesitas tener una excusa para decirle a alguien lo que sientes; lo único que tienes que hacer es centrarte, encontrar la emoción que sientes y darle voz a esa parte herida.

El vocabulario sentimental

A veces, lo más difícil a la hora de establecer límites es encontrar la palabra adecuada para describir el sentimiento. Una vez que hayas encontrado el término correcto, podrás expresarte con claridad. Supón que te sientes herido porque alguien no te ha invitado a una fiesta. Cuando hayas identificado el sentimiento de «dolor», podrías decirle a esa persona: «Me dolió que no me invitaras a esa fiesta». Es posible que ella no sepa que te sientes así, o bien que supiera lo que estaba haciendo. En cualquier caso, la cuestión es que has expresado el dolor que sientes y se lo has hecho saber. Te has defendido y has dado voz a tus sentimientos utilizando las palabras que mejor los definen.

Cuando no decimos algo, luego sentimos resentimiento. Puede que incluso repitamos la situación una y otra vez en nuestra mente y sigamos sintiéndonos heridos, reciclando el dolor. Esta es la forma que tienen el cuerpo, la mente y el espíritu de decirnos que nos ocupemos del asunto. Cuanto más tiempo pasemos sin prestarle atención a un sentimiento, más fuerte se hará en nuestro interior.

Cuando era mucho más joven y estaba aprendiendo a expresar mis emociones, no solía ponerlas en palabras y no tenía un vocabulario amplio para identificarlas. Cuando estaba muy alterado, no sabía qué decir ni cómo establecer un límite, así que, nervioso, decía: «No sé cómo me siento. Todo esto me resulta extraño y molesto». No eran las palabras más descriptivas del sentimiento, pero intentaba exponerlo. Esta es la parte importante, sacar tus sentimientos de la forma más funcional que puedas, establecer un límite y continuar a partir de ahí.

No te preocupes por hacer esta práctica a la perfección, solo tienes que honrar tus sentimientos y darles voz. Con el tiempo, aumentará tanto tu vocabulario sobre los sentimientos como su uso. Si tienes problemas para encontrar una palabra que exprese tu estado de ánimo, consulta la tabla de sentimientos del apéndice A, donde encontrarás una amplia lista de términos relacionados con los sentimientos.

Trauma grave y disociación

Como hemos visto, un sistema de límites deficiente o inexistente suele ser el resultado de un entorno familiar disfuncional en la infancia, que carecía de herramientas de respuesta emocional saludable. Lamentablemente, en muchas familias los padres o tutores están tan heridos que no son capaces de establecer comportamientos o límites funcionales, y no ven ni comprenden la herida emocional que está sufriendo el niño. Puede que incluso estos padres o tutores sean la causa directa de la herida traumática del niño. Debido a esta negligencia, los niños en estas circunstancias tienen heridas emocionales que son muy profundas y provocan consecuencias devastadoras en la edad adulta.

Hemos hablado de cómo los traumas difieren en cada uno de nosotros y dependen de cómo interactúan con nuestra resiliencia y nuestro sentido de la identidad. Los traumas graves, especialmente cuando se repiten, pueden dañar psíquica, emocional y mentalmente a una persona hasta el centro de su ser. Mientras se produce ese trauma, la persona traumatizada suele disociarse para protegerse. «Puedes hacer lo que quieras a mi cuerpo, pero no vas a llegar a mí».

La *disociación* es una respuesta al trauma que ayuda al individuo traumatizado a «desconectarse» mental y emocionalmente de la realidad de la situación. Para protegerse, entierra inconscientemente su esencia y sus sentimientos y prepara su mente para desconectarse o entrar en un mundo de fantasía. Esta respuesta es, en cierto sentido, una forma de establecer un límite interno extremo, un retiro a la seguridad que puede controlar. Es como si su funcionamiento mental y emocional se desconectara. Desconecta y se va a otro lugar de su mente mientras espera lo que le hacen.

Quienes padecen TEPT suelen disociarse cuando este trastorno se desencadena. Esto puede ocurrir simplemente por tener una conversación o ver algo en la televisión que les recuerde el trauma original. Se irán mentalmente a otro lugar porque así fue como afrontaron el trauma inicial.

Cuando se produce un desencadenamiento, el cerebro traumatizado y sin curar no siempre sabe si el trauma ha terminado o no. Cuando unas circunstancias disparan esa respuesta en la persona afectada, esta empieza a ver la «película del trauma» en su mente, normalmente de principio a fin. La mayoría de la gente recuerda con gran detalle todo lo que ocurrió en una experiencia traumática: los sonidos, el tacto y la emoción del entorno, si era un día soleado o lluvioso, qué llevaba puesto el otro y a qué olía.

Puedo recordar cada detalle de cuando saqué a mi hermana del salón para llevarla a su habitación y velar por su seguridad, porque me costó toda mi energía hacerlo y fue traumático para mí. Aunque no tengo TEPT, puedo recordarlo todo de aquel suceso de cuando tenía diez años. No todo el mundo que tiene una experiencia traumática es capaz de recordar en detalle lo que ocurrió. Hay quien solo sabe que ocurrió un suceso desagradable, nada más.

Si crees que te sucedió algo y no estás seguro, no te obligues a recordar esa experiencia. Cuando tu subconsciente esté preparado para liberar esta información en tu conciencia será el momento de procesar y sanar el trauma. Obligarte a ti mismo a evocar un recuerdo puede ser tan traumatizante como el acontecimiento original. Confía y ten presente que si debes recordarlo, lo harás.

El siguiente caso es el de una mujer que experimentó un grave trauma en sus primeros años de vida y cómo su falta de habilidades para establecer límites durante la niñez la siguió hasta la edad adulta. Ella emprendió una travesía valiente, y verás que es posible curarse de una infancia profundamente traumática, a pesar de que los traumas que sufrió en la infancia la acompañaron hasta la edad adulta. Para sanar, hizo falta valor, fuerza y la voluntad de reconocer lenta y amorosamente el dolor y los acontecimientos que le sucedieron. Es una historia muy dura, pero la incluyo para mostrarte que el ser humano puede curar sus heridas, fijar buenos límites y recuperar la salud mental tras una infancia gravemente traumática.

Caso real: el grave trauma infantil de Marianne

De niña, Marianne era una buena chica, pero para su madre siempre andaba metida en líos. Tenía la sensación de que, hiciera lo que hiciera, no era lo suficientemente buena. Su madre la enviaba a su habitación y le decía: «Espera a que llegue tu padre». Aprendió a sentirse mal consigo misma, y se sentía mal incluso cuando no pasaba nada malo.

Cuando Marianne tenía trece años, un vecino en el que confiaba abusó sexualmente de ella. Se lo contó a su madre, pero esta no la creyó. De hecho, nunca creía sus relatos sobre los abusos ni nada de lo que le contaba. Siempre dudaba de Marianne y, en general, no era muy cariñosa con ella. Marianne, como era una niña inteligente, pensaba que solo tenía que esforzarse más.

A los dieciséis años, un profesor de su instituto la agredió sexualmente y le dijo que no se lo contara a nadie, pero ella se lo contó valientemente al director y a su madre. Ni el director ni su madre la creyeron; como era de esperar, su madre volvió a dudar de ella. Marianne aprendió a creer que los demás la conocían mejor que ella misma, aunque nada de eso le resultara lógico. También aprendió a sentirse mal y a culparse.

Empezó a comportarse mal en la escuela y a contestar a sus padres, principalmente a su madre. Cuando tenía diecisiete años, sus padres, sin saber qué más hacer, la ingresaron en un hospital psiquiátrico durante tres meses porque estaban convencidos de que el problema era *ella*. Mientras estaba en el hospital, conoció a Mike, un celador seis años mayor que ella. Mike le encantó no solo a Marianne, sino también a su madre. Le propuso a Marianne que se casaran.

Contrajeron matrimonio a principios de su último año de instituto. Ella pensó que se casaba con un hombre encantador que iba a cuidarla, escucharla y valorarla, a diferencia de sus padres y de los demás hombres que había conocido en su vida. Sin embargo, con el tiempo se dio cuenta de que su marido era extremadamente narcisista.

Como ocurre con la mayoría de los narcisistas, el encanto y la amabilidad de Mike desaparecieron rápidamente. A los nueve meses de casados, se volvió controlador y colérico. Le pegaba, y ella acudía a su madre, ensangrentada y magullada, en busca de ayuda. Su madre le decía que debía de haber hecho algo para que Mike se enfadara y que tenía que volver con él. Una vez más, su madre no la creía, y ella se culpaba a sí misma. Todo era culpa suya.

A lo largo de sus diez años de matrimonio, Mike siguió pegando a Marianne. La obligaba a ir a orgías, donde la forzaba a mantener relaciones sexuales con otros hombres y mujeres y a contárselo a él para su propio placer. A menudo la amenazaba con matarla y cuando conducía el coche, la amenazaba con estrellarse contra un muro de hormigón.

Cualquier cosa le hacía estallar. Marianne le preparaba la cena, pero él encontraba una cosa mal y rompía los platos y el resto de la vajilla en el suelo y la obligaba a limpiarla. Le decía que se lo merecía, y ella lo creía. La amenazó, la golpeó y la manipuló psicológicamente para convencerla de que estaba loca. Sufrió muchos más episodios terribles, demasiado numerosos para detallarlos.

Se encontraba en una situación de maltrato doméstico violento y se sentía atrapada. Habló a mucha gente de los abusos y malos tratos, incluidos médicos y clérigos, pero en los años setenta todos estos profesionales hacían la vista gorda ante ese tipo de situaciones. Le dijeron que se quedara con su marido y que intentara mejorar su matrimonio, dando a entender que los malos tratos eran de alguna manera culpa suya.

Cuando Marianne tenía veintisiete años, consiguió por fin dejar a Mike con la ayuda de un hombre que la quería de verdad. Describe a este hombre como su «faro en medio de la tormenta». Desgraciadamente, no tenía capacidad para recibir o retener su amor. Al final dejó a su salvador, y ahora, al mirar atrás, está agradecida de que la ayudara a salir de la relación extremadamente abusiva con Mike.

El sentido de la autoestima, del amor, de la confianza y del respeto de Marianne había sido machacado y estaba agotada por años de daños emocionales, mentales, físicos y sexuales. Su caso era el de una de esas heridas vivientes de las que hablamos antes. Su historia muestra cómo sus heridas de la primera infancia y sus escasos límites, tanto con ella misma como con su madre, prepararon el terreno para futuras agresiones y abusos sexuales. Sus primeras experiencias la prepararon para ser el objetivo de un narcisista abusivo y maltratador en su vida adulta. Sin embargo, como cualquier niña, solo sabía lo que había visto hasta entonces, y la verdad es que no conocía nada mejor. No sabía que tenía pocos límites, simplemente pensaba que su madre no la escuchaba. Intentó contarle todo esto a ella, que jamás le mostraba afecto, pero su madre también tenía límites deficientes y se limitó a culpar a Marianne.

En su libro *El síndrome del imán humano: ¿por qué queremos a quienes nos hieren?*, el psicoterapeuta Ross Rosenberg escribe sobre los maltratadores narcisistas como Mike, que «poseen una extraña habilidad para detectar si las víctimas potenciales se sienten patológicamente solas o están agobiadas por creencias centrales, reales o percibidas, de impotencia y debilidad. Se apoderan de cualquier persona de un grupo determinado que parezca aislada de los demás o cuyos seres queridos, a pesar de sus declaraciones protectoras y cariñosas, no se interesan por ella o están ausentes. A la víctima perfecta [del síndrome de abuso narcisista] se le ha enseñado la inutilidad de defenderse, ya que hacerlo suele empeorar las cosas».*

* Ross Rosenberg, *The Human Magnet Syndrome: The Codependent Narcissist Trap*, New York, Morgan James Publishing, 2019 (publicada en castellano en una edición independiente con el título *El síndrome del imán humano: ¿por qué queremos a quienes nos hieren?*).

A menudo la gente lee historias como la de Marianne y se pregunta por qué alguien en esas situaciones no se va sin más, pero las personas con baja autoestima y sin límites no ven un camino claro para salir. Marianne sabía que el trato que recibía estaba mal. Intentó pedir ayuda a los adultos para que la ayudaran a establecer límites, pero sus esfuerzos por conseguir apoyo se vieron continuamente frustrados. Su capacidad natural de protegerse quedó anulada tras repetidos intentos. Empezó a creer que el problema era ella. Con el tiempo, se convenció de que merecía ese trato y se perdió en su propia herida.

Cuando Marianne acudió a mí por primera vez, tenía cincuenta y un años, estaba muy cerrada, siempre a la defensiva, era controladora, perfeccionista, tenía graves conductas obsesivo-compulsivas y solo sentía dos emociones: la ira y el miedo. Sufría síntomas continuos de ansiedad y depresión, y mantenía a sus compañeros de trabajo a distancia.

Solo podía establecer límites por ira con los demás. Su médico le recomendó que me viera para hacer terapia.

Al principio tenía miedo de hablar, ya que no le había contado a nadie lo que vivió de niña y de joven. Después de todo, había aprendido que contar su vida no servía de nada. Tenía un sistema de límites profundamente disfuncional y se había creado en torno a sí misma un límite extremo como una coraza de fortaleza. Estaba aislada de los demás tras su armadura y había apartado a todo el mundo de su vida.

Nuestro trabajo comenzó muy lentamente, ya que primero tuve que lograr que se sintiera segura y ganarme su confianza. Le aseguré que iríamos a su ritmo, en su propio tiempo, y que ella tendría el control, porque durante gran parte de su vida no lo tuvo. Aprendió sobre el proceso de respuesta al trauma y cómo su respuesta al trauma era natural para alguien que tenía una historia de heridas de TEPT tan extensa.

Durante nuestros primeros meses de trabajo juntos, vi lo brillante que era y cómo había usado sus habilidades adaptativas no solo para sobrevivir a las experiencias, sino también con el fin de canalizar su energía en la increíble capacidad de su mente para organizar datos, gestionar transacciones complejas y desarrollar sistemas para gestionar el cumplimiento en el trabajo. Vi que detrás de la ira defensiva de Marianne había una persona amable, reflexiva y considerada.

A medida que avanzaban nuestras sesiones, acabé repitiendo una y otra vez los ejemplos de cómo el cuerpo, la mente y el espíritu responden al trauma; sin embargo, Marianne reaccionaba como si no los hubiera oído. Pese a ser una mujer brillante, era incapaz de recordar lo que le había enseñado sobre el TEPT, la respuesta al trauma y las habilidades de afrontamiento. Finalmente comprendí que se disociaba cada vez que me contaba algo que le despertaba una reacción traumática o yo me refería a una historia que le recordaba a un trauma. Aunque parecía totalmente normal, y actuaba y respondía con normalidad mientras mantenía una conversación inteligente, luego no recordaba nada. Se disociaba y revivía mentalmente el trauma que correspondía a la palabra, el sonido, la historia o la imagen desencadenantes que aparecían en la conversación. Había aprendido esta herramienta de respuesta emocional herida a una edad temprana y seguía utilizándola décadas después porque le había servido.

Con el tiempo, Marianne fue capaz de reconocer cuándo empezaba a disociarse. La ayudé a desarrollar algunas habilidades para conectar con la tierra de manera que estuviera disponible y presente. (Con los pies en el suelo, decía: «Ahora estoy segura, tengo el control. Ahora no me pasa nada y confío en mí misma para protegerme»). Empezó a reconocer cuándo se disociaba en casa, en la tienda y cuando salía a comer con los amigos. Le ocurría más de lo que creía, y comprendió que tenía que desarrollar nuevas herramientas de respuesta funcional que la ayudaran a estar más sana emocionalmente.

Marianne aprendió a confiar en ella y a escucharse a sí misma y sus necesidades. Adoptó un perrito y por primera vez sintió lo que era el amor incondicional. Reconoció que había sido víctima de sus agresores y que el problema no era ella. Asimismo, aprendió a conectar con los demás y a desarrollar amistades. Asistió a clases de desarrollo personal y empezó a amarse, confiar y respetarse. Este amor propio le sigue costando aceptarlo, pero progresa cada día. Si alguien hubiera creído en ella cuando sus traumas estaban ocurriendo, el curso del resto de su vida habría sido muy diferente y ahora tendría una historia muy distinta.

En la actualidad, Marianne sigue disociándose; sin embargo, los desencadenantes suelen estar relacionados con algo que lee o ve en una película o un programa de televisión. Es capaz de salir del estado de disociación, reconocer lo que ha ocurrido y seguir adelante. Aún tiene algunos comportamientos obsesivo-compulsivos, pero ahora se da cuenta y vigila su surgimiento y su frecuencia.

Marianne ha aprendido a utilizar sus palabras para protegerse, expresarse y defenderse. Sabe que, si una situación le parece mala o incómoda, cuenta con las herramientas para protegerse y que tiene el poder de salir de ella. Elige rodearse de personas que la respetan, y sus relaciones son recíprocas. Cada día demuestra el poder de practicar buenos límites. Sigue utilizando el proceso HEAL para aceptar y transformar sus heridas.

(Si eres víctima de algún tipo de abuso o maltrato, consulta los recursos en el apéndice C).

En este capítulo hemos visto, a través de casos reales, cómo el niño herido se convierte en un adulto herido. Descubrir algunas de las razones por las que arrastras dolor emocional tal vez te asuste y te abrume, pero es importante que entiendas tu pasado para que sepas hacia dónde quieres ir en tu futuro.

Nadie querría rememorar recuerdos dolorosos si creyera que no se puede hacer nada al respecto. Sin embargo, ten en cuenta que eres más grande y fuerte que cualquier experiencia que te haya ocurrido; conocer la fuerza, la resistencia y la perseverancia que has demostrado para llegar hasta aquí en la vida te servirá como un recordatorio de esto.

Marianne sobrevivió a muchas situaciones profundamente traumáticas y luego aprendió a quererse a sí misma y a progresar. Tú también puedes hacerlo.

CAPÍTULO 5

Cómo aplicar el proceso HEAL

El privilegio de toda una vida es ser quienes somos.

—JOSEPH CAMPBELL

Curar la herida del niño interior perdido requiere tiempo, cuidados tiernos y aprender a amar y abrazar tus partes heridas. En capítulos anteriores hablamos del niño interior, de sus heridas y cómo se producen, de cómo los desencadenantes le afectan durante la edad adulta y de cómo vivirá más sano y feliz cuando cure estas heridas. Has descubierto los recuerdos y acontecimientos de la infancia que produjeron las heridas centrales que aún hoy te siguen afectando. Ahora ya sabes por qué tienes reacciones impulsivas y cuáles son algunas de las herramientas de respuesta emocional que utilizas. Toda esta información y comprensión va a entrar en juego a partir de este momento. La profunda autoexploración que llevarás a cabo en este capítulo te permitirá sanar tus heridas interiores y abrazar una vida auténtica.

El proceso HEAL consiste en crear vínculos de confianza y conexión con todas tus partes.

Antes de que empieces esta fase del proceso HEAL, es importante que dejes de lado algunas defensas habituales que surgen en este tipo de terapia. Estas objeciones basadas en el miedo pueden desviarte y frenarte. Para sacar el máximo partido a este proceso, es crucial que reconozcas y evites conscientemente las siguientes defensas:

- **Descartar:** resiste la tentación de descartar las experiencias difíciles o traumáticas que tuviste al crecer o quitarles importancia. En otras palabras, no normalices tu dolor emocional. («Tampoco fue para tanto»).
- **Normalizar lo anormal:** resiste el impulso de convertir lo anormal en normal. («A todo el mundo le pegaban»).
- **Proteger a otros:** no trates de proteger a tus padres, tutores, familiares y demás. Tu labor no consiste en echarles tierra encima, sino en respetarte a ti mismo.
- **Negar que la curación es posible:** evita la tentación de pensar que es imposible curarte porque el pasado no se puede cambiar. («¿Para qué volver atrás a mirar aquello si, de todas formas, no puedo cambiarlo? Lo pasado, pasado está, y no se puede hacer nada»).
- **Evitar los malos recuerdos:** quítate de la cabeza la idea de que puedes sanar sin examinar los malos recuerdos. Se necesita valor para sanar, y tú te lo mereces. («Apenas me acuerdo de lo que pasó, y lo poco que recuerdo no me gusta, así que ¿para qué darle más vueltas?»).

Muchos no quieren mirar las heridas de su infancia porque es doloroso. Si tienes esta reacción, es posible que estés compartimentando estas experiencias dolorosas y fingiendo que no fueron tan malas: «Pues al final, he salido bastante bien, ¿verdad?». Estas racionalizaciones te dan una excusa para evitar sentir o mirar las cosas. Sin embargo, como has visto en capítulos anteriores, abordar los acontecimientos que has vivido no te va a matar. Puede que te duela o te irrite, pero eres más fuerte de lo que crees y con algo de autocuidado no solo saldrás intacto de este proceso, sino que te sentirás mucho mejor.

Si empiezas a sentir resistencia a llevar a cabo este trabajo, ten presente que se trata de una reacción normal. Reconoce la reacción defensiva y, a continuación, permítete mirar todos los aspectos de tu infancia para ver cómo los sientes hoy.

En la siguiente sección, vas a aprender a crear una línea de tiempo que te ayudará a poner en perspectiva tus primeras heridas y los acontecimientos más destacados. Este plano vivo de tu vida te ayudará a verte a ti mismo y a los acontecimientos de tu vida desde una perspectiva diferente.

La línea de tiempo se centra en tu periodo de desarrollo, desde el nacimiento hasta los veinte años. No te preocupes por ceñirte a esta franja de edad concreta, ya que algunas personas tienen experiencias dolorosas y profundas a los veinte años e incluso más tarde, por lo que no es una regla rígida. Sin embargo, los primeros años suelen ser los que más afectan a las personas con heridas o traumas profundos, y es entonces cuando se establecen estos patrones de heridas para toda la vida.

La línea de tiempo infantil

Mucha gente afirma que no recuerda mucho de sus primeros años, eso es bastante común. La mayoría no recordamos muchas cosas de la etapa de la primera infancia y de la niñez. Sin embargo, desde que somos muy pequeños empezamos a desarrollar dos tipos de recuerdos a largo plazo: implícitos y explícitos. Un *recuerdo implícito* es el que se almacena en el inconsciente antes de los tres años. Por ejemplo, puede que no recuerdes salidas concretas con papá todos los sábados por la mañana, pero tienes una sensación cálida, emotiva y difusa cada vez que piensas en estar con él. Alrededor de los tres años, empiezan a almacenarse *recuerdos explícitos*, como recordar conscientemente que papá te llevaba a desayunar todos los sábados por la mañana, el sitio al que ibais y cómo llegabais allí.

La mayoría de nuestros recuerdos hasta los siete años son recuerdos implícitos, pero la edad de tres años es el punto de inflexión en el que los recuerdos explícitos se hacen más frecuentes. La mayor parte de las personas son capaces de recordar acontecimientos o situaciones a partir de los cinco años. A partir de los siete, los recuerdos de un niño son similares a los de un adulto. Si tienes lagunas en la memoria, es posible que hayas utilizado la represión, la supresión o la disociación para hacer frente a tus sentimientos. Los recuerdos están ahí, pero, si no afloran de forma natural a tu conciencia, no los fuerces.

Antes de crear tu propia línea de tiempo, veamos un ejemplo.

Nicole es una mujer soltera de treinta años que vive sola. Se siente más cercana a su padre que a su madre y tiene un hermano pequeño al que está muy unida. Trabaja y tiene unos cuantos amigos íntimos con los que queda para tomar algo. Ha tenido citas, pero nada demasiado serio.

Podemos ver en la línea de tiempo de Nicole que algunas situaciones de su joven vida se considerarían acontecimientos buenos y otros malos. Ha incluido todos los acontecimientos que destacan en su memoria, describiendo cada uno de ellos a grandes rasgos.

3 años: Mamá y papá se divorcian.

5 años: Mamá se vuelve a casar; momentos difíciles desde el punto de vista emocional.

6 años: Fiesta de cumpleaños divertida, todos mis amigos estaban allí.
7 años: Papá se volvió a casar; las cosas mejoraron.
8 años: Comenzó el acoso escolar.
10 años: Conocí a mi mejor amiga.
11 años: Nuevo instituto, tuve que dejar a mis amigos.
13 años: Primer enamoramiento.
15 años: Primera vez que tengo relaciones sexuales.
16 años: Mi padre se puso muy enfermo, casi se muere.
16 años: Destrocé el coche familiar después de obtener el carné de conducir.
17 años: Malas notas en el instituto; no quería estar allí, me sentía perdida.
18 años: Terminé la educación secundaria, pero no sabía qué hacer.
19 años: En la universidad, pero fue muy duro; empecé a fumar hierba y a beber.
20 años: Estuve a punto de abandonar la universidad.

Las descripciones son suficientes para refrescar la memoria de Nicole y ver algunos patrones. Veamos algunos de esos patrones y recuerdos destacados.

Los cinco años fueron difíciles porque sus padres se habían divorciado y su madre se volvió a casar. La vida se asentó, pero las desgracias volvieron hacia los dieciséis años, cuando su padre estuvo a punto de morir. A los diecisiete años ya no quería seguir estudiando. No tenía ideas suicidas, simplemente deseaba abandonar su vida. Creía que no podía con ella.

Podemos ver que la herida de los primeros años de Nicole se produce en torno a los cinco años, cuando lo estaba pasando mal emocionalmente con su madre, que se volvió a casar, y un padrastro que entró en su vida. Empezó a sentirse perdida alrededor de los diecisiete años. Estas dos experiencias emocionales relevantes en su línea de tiempo, a los cinco y a los diecisiete años, representan la *edad de su herida*. Ahora podrá centrarse primero en la edad de la herida que hace más «ruido» dentro de su ser.

Cómo crear tu propia línea de tiempo

Ha llegado el momento de sumergirte en tu propia línea de tiempo e identificar las experiencias emocionales que te han marcado. Tómate tu tiempo en este proceso y sé amable contigo. Reserva un buen rato y sitúate en un lugar donde no te molesten ni te interrumpan. Estás a punto de hacer un trabajo profundamente personal e importante. Sin embargo, no hace falta que pienses mucho: es tu historia, y tú conoces los detalles.

En tu cuaderno, coloca una hoja de papel en blanco en posición horizontal. Traza una línea en el centro, de izquierda a derecha, y luego haz marcas para indicar los años transcurridos entre el nacimiento y los veinte años. Lee los siguientes párrafos para ver cómo recordar los acontecimientos más destacados y luego empieza a escribir.

Permanece en silencio y deja que tu mente divague. Comienza a imaginar que los acontecimientos de tu pasado transcurren como si se tratara de una película. A medida que tus ideas fluyen, anota algunos hechos que destaquen. Escribe frases cortas a lo largo de la línea de tiempo junto a la edad que tenías cuando ocurrió cada acontecimiento. Algunas personas escriben recuerdos increíblemente detallados, mientras que otras redactan notas breves. Haz lo que te funcione mejor.

Procura no restar importancia a los acontecimientos pensando que no fueron para tanto o que aquello le ocurría a todo el mundo. Quizá sea cierto, pero reconocer lo que te sucedió te ayudará a entenderte a ti mismo. Deja que las cosas surjan. Sigue escribiendo estos acontecimientos en tu línea de tiempo.

Tal vez te desagrade pensar en algunas situaciones, así que, de momento, haz una marca o escribe la descripción suficiente para recordarlo más tarde. Supón que recuerdas un suceso de cuando tenías siete años en el que alguien te tocó de forma inapropiada y sentiste una sensación de asco. Simplemente anota «asqueroso». Este trabajo no consiste en resucitar el trauma solo para realizar el ejercicio, así que sé amable contigo mismo mientras realizas este proceso.

Si tienes dificultades para recordar los acontecimientos, quizá te venga bien hablar con un amigo o familiar de confianza que te conociera antes de los veinte años. Si te inspira confianza, cuéntale lo que estás haciendo y pregúntale si tiene alguna idea sobre tus primeros años de vida. Puede que se acuerde de algo de ti que le llamara la atención, aunque tú no le dieras importancia.

Continúa completando tu línea de tiempo. Es posible que tengas más información que anotar a medida que vayas entrando en la adolescencia, lo cual es normal.

La escala de respuesta emocional

Una vez que hayas terminado de rellenar tu línea de tiempo, estarás preparado para determinar el nivel de intensidad que cada acontecimiento tiene para ti utilizando la escala de respuesta emocional. Este ejercicio te ayudará a definir mejor cómo te sientes hoy con respecto a esos acontecimientos. Se basa en tu medición subjetiva, por lo que es importante respetar lo que sientes por cada acontecimiento. Estas valoraciones te ayudarán a determinar *la edad de tu herida*.

La escala de respuesta emocional va del 0 al 10: el 0 tiene la menor intensidad emocional (neutra, feliz o alegre) y el 10 la mayor (mucha vergüenza o tristeza). La escala no se utiliza para calificar un acontecimiento como «bueno» o «malo». Simplemente determina el nivel de intensidad que sientes en tu interior cuando recuerdas el acontecimiento.

Usarás las siguientes descripciones de la escala de respuesta emocional para determinar el nivel de intensidad de cada acontecimiento destacado en tu línea de tiempo.

Intensidad baja (1-3)

Ejemplos de una calificación de intensidad baja son:

- Este acontecimiento me molestó mucho en la niñez, pero el recuerdo no me molesta ahora.
- Mi sensación es neutra la mayor parte del tiempo cuando recuerdo este acontecimiento.
- Este acontecimiento fue feliz y rebosante de alegría.
- Me encojo de hombros ante este recuerdo y puedo seguir adelante.
- Puedo estar cerca de la persona que me hizo daño, la he perdonado y lo he dejado pasar, y ya no es un gran problema.
- Antes me enfadaba mucho con esta situación o persona, pero he superado el dolor y hoy tengo una mayor perspectiva.

Intensidad media (4-6)

Ejemplos de una calificación de intensidad media son:

- He visto fotos de una época en la que sé que las cosas no iban bien, pero parezco feliz, así que estoy confuso/a sobre cómo «debería» sentirme.

- A veces estoy disgustado/a por lo que me pasó, pero no todo el tiempo.
- A veces puedo estar cerca de estas personas o situaciones, pero no siempre.
- Este tipo de situación (dinámica familiar o problema crónico) sigue creando confusión en mi vida; no me gusta y quiero que desaparezca.
- Cuando recuerdo este acontecimiento, me duele, pero la sensación de malestar o vergüenza aparece y desaparece.

Intensidad alta (7-10)

- Me enfado mucho o me siento herido/a o triste cada vez que pienso en lo ocurrido.
- Me retraigo, me quedo en silencio y me desconecto cada vez que pienso en lo ocurrido.
- Tengo una reacción física si estoy en una zona determinada o cerca de personas que me recuerdan a mi agresor.
- Me lleno de vergüenza y dolor cuando recuerdo este suceso.
- Deseo que este recuerdo desaparezca. Quiero borrar todo el suceso.
- Me disocio o «desconecto» cuando pienso en este suceso o cuando algo desencadena en mí la reacción que me provoca. (Esto es una intensidad de nivel 10).

Repasa tu línea de tiempo y, a medida que recuerdes cada situación, valora la intensidad del sentimiento entre 0 y 10. Anota este número junto a cada acontecimiento utilizando un bolígrafo o lápiz de color. Nadie tiene por qué ver esta información, así que sé completamente sincero.

Una vez que hayas puntuado cada acontecimiento, siéntate y vuelve a mirar tu línea de tiempo. ¿Qué te dice este panorama general sobre tus primeros años de vida? ¿Hay muchas valoraciones bajas o medias junto a cada acontecimiento?

¿O calificaste muchos de ellos con una intensidad media o alta? ¿Qué revelan las valoraciones? ¿Las valoraciones de alta intensidad están agrupadas o dispersas en la línea de tiempo?

Recuerda que el ejercicio de valoración es una forma de medir los acontecimientos de tu vida y de reconocer que algunas situaciones fueron muy intensas. Te servirá para determinar una edad de la herida que te ayudará a ver los síntomas que se manifiestan en tu vida adulta.

El hogar de tu infancia

Otra forma de ver tu línea de tiempo y los acontecimientos que ocurrieron en tus dos primeras décadas es pensar en el hogar de tu infancia, en todos sus miembros y en cómo eran las interacciones. A continuación, se describen los sentimientos de un hogar en relación con la escala de respuesta emocional y cómo crecer en un hogar así puede manifestarse desde el punto de vista emocional y de las relaciones en tu vida adulta.

Hogar de intensidad baja

Si creciste en un hogar con una calificación general de baja intensidad, probablemente te sentías bien contigo mismo la mayor parte del tiempo. De vez en cuando ocurrían situaciones que te molestaban, pero nada extraño o fuera de lo común. Fuiste capaz de pasar por alto la mayoría de las cosas desagradables. Hiciste amigos y los mantuviste a tu lado, y aunque la vida no era perfecta, tuviste más momentos felices que de enfado o dolor. A tu lado había siempre adultos coherentes y afectuosos. Estos adultos tenían sus propios problemas; sin embargo, podían controlar sus emociones y ofrecerte un caudal de amor estable y atención. Te sentías reconocido, honrado y apreciado por los adultos de tu vida. Todavía sientes esta sensación como un cálido cosquilleo en tu corazón o en tu vientre cuando piensas en momentos concretos de tu crecimiento.

Cómo puede manifestarse una experiencia doméstica de intensidad baja en la vida adulta

Como adulto, puedes preguntar a tu pareja o a tus amigos cuando algo te molesta. La buena sensación general de tus experiencias infantiles se traslada a tus experiencias adultas. Tu vida adulta refleja el tipo de infancia y entorno familiar que tuviste al crecer.

HOGAR DE INTENSIDAD MEDIA

Si creciste en un hogar con una calificación de intensidad media, probablemente sientas que tu vida en el hogar estaba bien en su mayor parte, pero no siempre te sentías bien. Lo que ocurría en el exterior no siempre coincidía con el interior, como la bonita casa que ven los vecinos no siempre coincide con lo que ocurre a puerta cerrada. Te sentías desconcertado contigo mismo y pensabas: «Nadie me entiende o no le gusto a nadie».

Crecer en un hogar de intensidad media indica que tu infancia no estuvo repleta de grandes acontecimientos emocionales o traumáticos que ocurrieran una y otra vez, pero a veces la familia podía volcarse en malos momentos. Se trata de una infancia en la que los momentos hirientes o de ira podían eclipsar los momentos felices. Había adultos que te parecían seguros y que estaban a cargo de la situación, pero también había otros que te asustaban, y tratabas de mantenerte alejado de ellos.

En un hogar de intensidad media, es posible que el alcohol, las drogas, el juego y otras adicciones surjan en los padres, hermanos u otros familiares.

Cómo puede manifestarse una experiencia doméstica de intensidad media en la vida adulta

Saliste de este tipo de infancia sintiéndote más afectado que tus amigos, pero en general bien. Te sientes bien contigo mismo la mayor parte del tiempo. Es posible que tomes o hayas tomado medicamentos o que realices o hayas realizado terapia para la ansiedad o la depresión en tu vida adulta, pero esto no es, en su mayor parte, una necesidad continua. Tal vez seas capaz de mantener una relación a largo plazo, pero requerirá trabajo para que sea funcional, ya que muchos de tus problemas no resueltos de la infancia se trasladarán a tus relaciones adultas.

Hogar de intensidad alta

Un hogar de alta intensidad en general indica una infancia con una agitación y un trastorno constantes. Tal vez hubiera adultos estables a tu alrededor, pero esto no era una constante. Siempre buscabas a alguien responsable, y si no podías encontrar a un adulto lo suficientemente centrado, sentías que tenías que ser tú el que se encargara de controlarlo todo porque todo el mundo estaba desequilibrado. A menudo tenías problemas físicos, como dolores de cabeza, problemas intestinales o nerviosismo, y te hallabas en un estado constante de hipervigilancia. Esta sensación de alerta se producía incluso cuando las cosas iban bien, porque siempre estabas esperando que se produjera la siguiente explosión.

En este tipo de hogares suelen verse el caos, el abuso del alcohol y las múltiples adicciones de los padres o cuidadores principales, que solían estar perdidos en sus propios conflictos y no tenían tiempo para hacerte caso. El primogénito se volvía extremadamente responsable, o todos los niños se desentendían y buscaban formas de evadirse.

Cómo puede manifestarse una experiencia doméstica de intensidad alta en la vida adulta

Como adulto, has acudido a varias terapias y has probado diferentes tipos de medicamentos en tu deseo de sentirte mejor. Tu infancia y tu vida adulta te resultan confusas, y te preguntas cómo hacen los demás para ser felices. Tienes dificultades para mantener conexiones emocionalmente estrechas con tus parejas y te sientes atraído por el mismo tipo de persona una y otra vez, aunque sepas que no te conviene. Puedes decir que no quieres la clase de hogar que tuviste al crecer, pero parece que el caos es inevitable. Por ejemplo, estimé que la edad de mi herida eran los diez años y califiqué con un nivel 10 de intensidad alta el recuerdo traumático de poner a mi hermana y a mí a salvo. Evalué que mi experiencia familiar de la infancia iba desde el rango familiar de intensidad media a alta. Revisa tu línea de tiempo, tus valoraciones de intensidad y estas descripciones de los hogares. ¿Qué patrones descubres? ¿Ves tu experiencia familiar de la infancia desde una perspectiva diferente? Estas clasificaciones de intensidad ayudan a ilustrar y cuantificar tus experiencias con el fin de que puedas ser objetivo con tu propia historia. Las incluyo como puntos de referencia para que sepas que no estás solo, que mucha otra gente ha sufrido experiencias similares.

Has llevado a cabo una ardua exploración en tu interior, probablemente te has detenido a reflexionar sobre asuntos en los que no habías pensado desde hace mucho. A veces esta exploración emocional es tremendamente pesada, agotadora y abrumadora. Seguiremos profundizando, pero por ahora, vamos a hacer una pequeña pausa y dar un descanso a tus emociones.

EJERCICIO: TU COFRE DEL TESORO

Nuestros tesoros emocionales no siempre relucen.

Quiero enseñarte una técnica de meditación y visualización que te será útil cuando saques a la luz partes emocionalmente pesadas de tu pasado, como hiciste en el último ejercicio.

Imagina todas las cosas en las que has estado pensando desde tu infancia, todos los acontecimientos emocionalmente hirientes que están en tu mente consciente. Imagina que se encuentran esparcidos por el suelo como pequeños tesoros. Cuando empieces a conectarte con ellos, recuerda que estás descubriendo una gran cantidad de emoción que hay dentro de cada uno de estos acontecimientos.

Imagina que, en el suelo, junto a todos esos recuerdos dispersos de tu infancia, hay un cofre del tesoro. El cofre del tesoro es el refugio seguro en el que podrás guardar estos acontecimientos cargados de emociones, para que no sientas que andas por ahí abierto y expuesto, en carne viva por las emociones. No te preocupes por su tamaño, se expandirá mágicamente para contener todo lo que pongas en él.

Toma un recuerdo, sostenlo en tus manos y dale las gracias por estar en tu vida. Incluso si fue doloroso cuando eras un niño, sigue siendo una parte valiosa de ti, porque todo lo tuyo es valioso. Guarda este recuerdo, dale las gracias y colócalo en el cofre del tesoro.

Continúa introduciendo tus recuerdos emocionales en el cofre del tesoro uno por uno hasta que los hayas reunido todos. Una vez que estén todos en el cofre, cierra la tapa.

Coloca este cofre del tesoro en un lugar seguro dentro de ti. Piensa que, cuando llegue el momento, lo abrirás de par en par y sacarás con delicadeza esos recuerdos emocionales. Con el tiempo, irás sanando las emociones que envuelven cada uno de los acontecimientos más dolorosos, pero por ahora, guárdalas en un lugar seguro para que puedas empezar a sentirte de nuevo completo mientras haces este trabajo de sanación.

Experiencias emocionales relevantes

Vuelve a mirar tu línea de tiempo y anota los acontecimientos que calificaste entre 7 y 10 en la escala de respuesta emocional. Estas son las *experiencias emocionales relevantes* que tienen una intensidad alta, las vivencias que fueron difíciles para ti y que causaron un impacto en tu senda vital. Cuando te acuerdas de ellas o algo desencadena la sensación que tuviste en el momento en que se produjeron estas experiencias, las recuerdas con enorme claridad y te duelen mucho. Utiliza un rotulador para marcar estos puntos emocionales destacados en tu línea de tiempo o escríbelos en otro papel.

La edad de tu herida

En capítulos anteriores hemos hablado de la edad de la herida, un acontecimiento que viviste de niño, dramático o emocionalmente significativo y que dio lugar a una herida central. Este acontecimiento doloroso está ligado a la edad que tenías cuando se produjo, por lo que la herida se queda fijada en el tiempo, atrapada en una bola de nieve dentro de ti.

Veamos otro ejemplo para determinar la edad de la herida. Los padres de John se divorciaron cuando él tenía siete años, pero el malestar y la agitación que había entre ellos se prolongó hasta que cumplió los doce. Esta franja de cinco años fue una época emocionalmente difícil en su vida, porque iba y venía constantemente de una casa a otra. No podía asimilar todo lo que ocurría siendo tan pequeño y hacia el final de ese periodo estaba entrando en la pubertad. Se sentía abrumado y confuso.

El recuerdo emocional de John en torno a los siete años tenía un gran peso, al igual que el de los doce. Era difícil decir cuál de los dos era más intenso al repasar su línea de tiempo. Para precisar la edad de la herida, John se preguntó si la herida de los siete a los doce años fue más intensa al principio de este marco temporal, con el divorcio de sus padres cuando tenía cinco años, o cuando su madre se volvió a casar, cuando ya había cumplido los doce. Descubrió que fue más intensa cuando su madre se volvió a casar. Su padre, al que estaba muy unido, pasó a un segundo plano, y ahora había otro hombre al que tenía que llamar papá. A primera vista, parece que el divorcio hubiera sido la parte emocional más dura, pero en realidad lo peor vino cuando su madre se volvió a casar. La herida de los doce años pesaba más en su corazón.

Para determinar la edad de la herida, fíjate en tus experiencias emocionales más significativas –los acontecimientos de mayor intensidad en tu línea de tiempo– y anota tu edad o rango de edad durante esos momentos. Tu herida puede tener una edad concreta, pero no es necesario que sea precisa. Como en el ejemplo de John, podría ser un intervalo de tiempo, como de los siete a los doce años. Los malos tratos físicos, mentales o emocionales, o los abusos sexuales, pueden haber ocurrido durante un periodo de varios años o en un momento concreto. No tiene importancia acertar con la edad exacta y, de hecho, si sufriste varios periodos de situaciones extremas en tu vida infantil, es posible que haya varias partes de ti que arrastren esa herida.

Muchas personas conectan intuitivamente con una edad que lleva su herida, pero nada de esto es una ciencia exacta. Si te das cuenta de que la edad de cinco años, por poner un ejemplo, funciona para ti al principio, pero luego, conforme sigues con el proceso, la edad de tu herida te parece mayor o menor, solo tienes que ajustarla.

Sé comprensivo contigo mismo durante todo este proceso, ya que se removerán muchos resquicios emocionales. Si ves que evocar estos recuerdos es demasiado para ti, busca ayuda profesional. No te obligues a rememorar los hechos verdaderamente graves ni te fuerces en el proceso. Si te ocurrió algo muy traumático, ten presente que *hoy eres tú quien lleva las riendas.* Cuando eras un niño no podías controlar lo que te hacían, pero hoy sí. *Tú* fijas el ritmo con el que vas a abordar este proceso.

Posees una sabiduría única sobre ti mismo que nadie más tiene.

Tienes una gran sabiduría debido a tus experiencias. Has de saber que hay una luz de sabiduría emocional dentro de ti porque has atravesado las zonas oscuras que hay en tu interior, has salido airoso de esas experiencias y ahora sabes más. Esta sabiduría te ayuda más de lo que imaginas. Comprueba si puedes llamar a tu sabiduría interior para que te guíe en este proceso de desarrollo.

Otras formas de descubrir la edad de tus heridas

Si te cuesta identificar la *edad de tu herida*, no te preocupes; existen otras formas de enfocarlo. Por ejemplo, puedes fijarte en los sentimientos, los comportamientos y las herramientas de respuesta emocional herida que utilizas como adulto, y remitirte a esa parte para determinar la edad de tu herida. Como recordarás de los casos reales que hemos visto hasta ahora, los comportamientos de la persona que son propios de un niño suelen corresponderse con la *edad de tu serida*.

A veces, cuando un cliente me cuenta que se comporta de forma impulsiva, le pregunto qué edad siente que tiene en esos momentos. Todos son capaces de identificar una edad con bastante rapidez, como: «Me siento como un niño pequeño cuando grito y chillo». Entonces le pregunto qué edad tiene ese niño pequeño por dentro. O se da cuenta de que actuar impulsivamente le recuerda a cuando era un adolescente, por ejemplo. Este es un enfoque de ingeniería inversa para identificar tu parte impulsiva, tu parte egoísta, tu parte herida. Es otra forma de entender las dinámicas emocionales que siguen apareciendo en tus relaciones adultas y cómo se corresponden con una edad más temprana.

También puedes recurrir a personas de confianza para que te ayuden a determinar la edad de tu herida y a ver pautas y asuntos en tu vida, que exploraremos a continuación. Ten en cuenta que cuando preguntas a tus amigos sobre tu vida, te expones a ser vulnerable, así que ten cuidado al hacerlo. Si decides abrirte a alguien, elige un amigo cercano que sea comprensivo al evaluarte a ti y a tus pautas.

Cuando te sientas seguro y tranquilo, hazle a tu amigo las siguientes preguntas:

- ¿Qué es lo que suelo hacer que me impide sobresalir y no me ayuda a crecer?
- ¿Con qué tipo de personas me junto?
- ¿Qué clase de personas atraigo?
- ¿Cómo me ves reaccionar ante situaciones conflictivas?

- ¿Qué me oyes decir cuando reacciono de forma exagerada?
- ¿Me ves ceder mi poder a otras personas?
- ¿De qué me oyes hablar a menudo?
- ¿Sigo contando las mismas historias? ¿Me quejo de lo mismo una y otra vez?
- ¿En qué tiendo a centrarme y qué suelo repetir?
- Cuando me comporto de ciertas maneras o tomo determinadas decisiones, ¿qué edad doy la impresión de tener?

Esta crítica puede ser difícil de escuchar, pero si eliges a alguien en quien confíes y que te conozca, te dará una visión de ti mismo que te ayudará a delimitar las edades de las heridas de tu infancia.

Supón que tu amigo dice que a menudo actúas como un adolescente. Cuando le pides que sea más concreto, te dice que a veces actúas como un quinceañero. Mira tu línea de tiempo y determina qué ocurría en tu vida a los quince años. Hay muchas formas de llegar a la edad de tu herida.

Recuerda que las respuestas de tu amigo serán subjetivas o incluso una proyección de sí mismo, pero pueden ayudarte a aclarar partes de tu línea de tiempo o las experiencias que vuelven a abrir tus heridas en la edad adulta.

Patrones recurrentes

Ahora que has rellenado tu línea de tiempo en la medida en que puedes recordar, da un paso atrás y revisa lo que has creado. ¿Notas que hay grandes lagunas entre las edades? ¿Hay ciertas edades en las que los acontecimientos se agrupan?

Puede que empieces a detectar patrones o temas. ¿Qué recuerdos sigues reciclando? ¿Cuáles son los «momentos culminantes» de tu película?

¿Qué recuerdos no puedes olvidar, no consigues superar o no quieres recordar en absoluto? ¿Puedes ver un patrón en estos recuerdos?

He aquí algunos ejemplos de pautas que podrías observar en tu ejercicio de la línea de tiempo:

- Sentirte triste, solo, aislado, no lo suficientemente bueno o incomprendido.
- Atraer a tu vida el mismo tipo de amigos o relaciones (personas narcisistas o manipuladoras por las que siempre haces algo, pero que no te corresponden).
- Sentirte menos que nadie; todos los demás son superiores.
- Sentirte excluido, nunca aceptado.
- Sentirte la víctima y culpar a los demás de tu dolor.
- Buscar constantemente la aprobación externa.
- Enfadarte y arremeter, pero sentirte herido por dentro.
- Dudar de ti mismo y dar poder a los demás.

Observa las pautas o temas que revela tu línea de tiempo. Son pistas para tu camino de curación. Fíjate también en las elecciones que sigues haciendo. ¿Qué dirían tus amigos sobre tus pautas?

Fíjate en los temas de tu familia de la infancia. ¿Tu familia respetaba los límites? ¿Os sentíais unidos? ¿O cada persona era como una isla, aislada del resto? ¿Hacía cada uno lo suyo? ¿O en tu familia había un *enredo* absoluto, todos lo sabían todo y se metían en los asuntos de los demás?

Cuando te sientes provocado, algo dentro de ti necesita sanarse.

Puede que encuentres temas de abandono o soledad en tu línea de tiempo. O tal vez nada tenga relación y solo hayas experimentado acontecimientos que parecen producirse al azar. Sin embargo, si observas esos acontecimientos aleatorios con mayor profundidad, tal vez veas dinámicas de relación o situaciones que están ocurriendo en tu vida actualmente y que son similares a situaciones de tu infancia. Incluso podrías tener una relación con el mismo tipo de persona que te atraía cuando estabas en el instituto. Somos criaturas de costumbres; es más fácil seguir haciendo lo mismo una y otra vez, aunque no nos convenga. Es posible que tengas periodos de letargo en tu línea de tiempo en los que no ha pasado nada importante. Tal vez el baile de la familia disfuncional seguía ocurriendo, pero no te hería hasta el punto de tener que defenderte. A lo largo de este periodo de latencia, tus herramientas de respuesta emocional, tanto herida como funcional, estaban a tu lado por si las necesitabas.

Quizá eras como yo y tenías un padre que abusaba del alcohol o era dependiente del alcohol o las drogas, y aprendiste a dejar en blanco grandes partes de tu infancia. Esta medida de autoprotección nos ayudaba a sobrellevar momentos abrumadores. Era nuestra forma de alejar los recuerdos de los sentimientos o acontecimientos dolorosos o hirientes. Hoy en día, hay partes de mi infancia que no consigo recordar, lo que probablemente significa que reprimí esos recuerdos, aunque haya visto fotos y sepa que esas experiencias ocurrieron.

Este es un buen momento para recompensar el esfuerzo que has hecho hasta ahora y tomarte un descanso. Cuando revivimos acontecimientos pasados con una gran carga emocional, a menudo retenemos la respiración como respuesta al trauma hasta saber cuál es la amenaza y si tenemos que actuar rápidamente o no. Respiramos superficialmente con la parte superior del pecho, lo que refuerza el mensaje al cuerpo y a la mente de que tenemos que estar en alerta y preparados para luchar, huir o paralizarnos.

El siguiente ejercicio te ayudará a respirar más profundamente y a relajar así todo el cuerpo. Puedes hacerlo en cualquier lugar y momento en que necesites comunicarle a tu sistema corporal, mental y espiritual que puede relajarse, que no hay ninguna amenaza, que nadie corre detrás de ti y que puedes estar quieto y tranquilo. Aconsejo a la mayoría de mis clientes que, si están muy nerviosos, hagan este ejercicio una vez cada hora.

EJERCICIO: RESPIRACIÓN SENCILLA

Este proceso reequilibra tu sistema y les indica a todas tus partes que estás a salvo y que no hay necesidad de sentir miedo. Contemplar la naturaleza o escuchar una música relajante refuerza la experiencia. Hazte el regalo de respirar con suavidad. Siéntate cómodamente en un lugar tranquilo. Cierra los ojos, ponte una mano en el vientre e inspira larga y lentamente por la nariz, y luego exhala despacio por la boca. No lo fuerces, tan solo inspira con suavidad por la nariz y espira por la boca, como si estuvieras soplando suavemente una vela. Al principio puede que respires más rápido de lo necesario, pero relájate, déjate llevar y respira lentamente.

Cuando te quieres de verdad a ti mismo, todo en tu vida funciona.

—LOUISE HAY

Identificar los factores desencadenantes

Los desencadenantes pueden ser acciones, palabras, personas y acontecimientos que activan tus reacciones impulsivas y hacen que tu niño interior perdido actúe. Identificar estos factores es una forma de conectar con tus heridas centrales. Ahora que has determinado la edad de tu herida, identificar los factores desencadenantes te ayudará a saber inmediatamente cuándo se manifiestan tus heridas emocionales en tu vida adulta. Entonces podrás elegir respuestas maduras que ayuden a calmar esta parte de ti para que tu yo adulto y responsable sea capaz de mantener el control.

Los desencadenantes pueden ser visuales, sonoros, olfativos, táctiles o provocados por una situación. Pueden ser algo o alguien que inmediatamente te asuste, te enfade, te irrite, te ofenda, te falte al respeto, te menosprecie, te rebaje, te avergüence o te ignore.

EJERCICIO: IDENTIFICA TUS FACTORES DESENCADENANTES

Saca tu cuaderno y revisa tu lista de herramientas de respuesta emocional herida que identificaste en el capítulo uno en «Ejercicio: Tus reacciones impulsivas». Utiliza esta lista para ayudarte a identificar algunos de tus desencadenantes.

Piensa en una situación que te moleste y luego escribe en tu cuaderno las respuestas a las siguientes preguntas:

- ¿Cuándo y dónde suele ocurrir esta situación?
- ¿Proviene de la vista, el sonido, el olor o el tacto?
- ¿Tu desencadenante es una persona, una cosa o una situación?

- ¿Con qué frecuencia se produce?
- ¿Qué sentimientos inmediatos tienes cuando se da esta situación? («Siento enseguida...»).
- ¿En qué parte de tu cuerpo lo sientes?
- ¿Quieres decir o hacer algo, o prefieres quedarte en absoluto silencio y retirarte?
- ¿Están involucradas las mismas personas o el mismo tipo de personas en esta situación?
- ¿A quién o qué te recuerda esta situación de tu infancia?

Responde estas preguntas sin pensarlo mucho. Tu primera respuesta, la instintiva, suele venir directamente del subconsciente. ¿Notas algún patrón o tema que destaque en tus contestaciones? En comparación con los otros ejercicios que has realizado, ¿cómo son tus respuestas aquí? Estás desarrollando una mayor comprensión de cómo, cuándo y por qué respondes como lo haces en determinadas situaciones. Te estás conociendo de forma más profunda.

Ahora revisa tus respuestas del ejercicio del capítulo uno y piensa en lo que ocurre cuando tienes estas reacciones impulsivas. En tu cuaderno, escribe el desencadenante que precede a la reacción impulsiva. ¿Cuáles son las situaciones o acciones que provocan tu reacción impulsiva? ¿Te autosaboteas, te evades o atacas? Por ejemplo, el autosabotaje puede estar relacionado con el desencadenante de sentir que alguien te critica. Si atacas, el desencadenante podría ser la sensación de no ser escuchado. Esta es otra forma de determinar algunos de tus desencadenantes. Supón que has identificado que te cierras y pones mala cara cuando no te sientes escuchado o reconocido. ¿Qué te recuerda esto de tus primeros años de vida? Tal vez intentabas llamar la atención de tu madre o tu padre y te ignoraban, te hacían callar o te rechazaban. Piensa en cómo se manifiesta esta parte herida en tu vida adulta. ¿Este comportamiento se produce en tu relación principal, con los amigos o con los compañeros de trabajo? Cuando se desencadena de esta manera, ¿te quedas en silencio? ¿Cómo te sientes cuando esto ocurre? Ahora piensa en lo que quieres decir o hacer cuando se desencadena este dolor. Tal vez te calles o quieras gritar y correr de un lado a otro. ¿Deseas gritar para que te escuchen? ¿Reaccionas gritando y enfureciéndote? ¿Coincide esta reacción impulsiva con la edad de la herida que has identificado antes? Guarda tus respuestas para utilizarlas en otro ejercicio más adelante en el capítulo.

Cuando llegué a la edad adulta, cada vez que alguien a mi alrededor se enfadaba, estaba fuera de control o yo me encontraba en una situación caótica, la edad de mi herida, mi pequeño yo de diez años que estaba atrapado en esa bola de nieve, volvía a recordar mi hogar de la infancia y se asustaba y reaccionaba. Me cerraba, intentaba ser perfecto y trataba de controlar mi entorno. En otras palabras, hacía las mismas cosas como adulto que un niño de diez años. Una vez que se desencadenaba esta reacción, mi yo niño usurpaba el puesto de mi yo adulto y tomaba las riendas de la situación. Todo esto ocurre inconscientemente hasta que identificamos los desencadenantes, vemos los patrones y sanamos al niño interior perdido. Dedica ahora un momento a conectar con tu interior y observar las formas en que tu niño interior herido ha intentado comunicarse contigo a lo largo de los años. ¿Cómo ha reaccionado esta parte cuando se ha vuelto a activar tras sentir miedo, temor, terror, traición o dolor? Estos comportamientos y reacciones impulsivas seguirán produciéndose hasta que consigas relacionar los desencadenantes con la herida emocional.

Si lograste identificar algunos de tus desencadenantes con estos ejercicios, genial. Si no, no pasa nada. A medida que avancemos, te comprenderás mejor y conocerás los desencadenantes que activan a tu niño interior herido, y todo se aclarará.

En la sección que viene a continuación empezarás a dialogar y a desarrollar una conexión con tu niño interior herido y perdido. Esta parte de ti está enterrada en lo más profundo, pero, como ya has aprendido, sigue saliendo para protegerte cuando se activa y luego vuelve a quedarse dormida, esperando el siguiente desencadenante.

Tu siguiente objetivo es conectar con esa parte para que deje de estar aislada, marginada y anulada. A través de este proceso estás aprendiendo a identificar esta parte herida de ti mismo para poder desarrollar una conexión con ella. Una de las formas de ponerte en contacto con esta parte herida es escribirte *cartas sanadoras* a ti mismo. Pero primero veamos la historia de Judith.

Caso real: Judith, una adolescente rechazada

Judith, de cuarenta años y madre de una niña y un niño, tenía una familia cariñosa y excelentes amigos, pero era infeliz y se criticaba a sí misma. Me dijo que su infancia había sido estupenda, que procedía de un hogar cariñoso y que nunca había sufrido traumas ni le había sucedido nada grave en su infancia. Le pregunté de dónde creía que procedían su diálogo interno negativo y su autocrítica, ya que no había nacido con esos mensajes. Dijo que no lo sabía, que «por lo que recuerdo, todo estaba bien». Judith fue a la universidad, se casó, consiguió un trabajo y tuvo hijos.

Sin embargo, en el fondo, siempre tenía la sensación de que algo fallaba; esto se manifestaba en la idea que tenía de sí misma y en la forma en que se relacionaba con los demás. Por mucho éxito que tuviera y por mucho que su marido y sus hijos dijeran que la querían, dudaba de su capacidad, se sentía indigna, se menospreciaba y se preguntaba qué pensaban los demás de ella. Era crítica y exigente consigo misma, y nunca era capaz de relajarse tranquilamente. Estaba siempre esforzándose al máximo para demostrar que valía.

Judith vino a verme y comenzó el proceso HEAL. Le pedí que escribiera cuáles eran las herramientas de respuesta emocional herida y respuesta funcional que aprendió en la infancia y los límites que establecía consigo misma y con los demás. A continuación, describió su diálogo interno e identificó de dónde procedía cada idea o creencia negativa sobre sí misma. Escribió su línea de tiempo desde el nacimiento hasta los veinte años, para poder ver la cadena de acontecimientos que contribuyeron a su sensación de baja autoestima y discurso interno negativo. Fue entonces cuando se reveló la edad de su herida.

Aunque Judith no había experimentado ningún acontecimiento traumático, sí que ocurrieron algunos acontecimientos que la dejaron profundamente decepcionada y afectaron a cómo se sentía sobre sí misma. Cuando tenía quince años, ella y sus mejores amigas hicieron una prueba para el equipo de animadoras, y todas las chicas fueron elegidas excepto ella. Vivió esta experiencia como un rechazo, lo cual afectó profundamente a su sentido de la autoestima y la identidad. Sentía que había algo malo en ella y se volvió más dura consigo misma, autocrítica y tremendamente exigente.

Se inventaba historias sobre por qué no la habían elegido y sobre lo que las otras chicas pensaban de ella. «¿Les seguiré gustando? ¿Por qué no me llamó Joanna? ¿También me ha dejado? ¿Qué he hecho mal? ¿Qué puedo hacer para gustarle?». El rechazo que Judith sintió por esta experiencia fue una herida importante que le hizo desarrollar una profunda inseguridad y desconectarse de su auténtico yo.

A este rechazo inicial se unió el hecho de que su madre, que era una perfeccionista, le exigía más de lo que podía dar de sí. La seguía de un lado a otro para asegurarse de que su habitación estaba a punto y de que había hecho los deberes y las tareas domésticas. Le gritaba si algo estaba fuera de lugar o desordenado. Judith empezó a pensar: «Soy estúpida. Tenía que haberlo sabido. ¡Menuda tontería he hecho!». Su diálogo interior negativo se afianzó y su madre, que le señalaba todo lo que hacía mal, pero rara vez lo que hacía bien, reforzó esta manera de hablarse a sí misma.

Aunque tenía un hogar cariñoso, este nivel de perfeccionismo era una carga. Como no se creía lo suficientemente buena, desarrolló sentimientos de inseguridad. Se inventaba historias de que sus amigos no la querían, y su madre confirmaba estas ideas de rechazo cuando Judith no realizaba las tareas a la perfección. Para hacer frente a su agitación emocional, desarrolló las herramientas de respuesta emocional herida del perfeccionismo, las conductas de control, el tratar de adivinar lo que los demás pensaban, sobrecompensación* y desconfianza.

Al llegar a la edad adulta, el yo de Judith de quince años llevaba consigo la herida de la vergüenza. Cuando se sentía excluida o imaginaba que sus amigos no la querían, esta parte herida se imponía a su yo adulto. Se pasaba horas cada día tratando de

* N. del T.: Término introducido en la psicología por Alfred Adler. La sobrecompensación consiste en corregir de forma exagerada un defecto real o imaginado, físico o psíquico.

adivinar lo que pensaban de ella, contándose historias y preguntándose: «¿Le caigo bien? ¿Está enfadada conmigo? ¿Por qué no me ha devuelto el mensaje? ¿Por qué no me ha invitado?». Luego enviaba mensajes de texto en los que preguntaba: «¿Sigues siendo mi amiga? ¿Te ha pasado algo conmigo? ¿Qué puedo hacer para mejorar esto?». Su yo adulto sabía que eso era ridículo, que tenía buenas amistades, pero le seguía preocupando el rechazo. La edad de su herida seguía avanzando, buscando frenéticamente que le asegurasen que estaba bien.

El yo adulto y responsable de Judith acababa teniendo que arreglar el desorden que su inseguro yo de quince años había provocado. Llegaba un momento en que se recuperaba, se centraba y volvía a ser una adulta. Miraba una vez más los mensajes o las llamadas que su yo herido había hecho y se sentía avergonzada e infantil por haberse comportado así. Esto le hacía sentir aun más vergüenza y no entendía por qué repetía ese comportamiento una y otra vez.

Gracias a los ejercicios de autoexploración del proceso HEAL, Judith descubrió los patrones emocionales y de pensamiento que había desarrollado en la infancia y cómo estos habían sentado las bases de sus sentimientos de inseguridad y de ser menos que los demás. Entendió de dónde procedían sus reacciones impulsivas y sus herramientas de respuesta emocional herida, y se sintió preparada para desprenderse de ellas y desarrollar herramientas maduras y funcionales.

Ahora, al tener una mayor conciencia de sí misma, Judith estaba lista para conectar con su yo de quince años. Después de descubrir la edad de su herida y de examinar cómo le afectaba el control de su madre, escribió una serie de cartas sanadoras de su yo herido menor de edad y a esa parte herida de su yo adulto. (En breve aprenderás a escribirte estas cartas). Por medio de las cartas empezó por fin a reconocer y escuchar a su yo más joven y el dolor que este arrastraba.

La niña interior herida de Judith le mostró todos los sentimientos que habían quedado atrapados en el tiempo. Durante el intercambio epistolar, salió a la luz la información de las heridas emocionales, que fue examinada, retenida y observada, y su yo herido adquirió una perspectiva más amplia. Este yo juvenil empezó a ver que no había nada malo en ella, que esta era solo una fantasía basada en una serie de acontecimientos.

Judith vio cómo estos acontecimientos de la infancia contribuían a un falso sentido del yo, su falsa narrativa, y lo apoyaban. Comprendió que su madre solo estaba siendo ella misma, pero también que sus propios problemas influyeron en gran medida en las inseguridades de Judith, a su necesidad de control, a su desconfianza en sí misma y en los demás, y a su creencia de que no era lo suficientemente buena.

Por medio del trabajo consciente, su diálogo interior negativo disminuyó mucho y también desaparecieron las historias que se contaba y su obsesión por saber lo que pensaban de ella los demás. Con el tiempo, desarrolló una mejor imagen de sí misma. Aprendió a utilizar las herramientas de respuesta emocional funcional de respirar profundamente, calmarse, hacerse un cumplido sincero y relajarse, aunque su casa no estuviera lista para una exhibición. Conforme hacía este trabajo de curación, su marido la notó menos enfadada y más relajada. Judith aprendió a no descargar su ira con sus hijos y a hacerse cargo de sus propios problemas. Todavía se enfada con sus hijos, pero ahora tiene una mejor perspectiva de las cosas. Ya no se pierde en su herida infantil interior representando una y otra vez los viejos dramas de su infancia. Está aprendiendo a ser más amable con ella misma, en primer lugar, y también con los demás.

Hoy Judith siente más libertad en su vida. Y también siente que es más ella misma, porque está recuperando su poder. Su marido está agradecido por su trabajo de sanación y ve que ya no tiene los comportamientos nerviosos e inseguros de antes.

Escríbete cartas sanadoras

Escribirte cartas sanadoras es una forma estupenda de reflejar inmediatamente tus sentimientos y conectar con tu parte herida. Esto se hace dejando fluir los pensamientos, es decir, de forma rápida y sin retocar lo que estás escribiendo ni juzgarlo. Con este estilo desenvuelto de escritura, te sientas y lo sacas todo sin detenerte mucho a pensar o darle vueltas a lo que vas a escribir. La herida interior quiere ser reconocida y escuchada, y este proceso es una forma estupenda de conseguir ambas cosas. Recuerda que estás escribiendo estas cartas exclusivamente para ti.

El objetivo principal de esta correspondencia es conectar con la parte bloqueada de ti que lleva la herida. Una vez que establezcas esta conexión, empezarás a ver, oír y sentir cómo se manifiesta la herida en tu vida adulta. Las cartas crearán un puente que sacará tu herida enquistada a la luz del día.

El proceso parece sencillo, y lo es; sin embargo, cumple muchos propósitos a la vez y funciona a distintos niveles. Tras haber escrito las primeras cartas, podrás conectar con tus sentimientos de una forma diferente a cuando te limitas a pensar o expresar los pensamientos verbalmente. Te estarás dando permiso para expresar plena y libremente emociones que han estado reprimidas o sin expresar durante mucho tiempo. Escribir cartas proporciona una salida segura para esta energía contenida y bloqueada.

Poner la pluma sobre el papel nos permite acceder a una parte profunda de nuestro ser. El movimiento cinético crea un puente entre el consciente y el subconsciente. Cuando utilizamos nuestra motricidad fina para escribir lo que sentimos, le estamos dando al corazón una vía para liberar las emociones reprimidas.

Una vez que plasmamos nuestros pensamientos y sentimientos sobre el papel, podemos confrontarlos y aprender a relacionarnos con ellos de otra manera. Esto requiere un gran valor, y por eso muchos postergan este sencillo ejercicio. Sin embargo, tu proceso te ha llevado hasta este punto y ya no puedes seguir negando que en la infancia sucedieron acontecimientos que aún te afectan como adulto.

Por favor, recuerda que estas cartas son una forma de escritura centrada en ti; no están destinadas a nadie más. Por ahora, guárdalas, ya que las revisarás en el capítulo ocho.

Con humildad, me rindo a mis propios sentimientos.

Carta de tu yo infantil a tu yo adulto

La primera carta que escribas vendrá de una parte más joven y herida de ti y estará dirigida a tu yo adulto. El objetivo de esta correspondencia es sacar a la luz el dolor, la confusión, la incomprensión, la distorsión y todas esas falsas historias que arrastra consigo el yo infantil. Al fin y al cabo, es esta falta de perspectiva lo que mantiene al yo de menor edad atascado y siempre en guardia. El objetivo de este intercambio epistolar es mostrar claramente los problemas que existen y explicar cómo han llegado a crearse. El yo adulto responsable tiene entonces la oportunidad de responder, aclarar los malentendidos y entregarle al yo más joven el amor, la aprobación, la confianza y el respeto que nunca ha tenido.

He llegado a la conclusión de que es más eficaz que la primera carta la escriba el niño interior, porque es en esa parte donde se acumula el dolor, y el niño interior revelará las heridas emocionales para que el yo adulto las aborde al responder esa carta.

Antes de empezar a escribir, puede ser útil leer un ejemplo. La siguiente es una carta de mi yo niño a mi yo adulto.

Querido yo adulto:

Tengo diez años y estoy agobiado y triste. Parece que mamá y papá se pelean todas las noches y no sé qué hacer. ¡No sé por dónde tirar! Estoy cansado, asustado y me duele la barriga. He procurado ser bueno, ser perfecto, pero eso no ha servido de nada. Solo quiero rendirme o escapar, porque ya no sé qué hacer con todo lo que siento.

Estoy siempre pendiente de cómo se sienten mis padres, para no hacer ni decir nada que les moleste. Pero es confuso porque unas veces son cariñosos y divertidos, y otras se pelean los dos y me gritan. Yo también quiero gritar o ser invisible.

No entiendo nada. Me encierro en mi habitación y lloro en la almohada; no quiero que me vea nadie. Me gustaría irme y esconderme. No puedo con esto. No sé qué hacer, y me siento dolido y solo, completamente solo. Nadie me va a querer nunca, no me lo merezco, porque hago cosas malas y ellos están disgustados conmigo. Estoy triste y furioso.

Mientras escribía esta carta desde mi yo de niño, no podía evitar que las lágrimas me rodaran por las mejillas y el rostro se me enrojeciera por una mezcla de tristeza, frustración, ira y rabia. A duras penas podía descifrar mi propia letra porque escribía a trazos furiosos y rápidos que parecían garabatos.

Al escribir estas cartas, di voz a mi yo infantil. Por fin había conseguido ver, oír y sentir la profunda angustia que llevaba arrastrando todos esos años. Una de las conclusiones a las que llegué fue que mis partes heridas más antiguas se manifestaban en mi vida adulta en forma de intentos de controlar a los demás y me hacían sentirme inferior y muy solo, mientras que mi ira se expresaba en una actitud de resistencia llena de agresividad.

Al expresar por escrito lo que sentía, empecé a sentir un cambio y una liberación. Estaba aprendiendo a describir esos sentimientos que llevaban tanto tiempo dentro de mí y me sentía agradecido por poder sacarlos. Reconocía todas las sensaciones que habían quedado atrapadas y, al hacerlo, podía dejar de utilizar las reacciones impulsivas que estaban afectando negativamente a mi vida adulta.

No te detengas a pensar en lo que vas a escribir antes de comenzar a hacerlo. Esta es una experiencia inmersiva y reflexiva, en la que vas a dejar fluir las palabras de forma natural. Tu niño interior tiene mucho que decir, así que no es necesario darle un guion. El yo infantil expondrá sus emociones claras, que se convertirán en la hoja de ruta para la carta de tu yo adulto como respuesta. Para escribir esta primera carta de tu yo más joven, tienes que meterte en tu cabeza y en tu corazón a la edad de la herida. En otras palabras, empieza a recordar lo que ocurría en esa época, dónde vivías, quién estaba allí contigo, cuál era tu estado de ánimo y, sobre todo, qué sentías. Conectar con algún dolor emocional aquí es una parte clave de este proceso. Si mantienes estas cartas en un nivel superficial, no obtendrás los resultados que deseas. Date permiso para sacar la herida, el dolor, la ira, la tristeza y la frustración que viven dentro de ti y en esta parte lastimada.

Poner la pluma sobre el papel establece una profunda conexión con tu memoria emocional subconsciente. Hay algo en la formación de las letras, las palabras y las frases con el bolígrafo en la mano que desbloquea los recuerdos emocionales enterrados en lo más profundo de tu ser mientras describes el dolor. Puede que tu yo infantil se muestre escéptico ante este primer intento, así que no pienses que se va a producir un gran avance de golpe. La primera carta sentará las bases y te preparará para profundizar en las siguientes.

Tu turno

Busca un lugar tranquilo para realizar esta tarea. Si no puedes encontrar un rincón tranquilo en casa, sé creativo. ¿Hay un lugar apartado o un jardín en el que puedas sentarte para tener intimidad? Antes de empezar a escribir, lee las instrucciones para no tener que detenerte en medio de la escritura.

Comienza con una hoja en blanco. Revisa tu línea de tiempo e identifica la edad específica de tu herida y el acontecimiento sobre el que quieres escribir. Cierra los ojos y empieza a pedir a esa parte herida que describa cómo se siente. Ve conectando con tu niño interior herido y perdido. Las siguientes preguntas pueden ayudarte a visualizar el escenario:

- ¿Qué edad tiene esta parte de ti?
- ¿Qué ocurría en la casa?
- ¿Quién estaba allí?
- ¿Qué sensación tenías, qué sonidos y olores había?
- ¿Qué sucedía?
- ¿Qué sentías?
- ¿Cuáles son los secretos que esta parte ha estado guardando?
- ¿Cuáles son las profundas y graves heridas que arrastra esta parte?
- ¿Qué quiere decirle tu yo infantil a tu yo adulto responsable?

Cuando estés preparado, empieza a escribir. No pienses, simplemente escribe. Sigue moviendo el bolígrafo o el lápiz y deja salir lo que surja. No es necesario que tenga sentido y ni siquiera tienes que ser capaz de leerlo. Escribe rápida y frenéticamente; no lo corrijas ni te preocupes por tener buena letra. Déjate arrastrar por el fluir del momento. (A veces me preguntan si se puede escribir esta carta con ordenador, y desde luego que sí, pero hay una diferencia entre las dos maneras de escribir. Prueba ambas para ver cuál te da resultados más profundos).

Transfiere tus sentimientos y pensamientos al papel. Escribe todo el tiempo que haga falta. No pares hasta que sientas que has dicho lo que querías decir. Si queda algo más dentro de ti, sigue hasta que no se te ocurra nada más que tu parte herida quiera o necesite decir. No te precipites en el ejercicio ni pienses que tienes que pasar rápidamente a la siguiente parte del proceso. Sé paciente contigo mismo en este momento; presionarte a lo largo de la tarea no va a hacer que te cures antes.

La escritura de cartas te ayudará a empezar a entender cómo se siente y habla esta parte herida, y a identificar cuándo aparece en tu vida adulta. Una vez que logres reconocer lo que hace y dice tu parte herida y lo que lo desencadena, entonces podrás abordar tus reacciones impulsivas en el mismo momento en que se produzcan.

Si te cuesta escribir desde la perspectiva de tu yo infantil, prueba a describir los acontecimientos hirientes de tu infancia como si le estuvieras escribiendo a un amigo o a alguien que no conoces. La clave consiste en conectar con las emociones relacionadas con la situación; eso te ayudará en el siguiente paso, cuando tu yo adulto te responda.

Carta de tu yo adulto a tu yo infantil

Ahora estás preparado para que tu yo adulto conecte con tu yo de menor edad. Lo ideal es que tu yo adulto se muestre cariñoso, atento y cuidadoso. Al fin y al cabo, acabas de escuchar a tu yo infantil revelar todas las emociones dolorosas que ha estado reteniendo durante tantos años.

Como ya sabes, tu yo adulto responsable es la parte de ti que ha madurado, paga las facturas y cumple con las obligaciones de ser un adulto en el mundo. Es tu parte con los pies en la tierra. Tu yo más inmaduro necesita que tu yo adulto protector y responsable le diga que establecerás límites firmes y que puedes manejar aquello que ha creado las heridas y los desencadenantes. Si el yo infantil no te cree, o si no creas límites sólidos, no será capaz de dejar de lado sus herramientas de respuesta emocional herida.

Lo mismo que antes, te resultará útil ver un ejemplo de esta carta escrita. La siguiente es la respuesta de mi yo adulto a mi yo infantil.

Querido pequeño Bobby:

Te quiero mucho y estoy muy orgulloso de lo mucho que has trabajado para intentar mejorar las cosas para mamá, papá y tu hermana. Sé que la situación es muy confusa para ti ahora mismo. Aunque sé muy bien que quieres arreglarlo todo, hacerlo mejor y ser perfecto, eso no te corresponde a ti. Lo que tú tienes que hacer es portarte como un niño de diez años, ser un buen hermano mayor para tu hermana, salir a jugar con tus amigos, hacer tus tareas y divertirte. Mamá y papá y toda la familia te quieren más de lo que imaginas y más de lo que son capaces de expresar a veces.

Cuando te sientas perdido, cansado y triste, debes saber que yo te veo perfecto, entero y completo. Aunque te sientas perdido, formas parte de una familia grande y cariñosa que a veces está un poco loca, pero en la que hay mucho amor. Quiero que sepas que papá te grita porque está asustado y lleno de dolor. No sabe cómo expresar sus sentimientos de una buena manera, y luego, cuando bebe más de la cuenta, se pone a vociferar y da miedo. Solo tienes que saber que te quiere y que cuando seas mayor, vas a poder apreciar y recibir su amor y respetarlo por el hombre que es.

Sé que lloras hasta quedarte dormido por la noche y que tienes dolores de barriga por la tensión, y que te sientes triste y sin saber qué hacer la mayoría de los días. Con el tiempo podrás expresar tus sentimientos y ser escuchado, y te darás cuenta de que mereces la pena. Empezarás a confiar en ti y en tus sentimientos, y ya no tendrás que ser perfecto para que te quieran y para mejorarles la vida a los demás.

Mamá va a estar bien. Sé que intentas ayudarla cuando parece triste o preocupada. Sé que piensas en cómo está y en lo que puedes hacer para mejorar las cosas. Tal vez te cueste entenderlo ahora, pero se está esforzando, igual que tú, por mejorar las cosas. Estás aprendiendo de ella a ser amable, cariñoso y compasivo, y a suavizar las cosas cuando papá u otras personas se enfadan.

Quiero que sepas y sientas en tu corazón que estoy aquí para ayudarte. Estoy aprendiendo a establecer límites para protegerte a ti y a mí como adulto. No tienes que esforzarte tanto en protegerme, no tienes que ser perfecto ni hacer que los demás se sientan mejor; tampoco tienes que resolverles sus asuntos. Déjame protegerte como el hermano mayor que siempre quisiste que te cuidara. No estás solo.

Te quiero.

Tu yo adulto

Respira profundamente. ¿Qué sentiste al leer esta carta? ¿Qué sentimientos surgieron? Presta atención a esas emociones, pues son pistas que te ayudan a conocerte mejor a ti mismo y a tus heridas.

Puedes ver los mensajes constantes de amor en mi carta al pequeño Bobby. Mi yo adulto y responsable le asegura que los límites que establezco son firmes y que está bien tener sentimientos. Cuando escribas tus cartas, puedes escribir sobre los acontecimientos que estaban ocurriendo para establecer un contexto, pero céntrate en lo que sentías en ese momento. El yo niño herido necesita tener una validación emocional para comenzar el proceso de curación. Al hacerlo, tu niño interior empezará a confiar en ti, a saber que estarás ahí y que no abandonarás esta parte. Resiste el impulso de reprender, criticar o decirle al niño interior herido lo que debería hacer o lo que hay que hacer para arreglarlo todo. Esta parte ya ha trabajado horas extras para intentar mejorar esta situación fuera de control. Lo que necesita ahora es reconocimiento, amor, amabilidad y validación.

Antes de pasar a la siguiente redacción de una carta, he aquí otro ejemplo de carta del yo adulto al yo niño que una paciente me dio permiso para compartir.

Querida Becky:

Por alguna razón nunca te has creído lo bastante buena, guapa o inteligente. Estoy aquí para decirte que te equivocas. Hay todo tipo de razones por las que te sentías así: ser adoptada, tener un aspecto diferente, unos padres que no encajaban y un hermano que era impopular y tenía sus propios problemas, además de tener amigos que no sabían ser buenos amigos. Veo tus dificultades, tu tristeza y tu soledad, pero no hay razón para preocuparse: sé que crecerás y que, con algo de ayuda, te sentirás mejor contigo misma.

Sé que tus amigos no siempre te tratan bien. Que no logras entenderlo y que a veces piensas que hay algo que falla en ti. Pero no es cierto.

Todas tus vivencias dieron forma a quien eras y a quien soy hoy. Esas experiencias me hicieron ver quién soy y quién quiero ser. Aunque he pasado años ignorando tus sentimientos y apartándolos de mi vista, te aseguro que ahora podré acercarme más a la persona que quiero ser para mí, mi familia, mis hijos, mi comunidad y mi mundo.

Veo lo mucho que te esfuerzas y lo mucho que quieres complacer a los demás. Como soy mayor, estoy aprendiendo a cuidar de mi yo adulto a través de mis palabras y acciones. A su vez, esto te ayudará a sentirte más fuerte y segura. Estás aprendiendo, evolucionando y creciendo. Hice esta afirmación para nosotras:

Confío en la evolución de mi vida y estoy exactamente donde debo estar.

Con cariño,

Yo

La carta de Becky conecta con el yo infantil interior herido que aún está atrapado en los sentimientos e ilusiones disfuncionales de su juventud. Su yo adulto atraviesa el tiempo y se extiende emocionalmente para conectar con esta parte herida. Aborda algunas de las dificultades de esa época y hace hincapié en lo que está ocurriendo emocionalmente.

La parte herida de Becky se manifiesta en su vida adulta a través de una baja autoestima, que la hace cerrarse emocionalmente, evitar la confrontación y sentirse sola y aislada. La carta es una invitación a su yo más joven a dejar de aferrarse a la herida, porque su yo adulto está aprendiendo a cuidarse y a ponerse límites. Está tratando de darle perspectiva a las emociones y a la situación.

Cuando escribas tu primera carta de adulto, puede que no sepas por dónde comenzar. Si este es el caso, empieza por describir la situación que tu yo menor escribió en la primera carta. Utiliza las mismas palabras de sentimiento que utilizaba tu yo menor. El lenguaje que empleas con tu yo infantil tiene que ver con la aprobación y el reconocimiento emocional.

Una vez que sepas el tipo de lenguaje que debes usar y lo que quieres reconocer, estarás preparado para escribirle a tu niño interior. Háblale de la situación, dile que la conoces y sabes lo dolorosa que fue. Que estás al tanto de sus heridas y su tristeza y sabes que esa parte infantil fue traicionada, por ejemplo. Tal vez recuerdes cómo te hubiera gustado en aquellos momentos que alguien mayor te explicara las cosas. Esto es lo que harás al escribirle esta carta a tu yo más joven.

Antes de empezar a escribir, ten en cuenta los elementos clave que la parte herida necesita saber, oír y sentir de tu yo adulto:

- Reconoce todo el dolor y la herida que acarrea consigo esta parte y valida los sentimientos específicos de esa época.
- Hazle saber a esta parte que no la abandonarás ni la ignorarás hasta que esté curada e integrada con tu yo adulto.
- Asegúrale que protegerás todas las partes de tu niño interior herido estableciendo límites claros para ti y para los demás.

Tu turno

Como antes, busca un lugar tranquilo para escribir esta carta. Siéntate en silencio durante uno o dos minutos y respira profunda y relajadamente. Empieza con una hoja de papel en blanco. Comienza la carta con «Querido niño...». Dile a tu niño interior lo que sabes que anhela oír. Dile a esta parte que la estás atendiendo.

Es posible que tu niño interior necesite que lo tranquilices mucho, sobre todo si ha crecido en un hogar muy desequilibrado o ha sufrido múltiples traiciones o traumas graves. Si este es el caso, tu niño interior estará blindado. Esta parte aprendió a protegerse y puede que no confíe en ti por más que le digas que todo irá bien. Ten paciencia, ya que esta herida ha estado ahí durante años y va a llevar algún tiempo cicatrizarla.

Sobre todo, no te detengas ni te cierres. Estás en una parte crucial de tu viaje de curación. No dejes colgado a tu yo infantil después de que este haya desnudado su alma. Escribe desde un espacio de bondad amorosa, comprensión y compasión por esta parte sabia de ti.

Escribir estas cartas es un trabajo duro. Tras escribirlas, sal a dar un paseo, conecta con la naturaleza y bebe mucha agua. Estas acciones son grandes ejercicios de enraizamiento y te ayudarán a sentirte más firme dentro de ti, especialmente después de haber procesado un profundo dolor emocional.

Para avanzar en el proceso

Una vez que hayas escrito unas cuantas cartas de ida y vuelta con tu yo menor de edad, pregúntate si esa parte herida de ti está cambiando en tu interior. ¿Está evolucionando o transformándose? ¿Se están moviendo un poco las cosas para que empieces a tener una perspectiva diferente? ¿El acontecimiento sigue pareciendo tan intenso como antes? ¿Las emociones se están relajando o siguen igual? Revisa tu línea de tiempo y tus valoraciones de la escala de respuesta emocional. ¿Las valoraciones siguen siendo las mismas o han disminuido?

Si las cartas no crean ningún cambio en tu interior, quizá tengas que profundizar más y ser más sincero con la escritura. Si lo mantienes todo en un nivel superficial y no profundizas en tu interior para encontrar el dolor, no tendrás mucho movimiento con este ejercicio. Si te resistes a profundizar, examina esa cuestión. ¿No quieres volver a sentir el dolor? ¿Tienes miedo a no saber cómo será tu vida en el futuro, si curas el dolor? Sé amable contigo. Obsérvate y no te juzgues.

Quizá una de las dificultades con las que te encuentres es que todavía estás aprendiendo a poner límites y aún no se te da bien, así que no estás seguro de cómo calmar a la parte herida. No pasa nada. Lo que veo con más frecuencia es que la parte herida solo quiere que la escuchen y la acepten. Puede que en lo que respecta al establecimiento de límites tengas que fingir un poco antes de lograrlo, pero mientras sigas adelante con el intercambio de cartas y seas fuerte y cariñoso contigo mismo, estarás progresando.

Otro reto es que es posible que aún sigas sintiendo lo mismo que cuando eras niño, por lo que no creerás que puedas escribir todavía tu carta de adulto porque el dolor que sientes de mayor es un reflejo de lo que sentías cuando eras niño.

O puede que te preguntes cómo puedes tranquilizar a tu yo infantil cuando ni siquiera sabes si todo se arreglará o no. Recuerda que sí sabes los resultados de la historia de tu vida hasta ahora, porque estás aquí leyendo este libro y haciendo esta tarea.

Seguramente no será todo perfecto, pero lo que ocurría en tu infancia ha cesado. Tienes las cicatrices de la batalla de esa época; sin embargo, esas experiencias que te hacían daño ya no ocurren. Si no estás seguro de qué palabras utilizar, te recomiendo que escribas las cartas de los adultos con las palabras y las intenciones de un profesor o tutor respetuoso, cariñoso y amable que conociste en tu infancia. Llénate de esta energía fuerte y cariñosa y luego pon en palabras lo que la parte herida necesita oír.

Todos los niños quieren oír que las cosas van a ir bien. Tal vez el adulto no siempre sepa si de verdad va a ser así; no obstante, él es el portador de esa fuerza esperanzadora para el niño. Por eso, porque hará todo lo posible para que el niño esté bien, puede asumir la responsabilidad de decirle que la situación va a mejorar. Esa es su intención más elevada.

Una vez más, sé amable contigo mismo. El proceso de abrir caminos interiores que no has desvelado durante años es mágico. Se trata de un viaje a un lugar familiar que ha estado en la oscuridad durante mucho tiempo. De aquí surge un manantial de emociones, pero tienes que darte permiso para ser vulnerable y tocar este tesoro.

Caso real: cartas de Jason, un adolescente

Jason es un hombre de cuarenta y tres años, casado y con hijos. Vino a verme porque no se sentía realizado en su matrimonio.

Él y su mujer no tienen intimidad emocional. Él evita las discusiones y a veces le miente para salir de cualquier conflicto. Jason me ha dado permiso para compartir sus cartas de sanación. Lo que sigue es un intercambio de ida y vuelta entre su yo herido de catorce años y su yo adulto responsable. La primera es de su yo joven.

Hola, yo mayor:

Han pasado muchas cosas últimamente. Uno de mis mejores amigos murió en un accidente de coche. Su hermano mayor conducía borracho. Chocaron con otro coche, se desviaron de la carretera y se estrellaron de frente contra un árbol. Mi amigo y otro de los que iban en el coche murieron. No sé ni qué decir. Me siento totalmente trastornado, como si esto no fuera real. Pero ha muerto, y ahora hay un agujero en mí.

Salíamos casi todos los días. Habíamos hablado de hacer una banda. Incluso compró una batería y encontró una guitarra acústica vieja y me la regaló. Ahora la banda nunca se hará.

Mi familia parece entender lo que me pasa y me deja en paz, pero nunca hablamos de ello. Supongo que no saben qué decir. Siento que se limitan a mirarme y a preguntarse qué voy a hacer. Aún me queda mi otro mejor amigo y también los amigos con los que salgo. Casi siempre nos sentamos y bebemos y fumamos y hacemos lo que sea. Por eso, y porque no le hacía caso a mamá ni respetaba sus reglas, me hizo mudarme con papá. Esto significa que ya no podré ir al instituto con mis amigos.

Voy a este nuevo colegio donde todos se conocen menos yo. Voy por los pasillos como si fuera un fantasma. Miro a mi alrededor y veo a la gente pasándoselo bien, a los chicos hablando con las chicas y demás. Hablo con algunos y me hago el duro, trato de aparentar que lo tengo todo bajo control. Pero la verdad es que me siento muy solo y asustado todo el tiempo, y me da rabia tener que pasar por esto. Cada vez que puedo, salgo con mis amigos de antes. Al menos todavía puedo hacerlo, a veces. Vivir con papá tiene su lado bueno y su lado malo. Lo bueno es que me siento bien por poder pasar por fin mucho tiempo con él. Parece que ahora sí le importo, y pasamos buenos ratos, pero todavía me siento enfadado, triste y solo muchas veces.

Sigo encerrándome en mi cuarto y compadeciéndome de mí mismo. A veces estoy tan mal que lloro hasta que me quedo dormido por la noche, y desearía ser otra persona. No sé por qué siento con tanta fuerza que hay algo malo en mí, pero me duele. Tengo la sensación de que nadie lo entiende y de que no hay nada que hacer. Parece que debo seguir con la vida como si todo estuviera bien. Lo único que puedo hacer es intentar estar solo o salir con mis amigos y beber o fumar hierba o hacer cosas que me meterían en problemas si me pillaran. ¿Mejorará la vida? ¿Me sentiré bien alguna vez?

En la respuesta adulta de Jason, fíjate en lo cariñoso y comprensivo que es con su parte juvenil.

Querido yo de catorce años:

Has perdido a alguien que era muy importante para ti, y eso es muy duro de asumir, sobre todo cuando parece que no hay nadie que te pueda ayudar.

Tu familia te quiere un montón y está haciendo todo lo posible para ayudarte. Haz lo que haga falta para sentir esa tristeza tanto como necesites sentirla. No hay necesidad de ocultarla ni de fingir que estás bien. Si a todo esto le sumamos que acabas de empezar en un colegio nuevo y no conoces a nadie, la verdad es que es una situación muy dura y complicada.

Tienes que felicitarte por no haber perdido la cabeza por completo. Date la enhorabuena por tener el valor de hacer lo que tienes que hacer.

Ten en cuenta que, aunque tu familia no sepa qué decir o hacer para mejorar las cosas, te quiere muchísimo. Ellos saben en el fondo de su corazón lo bueno que eres. Ahora eres tú el que tiene que creer que eres digno de recibir amor y cosas buenas en tu vida.

Con mucho cariño.

Tu yo adulto.

Me siento muy afortunado de que Jason me haya permitido compartir con vosotros sus cartas. Su correspondencia demuestra su naturaleza sincera y su íntima conexión con el dolor que llevaba su yo infantil. En su carta a su yo de catorce años, puedes oír el lenguaje de un hermano mayor o de un mentor. Es amable y claro con sus palabras y perspectivas. También tranquiliza a su yo más joven diciéndole: «Te escucho, te entiendo y sé que vas a estar bien». Anima a su parte más joven a no quedarse estancada, a sentir sus sentimientos, soltar parte del dolor y madurar emocionalmente.

Jason siguió escribiendo más cartas de ida y vuelta para ayudar a su niño interior herido a sanar y a acabar con algunos comportamientos que llevaba a cabo en su vida adulta y que estaban arraigados en su herida adolescente. Su parte más joven se manifestaba en su vida adulta mintiendo, evadiéndose, teniendo una actitud pasiva y agresiva al mismo tiempo, y aspirando a un control encubierto. Había probado otros tipos de terapias, pero ninguna de ellas llegó a la raíz del problema. Su objetivo ahora es sacar a la luz la herida para poder curarla con la madurez emocional arraigada del yo adulto.

Seguramente llegaste a sentir el dolor y la sinceridad de las cartas de Jason, que le marcaron el camino para que su yo más joven sanara. Establecer este tipo de conexión con tu yo menor también creará cambios emocionales en tu interior. Esa es la diferencia entre escribir una carta solo para hacer el ejercicio y escribirla con el fin de provocar un cambio duradero en tu interior.

Quizá te preguntes cuántas veces tienes que hacer esta escritura de ida y vuelta. La mayoría de la gente lo hace cuatro o cinco veces. Me parece que este número de intercambios es eficaz para ayudar a asimilar muchos de los sentimientos que el yo joven alberga y el yo adulto necesita abordar. Tus cartas pueden tener muchas páginas o una sola, pero te animo a que escribas algo más que unas pocas frases.

Si no sientes ninguna emoción y te limitas a exponer los hechos al escribir tus cartas, es señal de que necesitas salir de tu cabeza y pasar más tiempo tranquilo accediendo a tus emociones. Sigue con ello. (Consulta la lista de sentimientos en el apéndice A si estás atascado con las palabras y necesitas algunas indicaciones). Tu yo herido y menor tiene mucho que decirte. Cuando ese yo más joven se quede sin ganas de expresar el dolor a través de las letras, habrás liberado todo lo que pugnaba por salir y sentirás el cambio en tu interior.

¿Cómo te sientes ahora que has escrito las cartas? Durante los próximos días, fíjate en cómo aparece tu yo infantil en tu vida adulta. Vive tu vida y observa si puedes establecer algún nexo entre las emociones que sentiste durante los acontecimientos de tu línea de tiempo y las que sientes ahora. Aprende a escuchar esta parte más joven de ti. Presta atención a las palabras que utilizas para decirle a la gente cómo te sientes.

Fíjate en cuando haces una pausa antes de responder a una situación. Observa cuando no te sientes del todo tú mismo; esto indica que se está produciendo un cambio. Tómate un momento para reconocer que antes reaccionabas de una manera determinada a tus desencadenantes, pero que ahora ya puedes elegir cómo responder. Podrás determinar si el yo más joven se adelanta o si es tu yo adulto el que se hace cargo, poniendo límites y tranquilizando al yo herido de menor edad, asegurándole que todo va a ir bien. Recuerda que el yo más joven no va a dejar las herramientas de reacción impulsiva hasta que el yo adulto se haga cargo y proteja a todas las partes.

Evalúa tu progreso

Ya has hecho un gran trabajo de sanación profunda. Dediquemos un momento a hacer un inventario, evaluar tu progreso y ver cómo lo estás haciendo.

Te estás observando a ti mismo de formas distintas mientras determinas cuándo y cómo este yo herido más joven toma las riendas. Estás revisando tus cartas y escuchando lo que dice la parte de menor edad, viendo dónde se atasca y escuchando lo que esta parte busca, anhela y ansía. Cuanto más abordes estas necesidades emocionales básicas, más comenzará a sanar el yo infantil y a integrarse con el yo adulto, que es el objetivo final del proceso HEAL. Presta atención a lo que dice el yo menor y a cómo se comunica.

Puede que ahora veas que esta parte herida está triste, se siente sola, es infantil con las palabras o incluso es un malcriado. Es posible que veas cómo se manifiesta con rabietas o bien reteniendo o controlando. Sea cual sea la forma en que se manifieste tu herida, recuerda que es simplemente la manera en que intenta llamar tu atención. No es bueno ni malo. Permítete observar esto y sostenerlo, sabiendo que estás trabajando en la transformación de esta energía emocional dentro de ti.

EJERCICIO: DESARROLLAR HERRAMIENTAS FUNCIONALES PARA GESTIONAR LOS FACTORES DESENCADENANTES

Este ejercicio te ayudará a identificar con mayor claridad de dónde procede cada desencadenante, qué necesita para sanar y cómo elaborar un plan para utilizar las herramientas de respuesta funcional.

Saca tu cuaderno y revisa la lista de desencadenantes que anotaste en este mismo capítulo en el ejercicio anterior, «Identifica tus factores desencadenantes». Junto a cada desencadenante, escribe de dónde procede y qué necesita para curarse. Por ejemplo:

> Desencadenante: que me falten al respeto. Este desencadenante me molesta mucho. Proviene de no sentirme nunca escuchado/a o valorado/a. Esta parte necesita ser honrada y escuchada, y necesito establecer límites más sólidos con la gente.

Una vez que hayas identificado el origen de un desencadenante, elabora un plan para que tu yo adulto y responsable siga al mando. Por ejemplo, puedes llegar a un acuerdo con la parte herida infantil de que vas a tomar la iniciativa y ocuparte de toda esta herida ahora que tienes una buena idea de dónde vienen tus desencadenantes, cuáles son, cuáles son tus reacciones impulsivas a ellos y qué quieres hacer para sanar este ciclo con el proceso HEAL. Estás elaborando un conjunto de herramientas de respuesta funcional para añadirlas a tu caja de herramientas.

Esta lista de desencadenantes y tu caja de herramientas de respuesta funcional le ayudarán a tu yo adulto a recordar lo que tienes que hacer para cuidarte a diario emocionalmente. Cuanto más trabajes conscientemente en el desarrollo de nuevas herramientas funcionales y en el tratamiento de tus desencadenantes cada día, antes te saldrás de la danza disfuncional con tu herida. Es una práctica diaria que al principio tendrás que recordarte, pero una vez que adquieras el hábito, te parecerá natural.

Los cambios emocionales que estás experimentando en este momento son grandes, pero habrá momentos en los que aparezcan las sombras de tu dolor o herida emocional. Por ejemplo, puede que grites, actúes impulsivamente, tengas rabietas o estés de mal humor. No pasa nada por eso. Significa que la parte herida sigue reaccionando. Este trabajo no consiste en ser perfecto, sino en reconocer y discernir lo que te funciona y lo que no.

Después de haber respondido a una persona o situación, pregúntate si la respuesta fue la más razonable que podrías haber dado en ese momento. Mira bajo la superficie del dolor, la decepción y la herida para determinar la raíz de ese proceder. Si las emociones y las reacciones impulsivas siguen resurgiendo, puede que tengas que escribir más cartas para comprender mejor los orígenes de la herida. Ten paciencia y sigue adelante.

Es posible que, conforme llevas a cabo el proceso HEAL, tras abordar las necesidades de una parte dañada, otra salga a la superficie y, junto a ella, una segunda edad de la herida que dice: «Ahora me toca a mí».

Si empiezan a aflorar otras heridas, vuelve a escribir cartas con estos nuevos sentimientos dolorosos. Fíjate en el lenguaje que utiliza tu yo infantil o más joven para expresar los sentimientos y las experiencias de esa época, y luego tómate tu tiempo para responder de la misma forma amable que antes.

También es posible que resurja un problema que creías haber resuelto ya o que sientas que estás retrocediendo cuando aparecen estos viejos patrones y sentimientos. Esto no es más que la sombra de una vieja programación emocional que se presenta en un momento diferente de tu vida. Vuelve a aparecer porque necesitas examinar otro aspecto de esta dinámica. No es ni bueno ni malo, solo es una parte natural de la progresión de la curación. Si esto ocurre, repite el proceso HEAL que has hecho hasta ahora y aborda esta sombra.

Has explorado mucho sobre ti mismo en este capítulo: has creado tu línea de tiempo, calificado la intensidad de tus experiencias, determinado la edad de tu herida, comprendido los factores desencadenantes de esta y escrito cartas sanadoras de ida y vuelta con tu yo más joven. Si terminaste todos los ejercicios y procesos de este capítulo, ¡felicidades! Es un trabajo arduo. Si rehúyes algunos de ellos, también está bien. Esta resistencia no es más que miedo a lo desconocido. Sigue tu camino y haz el trabajo como puedas. Todo está en el momento y el orden adecuados. Vas por buen camino para sanar las heridas que sufriste durante la infancia. Ahora sabes mucho más de ti mismo que antes y te estás preparando para vivir una vida auténtica.

En el próximo capítulo comenzarás el trabajo de aprender a establecer límites sanos, una clave importante para sanar a tu niño interior perdido.

CAPÍTULO 6
Los límites

Quiérete más de lo que quieres a tus problemas.

—JEN SINCERO, *You Are a Badass**

Uno de los pasos más importantes que vas a dar mientras trabajas en el proceso HEAL es aprender a establecer límites saludables.

El objetivo del trabajo de este capítulo es que seas capaz de determinar claramente tu estado de límites contigo mismo y con los demás. A través de los ejercicios incluidos en él, determinarás cómo están estos límites y evaluarás dónde practicas límites funcionales sanos y dónde te los has saltado.

El establecimiento de límites saludables es una gran clave para que el proceso HEAL funcione. Establecer límites funcionales crea un entorno para que se produzca la curación y prepara el escenario para integrar el yo joven herido, que sigue viviendo en el pasado, con el yo adulto responsable. Los límites forman el puente para que el yo herido crezca emocionalmente y deseche la actitud defensiva dolida. Una vez establecidos unos límites saludables, la parte

* N. del T.: En España se publicó con el título *¡Eres un crack!*, editorial Stella Maris.

herida está en condiciones de desprenderse de las herramientas de respuesta emocional herida y de las reacciones impulsivas e integrarse con el yo adulto responsable. Los límites te ayudan a discernir quién y qué eres, quién no eres, qué quieres y qué no. Mediante el establecimiento de límites, desarrollarás la capacidad de discernir y descubrirás los aspectos de ti mismo que están en sintonía, que coinciden con lo que eres. Además, serás capaz de reconocer los límites insanos, difusos o inexistentes, de modo que veas dónde es necesario sanar.

Cuando desarrollas una conexión con tu yo herido infantil, se produce una danza muy elaborada: el yo más joven quiere ver si se puede confiar en el yo adulto responsable. La parte herida quiere verdaderamente confiar en el yo mayor de edad, pero la realidad es que el yo más joven es el que ha tenido que ocuparse de las situaciones desencadenantes durante décadas. Por eso, seguirá utilizando las herramientas emocionales de la parte herida hasta que se cree una sensación de confianza y conexión. Esto es lo que estabas haciendo con el ejercicio de escribir cartas en el capítulo anterior. Estabas estableciendo la confianza y la conexión con tu parte herida para que pudiera producirse el traspaso y la integración, y la parte herida aprendiera a confiar en tu yo adulto.

El yo adulto responsable debe ser coherente y mostrar que pueden y deben establecerse límites claros con las personas que son abusivas, maltratadoras, mezquinas o que desencadenan de alguna manera la parte herida. Al mismo tiempo, el yo adulto necesita ser claro con los límites internos y con lo que es sano y productivo en el pensar, sentir y ser.

Aprende a crear límites sanos

Los límites consisten en ser capaz de decir no a los demás como forma de protegerte física, emocional, mental y sexualmente, y saber qué es bueno para ti y qué no. Sea cual sea el sistema de límites que tenían tus padres durante tu infancia, lo más probable es que utilices límites similares como adulto. Observaste cómo ellos respondían a las situaciones, si cedían y no mantenían sus límites, o si levantaban muros y excluían a los demás –incluido tú–, y lo captaste todo. Asimilaste todas esas respuestas a los límites y pensaste que era así como debías manejar esas situaciones.

Los límites saludables consisten en saber con claridad cómo nos sentimos. Cuanto más establezcamos límites saludables, más claridad tendremos, y a mayor claridad, más conectadas, seguras y auténticas se sentirán todas nuestras partes. Nos sentimos libres y plenamente integrados con nuestro verdadero yo cuando establecemos límites.

A la hora de establecer un límite, debes dejar de lado el resultado. Por ejemplo, cuando dices: «No, no quiero salir esta noche», no estás poniendo ninguna condición ni manipulando a la otra persona; simplemente estás expresando tus sentimientos en voz alta. Las declaraciones de límites no consisten en ser insensible o indiferente, ya que eso supondría cerrar tus sentimientos o cerrarte a los demás de forma poco saludable. Se trata de estar plenamente conectado con todas tus partes. Así, estando centrado, puedes determinar cómo te sientes respecto a una situación, un acontecimiento o un comentario, y luego decidir cómo quieres actuar sobre la base de esos sentimientos.

Unos límites fuertes significan que nos respetamos a nosotros mismos (límites internos) y nos defendemos (límites externos).

En su libro *La codependencia: qué es, de dónde procede, cómo sabotea nuestras vidas*, la autoridad internacional en codependencia Pia Mellody entra en gran detalle en los límites externos e internos y en cómo están formados por nuestra familia de la infancia. Describe los sistemas de límites como «campos de fuerza invisibles y simbólicos que tienen tres propósitos: (1) evitar que alguien entre en nuestro espacio y abuse de nosotros, (2) evitar que entremos en el espacio de los demás y abusemos de ellos, y (3) darnos a cada uno una forma de expresar nuestro sentido de "quiénes somos"».*

Profundicemos en los límites internos y externos y en cómo establecerlos.

Cómo establecer límites internos

Los límites internos son declaraciones personales o acuerdos que tienes contigo mismo en relación con un tema concreto. Haces estas declaraciones silenciosas respecto a múltiples cuestiones a lo largo de cada día. No es necesario comentar los límites internos con los demás, ya que son contratos internos contigo mismo. Los límites internos te ayudan a ser responsable de ti.

Los siguientes son ejemplos de declaraciones de límites internos:

- No voy a ir al bar con mis amigos porque sé que ese ambiente me perjudica.
- No voy a gritar, exigir, engañar, culpar, ridiculizar o degradar a los demás.

* Pia Mellody, *Facing Codependence: What It Is, Where It Comes From, How It Sabotages Our Lives*, HarperCollins, New York, 2003 (publicada en castellano por Editorial Paidós con el título *La codependencia: qué es, de dónde procede, cómo sabotea nuestras vidas*).

- No voy a aceptar que los demás me juzguen.
- Voy a ser honesto/a y vulnerable conmigo mismo/a.
- Voy a honrarme hoy y no me machacaré si cometo algún error.
- Voy a mantener mi compromiso conmigo mismo/a e ir al gimnasio al menos dos veces por semana.
- Voy a buscar un terapeuta para que me ayude con mi depresión y ansiedad.
- Voy a mantener unos límites firmes con los demás y a decir «no» cuando sea necesario.
- Voy a llevar un diario de gratitud con todas las cosas que agradezco cada día.
- Voy a sonreír más y a practicar la búsqueda de lo bueno en mí y en los demás.

Estos son ejemplos de compromisos con uno mismo y de cómo honrar y respetar esos compromisos. Las personas que se conocen a sí mismas tienen un fuerte sistema de límites internos. En cambio, quienes esperan que los demás definan su mundo suelen tener límites internos difusos y están desorientados a la hora de tomar decisiones. Dan a otros el poder de definir su realidad interna y su identidad.

Cómo establecer límites externos

Los límites externos son declaraciones o posiciones que estableces con otra persona o situación. Los límites externos se establecen cuando tienes claridad interna sobre lo que quieres o no quieres y luego expresas esta claridad a otra persona con declaraciones sencillas, claras y asertivas. Los límites externos suelen empezar con una declaración en primera persona. Por ejemplo:

- Me siento herido/a porque no me has incluido.
- Siento que no respetas mi espacio personal. No me gusta que te acerques tanto. ¿Puedes apartarte?
- Me siento confuso/a sobre por qué no me pides ayuda.
- Me siento herido/a por la forma en que me hablas continuamente con desprecio.
- Me siento confiada/o y segura/o en nuestra relación.
- Me entusiasma que me lleves al viaje contigo.
- Siento una gran gratitud y alegría porque seas mi amigo. Gracias por estar en mi vida.
- Como te respeto a ti y a tus pertenencias, no voy a fisgonear ni a entrometerme, y te pido que hagas lo mismo (límites internos y externos).
- Me resulta desagradable hacer esa práctica sexual que me propones.
- Seré respetuoso/a contigo e intentaré no controlarte.
- Te respetaré cuando digas que no, y te pido que me respetes cuando yo haga lo mismo (límites internos y externos).

Las declaraciones de límites internos y externos no siempre consisten en decir que no. También pueden indicar lo que harás o aceptarás.

Tener un fuerte sentido de los límites nos ayuda a sentirnos capaces e inteligentes.

Declaraciones acerca de ti

Al hacer una declaración de límites, es importante que sea una declaración que se refiera a ti. Declarar tus límites no consiste en echarle la culpa a alguien o tratar de avergonzarlo, como, por ejemplo: «Me has enfadado. Siempre haces esto en lugar de lo otro».

Las declaraciones que hablan de ti ayudan a la otra persona a estar menos a la defensiva de manera que pueda escuchar lo que sientes.

Para establecer un límite saludable, detente a mirar en tu interior y pregúntate: «¿Cómo me siento ahora mismo con esta persona, lugar o situación?». Tu declaración de límites es tu reacción visceral. Sentirás una reacción física en alguna parte de tu cuerpo si esta idea te parece bien o no. Procura no ignorar esta reacción y empezar a excusar el comportamiento de la otra persona.

Si te inventas historias, ten en cuenta que se trata de tu herida que aparece y te dice que no deberías ponerle límites al otro. Lo justificará diciendo: «La verdad es que lo ha pasado mal. Voy a hacerlo por él», o bien: «No quiero decirle siempre que no, porque si lo hago, dejaré de gustarle». La mayoría de las personas que tienen dificultades para decir que no a los demás lo hacen porque no quieren ofender, no quieren meterse en líos o son complacientes con la gente y evitan los conflictos. Aquellos a los que más les cuesta aprender a poner límites son los que se convencen a sí mismos de no hacerlo. La regla que debes recordar es: si no quieres hacer algo, si no te gusta o si no lo necesitas, di que no. Utiliza tu discernimiento para averiguar cómo quieres establecer tus límites.

Cuanto más importante es una relación para nosotros, más difícil es establecer límites en ella. Hemos invertido más en estas relaciones y tenemos mucho que perder. Confía en ti y en la relación para mantener tus límites. Cualquier relación que merezca la pena conservar y desarrollar tendrá un intercambio de límites saludable; alguien que se salte los tuyos no tendrá un buen sistema de límites y probablemente tenga una inclinación narcisista.

En los entornos profesionales solemos tener mejores límites porque hay unas reglas definidas y sabemos claramente cuál es nuestro trabajo y cuál el de otra persona. La mayoría de la gente tiene un buen sentido de los límites en el entorno laboral, pero cuando llega a casa es como si todo esto desapareciera. Cuando les pregunto, muchos me dicen que sí pueden establecer límites en el trabajo, pero no en el hogar, así que son conscientes de su capacidad para establecer límites. Sin embargo, en sus relaciones íntimas no quieren parecer controladores, prepotentes o mezquinos. El establecimiento de límites funcionales no significa ninguna de esas cosas.

Las violaciones de los límites se producen cuando no se respetan nuestros límites. También podemos violar nuestros propios límites o ir en contra de ellos al ignorar o dejar de lado lo que sentimos o lo que queremos decir.

Los límites fuertes nos ayudan a romper los ciclos que siguen destrozando nuestro sentido de la identidad.

La siguiente es la historia de un buen hombre que perdió su brújula interna de límites.

Caso real: Bernard, un hombre casado que comete infidelidad virtual

Bernard es un exitoso padre de familia de cuarenta y siete años que tenía aventuras sentimentales. No sabía por qué lo hacía y quería dejar de hacerlo. A una parte de él le encantaba la emoción y la aventura, pero después entraba en una espiral de vergüenza, se arrepentía de lo que había hecho y se sentía culpable cuando estaba con su mujer y el resto de su familia. Su mujer no estaba al corriente de su infidelidad. Él la amaba, pero no se sentía unido a ella emocionalmente.

Cuando Bernard revisó los temas y patrones de su línea de tiempo, empezó a ver todas las áreas de su abandono en la infancia. Su padre dejó a su madre cuando él tenía ocho años, lo que le creó un enorme agujero negro emocional. A partir de ahí, durante la mayor parte de su vida, se sintió vacío y emocionalmente arruinado. Había hecho todo lo posible por crearse una vida plena; se casó y tuvo una familia, pero por dentro seguía sintiéndose vacío.

Mientras Bernard trabajaba en el proceso HEAL, se dio cuenta de que su yo infantil herido de ocho años quería la aceptación, el amor, la atención y la autenticidad de sus padres, y que inconscientemente intentaba conseguirlo en su vida adulta. Empezó a ver que una de las principales razones por las que seguía alejándose de su relación era para sentir aceptación y amor, y llenar ese hueco.

Bernard sintió esta sensación por parte de su mujer después de casarse, y estaba eufórico. Su mujer le dio lo que había estado buscando toda su vida. Sin embargo, después de que nacieran los niños, ella dedicó todo su cariño a los hijos y no quedó nada para él. Sabía que ella lo quería, pero se sentía desplazado, como durante su infancia. Fue entonces cuando su yo de niño herido fue sintiendo de nuevo los mismos sentimientos de tristeza, soledad y aislamiento.

Comenzó a buscar la atención de otras mujeres. Siempre empezaba de forma inocente, con un interés mutuo y luego coqueteando. Pronto pasaba a los mensajes de texto y luego al envío de mensajes de contenido sexual. Bernard no se daba cuenta conscientemente de que estaba cayendo en esta madriguera, y cada vez le costaba más salir. En sus sesiones conmigo, al principio decía que lo único que hacía era enviar mensajes de texto, no tener sexo. Hablamos de cómo estaba racionalizando y quitando importancia sus acciones. Le pregunté si le mostraría a su mujer lo que estaba haciendo si ella estuviera sentada a su lado mientras él mandaba mensajes sexuales. «Pues claro que no», dijo. Le expliqué que si no quería que su mujer viera o supiera de su actividad, y aunque no tuviera relaciones sexuales físicamente, estaba cometiendo una infidelidad a su compromiso de relación. En un nivel profundo, estaba yendo en contra de algo que adoraba –su mujer y su familia– solo para satisfacer las necesidades emocionales de su niño interior perdido.

Bernard empezó a darse cuenta de cómo inventaba complicadas formas secretas de conseguir el amor y la atención de los demás, racionalizando su comportamiento y sin generar ningún amor propio por sí mismo. Dependía de este amor exterior y siempre necesitaba un nuevo suministro. Utilizaba el razonamiento emocional y la negación de un niño pequeño que se sentía emocionalmente abandonado, cuyas consecuencias tenía que subsanar su yo adulto.

Bernard utilizó el ejercicio de escribir cartas para dar voz a su pequeño niño herido de ocho años. Mientras escribía numerosas cartas de ida y vuelta, empezó a ver con claridad lo que había necesitado emocionalmente durante todos esos años. Aprendió que se había vuelto dependiente del amor y la atención de fuera de él mismo debido a su herida inicial. Vio cómo había creado una vida secreta al margen de su mujer para satisfacer sus necesidades emocionales. De hecho, incluso llegó a comprender cómo se vengaba de su mujer porque ella daba amor a los niños y no a él (una reacción de un niño de ocho años). Se dio cuenta de que se mantenía aferrado a su herida cediendo una y otra vez a las necesidades emocionales de su niño pequeño, en lugar de curar la herida central.

Bernard fue consciente de cómo su niño herido tomaba las riendas de su vida y adoptaba decisiones que podían arruinar su matrimonio. Esta constatación le hizo reaccionar y empeñarse en curar su vieja herida. Vio cuánto poder había entregado a su yo de ocho años y cómo este yo infantil utilizaba el razonamiento emocional de un niño. Una vez que logró contemplar el panorama completo de la infidelidad, ya no intentó racionalizarla ni minimizarla; la asumió como lo que era.

Empezó a establecer límites internos con comportamientos que lo ayudaban, como el autocuidado amoroso, y a establecer límites claros contra las conductas que lo perjudicaban, como hablar con otras mujeres sin que su esposa lo supiera. Se comprometió a borrar las aplicaciones de su teléfono que utilizaba para conocer mujeres y a poner fin a sus relaciones de envío de mensajes de contenido sexual.

A través del proceso HEAL, Bernard pudo ver cómo y cuándo se desencadenaba su parte herida infantil, y desarrolló un plan para hacer frente a los desencadenantes. Cuando su parte herida se disparaba, dejaba lo que estaba haciendo, reconocía el sentimiento y se decía a sí mismo palabras cariñosas y amables. «Mi familia y mis amigos me quieren siempre. Merezco ser amado». Estaba aprendiendo a nutrirse a sí mismo con mensajes afirmativos de amor.

Ahora Bernard comprendía sus necesidades emocionales. Tomó la decisión de no contarle a su mujer sus infidelidades emocionales, pero empezó a hablarle de sus sentimientos de soledad y aislamiento. Ella no tenía ni idea de que estaba pasando por aquello. Se sintió mal porque lo amaba y no quería que sufriera. No se había dado cuenta de la atención que prestaba a sus hijos y de cómo se sentía él.

Bernard le dejó claro a su esposa que apreciaba todo lo que hacía por los niños, por él y por su vida en común. Quería que supiera que no la culpaba por sus sentimientos ni tampoco creía que hubiera hecho nada malo por darles tanto amor a sus hijos. Trabajaron en su comunicación, lo cual era más fácil para él ahora que había aprendido a sentir sus emociones y a comunicarlas. Como estaba aprendiendo a darse a sí mismo el amor que necesitaba, ya no dependía tanto emocionalmente de su mujer o de otros como antes. Tuvo la suerte de trabajar en estas cuestiones antes de que su conducta emocional destruyera su matrimonio.

Como nota al margen, en mi investigación a lo largo de los años, he de señalar que los terapeutas están divididos en sus opiniones sobre si una persona debe contarle a su pareja una infidelidad o no. Uno podría preguntarse: si no lo hace, ¿está aumentando su vergüenza oculta y podría volver a hacerlo? Es una pregunta válida. Profesionalmente, sigo las indicaciones del paciente. En el caso de Bernard, él decidió no revelar sus aventuras a su mujer. Vi la profundidad de su autodescubrimiento y la curación que estaba haciendo, que fue transformando radicalmente su situación emocional.

Bernard se estaba curando desde dentro. Su yo adulto funcional podía ver y sentir el dolor y la vergüenza que le habían causado sus acciones, y cómo esto se había extendido a la relación con su mujer. En lugar de abrumarse por estos sentimientos, su yo adulto responsable fue capaz de utilizarlos para establecer mejores límites consigo mismo y con su mujer. Sanó y transformó esta vergüenza y no dejó que se enconara y se volviera tóxica. Transformó lo que había sido un círculo vicioso de comportamiento autodestructivo encontrando su propia capacidad de resiliencia y utilizándola para darse a sí mismo lo que más deseaba. Siempre había tenido el poder dentro de sí mismo; el proceso HEAL simplemente lo sacó a la superficie.

Bernard se comprometió a hacer todo lo que estuviera en su mano para sanar esta parte suya, de modo que no volviera a caer en la trampa. Le comunicó a su mujer lo que sentía y lo mucho que la quería. Ahora expresa sus necesidades y cumple su compromiso con su matrimonio. Ha elegido integrarse con su yo adulto y vivir con autenticidad.

Cómo establecer límites responsables

El objetivo que te has propuesto conseguir a lo largo de este proceso es sanar las heridas de tu niño interior, integrar ese niño perdido con tu yo adulto y comenzar a vivir una vida auténtica. Para lograr todo esto es tan importante establecer límites responsables como conectar con tus emociones y con tu yo infantil. Tener buenos límites te ayudará a sentirte seguro de ti mismo y en tus relaciones.

La parte herida de tu ser ha empezado a unirse con tu yo adulto responsable como resultado de todo el trabajo que has realizado en el capítulo cinco, en el que has creado tu línea de tiempo, identificado tus desencadenantes y escrito tus cartas sanadoras. Este yo adulto está aprendiendo ahora a encontrar esa voz que le permite establecer límites para sentirse fuerte, protegido, con propósito y capacidad de acción. Tu parte herida necesita saber que, siempre que alguna circunstancia la desencadene y vuelva a sentirse vulnerable, darás un paso adelante y la defenderás, y una de las maneras de protegerla es marcar límites diciendo no cuando quieres decir no.

Cuando quieres decir no y dices sí

Recuerda una situación en la que un amigo te pidió que hicieras algo que no te apetecía nada hacer. No querías decepcionarlo, así que cediste, pero por dentro gritabas: «¡No, no quiero hacer eso!». En el momento en que le dijiste que sí a tu amigo, dejaste de respetar tus propios límites. Fuiste en contra de lo que pensabas y sentías en tu interior, de lo que de verdad quería tu yo auténtico.

Cuando no nos respetamos y nos traicionamos a nosotros mismos, cuando lo que decimos y hacemos contradice lo que de verdad sentimos, se crea un conflicto. Transgredimos y nos saltamos nuestros propios límites. Cuando vas en contra de ti mismo y dices que sí, pero te gustaría decir que no, lo único que has conseguido es evitar momentáneamente una situación incómoda. Has evitado decir que no y decepcionar a tu amigo. Has evitado tener que ver su cara triste por la decepción. Has evitado quedar como un mal amigo.

Tuviste un alivio temporal, es cierto; pero, en el momento en que dijiste que sí, en lugar de honrar tu no, comenzaste a sentir resentimiento hacia ti mismo, hacia tu amigo y hacia la actividad o evento en general, y puede que empieces a temer el momento de que se produzca. Si de todos modos saliste con tu amigo, es posible que hayas empezado a castigarte a ti mismo o a sentirte enfadado y que después te castigues por haber empleado el tiempo y gastado el dinero en ir. Es un círculo vicioso, todo porque no te respetaste a ti mismo y tomaste el camino más fácil.

Al principio de este ciclo evitaste decir que no porque no querías decepcionar a un amigo, pero también te decepcionaste a ti mismo. Pagaste tu elección con un resentimiento que podrías haber evitado si hubieras dicho simplemente que no. Se habría acabado y habrías podido seguir adelante. Sí, tu amigo podría haberse sentido decepcionado porque no fueras, pero tú no habrías tenido que cargar con el resentimiento. El resentimiento es una pesada carga emocional difícil de conciliar. Podrías haber evitado todo este ciclo diciendo que no. Ya sé que es fácil decirlo, pero no es tan fácil hacerlo.

Pagas tanto si pones un límite al principio como al final. O bien pones tu declaración de límites por adelantado y pagas el precio de decepcionar a tu amigo, o bien sigues adelante, sin querer hacer lo que has dicho que ibas a hacer, y terminas pagando el precio con arrepentimiento y resentimiento.

¿Qué ocurre si no quieres hacer algo, pero cedes como un acto de bondad o compasión? Cuando me ocurre esto, soy consciente de que estoy yendo en contra de mi sistema de límites. Me digo a mí mismo: «Sé que no quiero hacer esto, pero la quiero y quiero ayudarla, y también sé que realmente quiere que vaya con ella». Técnicamente, esto va en contra de mi acuerdo de límites interno, pero lo estoy anulando de manera consciente para ayudar a mi amiga. Sin embargo, no puedo hacerlo siempre, porque si lo hiciera, volvería enseguida a una situación de ausencia de límites y el ciclo de resentimiento se pondría en marcha una vez más.

Qué le sucedió al músculo del «no»

Siempre has tenido la capacidad de decir no. Cuando eras un bebé y no te gustaba algo, lo empujabas, lo escupías, te ponías a llorar o utilizabas cualquier otro comportamiento para hacerles saber a los que estaban a tu alcance que no estabas de acuerdo con algo. Cuando eras un niño pequeño, tenías los límites físicos perfectamente intactos. Algo que cuando eras un crío te resultaba lo más natural del mundo ahora podría costarte mucho trabajo. Algunas personas afortunadas aprendieron a establecer límites mentales, emocionales, físicos y sexuales saludables, pero la mayoría no lo hicimos.

Cada vez que no establecemos un límite, vamos minando nuestro sentido de la autoestima.

Entonces, ¿qué pasó con nuestro músculo del «no»? Aprendimos a anularlo. A ser amables, a ceder, a dudar de nosotros mismos, a anteponer a los demás, a no respetarnos. Aprendimos, a través de una serie de interacciones, métodos, medios y una impulsividad herida, a anular nuestra reacción visceral natural.

Por ejemplo, si le decías a tu madre o a tu padre que te dolía la barriga, tu progenitor podría haberte dicho: «Estás bien. Vete a jugar a la calle». En ese momento, tu declaración de límite externo de que no te sentías bien perdió su validez. Aprendiste a dudar de ti, a no confiar plenamente en ti y a cuestionar tu límite interno de cómo te sentías de verdad. Al invalidar tu reacción visceral, aprendiste a decirte que no puedes confiar en ella, que no puedes confiar en ti mismo. Cuando esta invalidación se repite, comienza la pauta de anular el límite interno. Sabemos que la intención del progenitor era buena, pero ha sentado las bases para una vida de dudas en el niño. Así es como se produce la herida de la invalidación y la duda sobre sí mismo, cuando se graba esta pauta.

Esta invalidación refuerza la idea de que el niño no tiene una voz propia que lo proteja. Reafirma la idea de que, haga lo que haga, el abuso, el maltrato o la situación se va a producir. Esta indefensión aprendida se traslada a la edad adulta y puede establecer un patrón de abuso o maltrato que se acepta en las relaciones adultas. Prepara el terreno para verse a sí mismo como una víctima. La ausencia de límites no significa por fuerza que alguien sea una víctima en sus relaciones, pero hay más posibilidades de que no se defienda.

Cuando contradices tu voz interior, lo que te estás diciendo es que en realidad no eres importante, que los que verdaderamente cuentan son los demás y que lo que ellos piensen de ti es más importante que lo que tú pienses de ti mismo. Cada vez que haces esto, te estás faltando al respeto, quebrantando tu propio límite interno y negando tus sentimientos. Estás minando tu autoestima y tu propio valor como persona. Si lo haces repetidamente durante mucho tiempo, tu sentido del yo quedará disminuido y tu auténtico yo sentirá que ha perdido por completo la voz.

Si tuviste una infancia en la que te anulaste o dudaste de ti mismo, tu auténtico yo se sintió profundamente invalidado cuando fuiste adulto. He conocido casos de personas que están tan invalidadas y acostumbradas a fijarse en los demás para ver lo que les gusta, lo que necesitan y lo que quieren que han olvidado o no saben lo que de verdad les gusta a ellas y lo que no. Este es un ejemplo extremo, pero entiendes que cuanto más vas en contra de ti y dices sí en lugar de honrar tu voz interior diciendo no, más pierdes tu identidad. Los límites saludables consisten en honrar lo que tu auténtico yo necesita expresar para volver a sentirse completo.

Aprende a elegir límites saludables

Veamos algunos límites saludables específicos que puedes empezar a practicar ahora mismo. Comienza por revisar tus respuestas al ejercicio «Tus reacciones impulsivas», del capítulo uno. Estas son las herramientas emocionales de respuesta emocional herida que utilizas. En la siguiente lista, busca los elementos que mejor se ajusten a tus reacciones impulsivas y luego anota la respuesta de límite saludable que va con cada uno. Escoge uno o dos límites saludables específicos que se relacionen con tu herida y empieza a practicar.

- Si cedes tu poder, la respuesta saludable es buscar formas de recuperarlo.
- Si dices que sí para que otra persona no se enfade, practica decir pequeños noes. Deja que la otra persona sienta sus propios sentimientos.
- Si intentas controlar a los demás, pregúntate en qué no confías. Luego afirma: «Estoy en el fluir de la vida y soy mi yo auténtico con los demás».

- Si intentas manipular a alguien, pregúntate en qué no confías. Examina tus límites internos.
- Si pones a prueba a los demás, pregúntate qué partes de ti no amas. Dite a ti mismo: «Estoy aprendiendo a amarme a mí mismo/a».
- Si te haces la víctima, pregúntate si es para llamar la atención. ¿De qué se trata verdaderamente? Dite a ti mismo: «Estoy aprendiendo a aprobar y aceptar todas las partes de mi ser».
- Si te esfuerzas en exceso por complacer a otros, busca formas de aumentar tu amor propio y deja de *hacer* tanto, limítate a *ser*. Dite a ti mismo: «Soy más que suficiente».
- Si alejas a alguien con la esperanza de empezar de nuevo con otra persona en lugar de trabajar en tus problemas de relación, pregúntate si es un patrón familiar y si merece la pena volver a pasar por el ciclo.
- Si tienes una baja autoestima, piensa en una cosa al día de la que estés orgulloso o que hayas hecho bien y cuéntatela a ti mismo.
- Si no expresas lo que de verdad tienes en mente, piensa en cómo puedes respetarte a ti mismo pronunciando palabras que reflejen lo que eres hoy en día.
- Si te rebajas para encajar en el mundo de otra persona, levántate con suavidad, respira hondo y ten presente que eres digno de sentir todo tu poder. Reclama tu valor.

Muchas de estas respuestas saludables establecen y afirman los límites internos. Las afirmaciones de límites internos son lo que te dices a ti mismo en los momentos de tranquilidad. Puedes trabajar para restaurar tu autoestima y tu amor propio practicando estas afirmaciones, que te ayudarán a curar a tu niño interior herido y a reforzar tu establecimiento de límites.

En el capítulo cuatro hablamos de los sistemas de límites rotos y dañados, en los que estos ya no están intactos. En el ejercicio «Falta de límites o enredo» de ese capítulo, escribiste en un cuaderno tus respuestas sobre cómo se manifiesta tu herida a través de límites débiles o deficientes. Repasa ahora esas respuestas. ¿Hay alguna que te gustaría cambiar ahora que te entiendes mejor? ¿Siguen produciéndose estas situaciones en tu vida o están empezando a cambiar las cosas a medida que trabajas en el proceso HEAL? ¿Dónde tienes que establecer o reforzar tus límites? ¿Qué límites necesitas establecer para poder evitar el dolor reciclado?

Una vez que seas capaz de establecer sistemáticamente límites sólidos para ti y los demás, conectarás con tu auténtico yo y tendrás una sensación de libertad emocional.

Cuando estés en tu camino de curación y empieces a establecer límites, es posible que sientas el rechazo de algunos. Esto es normal. Tus amigos, tu familia y tus compañeros de trabajo no están acostumbrados a que te expreses libremente ni a respetar tus límites. No querrán que la dinámica de la relación cambie; eso es aterrador para alguien con límites deficientes. Te seguirán preguntando si quieres hacer algo, sabiendo que pueden convencerte. En cierto modo, has entrenado a tus amigos para que, cuando digas que no, te convenzan de decir sí. Ahora puedes mantener tu no. Respétate a ti mismo y mantente firme en lugar de ceder para complacer a los demás.

Consecuencias imprevistas

Poner límites donde no lo habías hecho antes puede tener consecuencias imprevistas. Si eres valiente y estableces un límite, pero este es ignorado, rechazado o ridiculizado, tendrás que encontrar la forma de reforzarlo. Has de defender tus límites como si defendieras un castillo lleno de tesoros. Tienes que estar dispuesto a llegar hasta donde sea para establecer y defender un límite. Un ejemplo sencillo es un amigo que, una y otra vez, cancela su cita contigo después de haber quedado para comer. Llegará un momento en que querrás establecer un límite y dejar de hacer planes para comer con él.

Una vez tuve que establecer un límite con un viejo amigo, porque tenía la sensación de que yo era el único que se esforzaba en la relación. Yo era quien le tendía la mano en todo momento, y la relación no me parecía equilibrada ni recíproca. Le dije que siempre era yo el que lo llamaba y que su falta de reciprocidad no me parecía respetuosa. Mi amigo me dio la razón y dijo que no era la primera vez que le hacían comentarios similares. «Supongo que así es como soy», me dijo. Fue una respuesta convincente y decepcionante a la vez. Cuando puse mi límite (hice mi declaración), dijo que no iba a cambiar, que él era así. Lo escuché y fue un punto de inflexión en la relación. Sigo en contacto con él y lo quiero como amigo, pero la relación cambió.

Cuando alguien te demuestre quién es, créetelo a la primera.

–MAYA ANGELOU

Para que quede claro, establecer un límite no consiste en hacer una amenaza o dar un ultimátum. Se trata de comunicar claramente las consecuencias de que otra persona siga faltándote al respeto. Los límites no tienen que ver con el control, porque a ti no te preocupa el resultado. Tan solo haces tu declaración y esperas la respuesta. Entonces utilizas tu discernimiento para determinar el siguiente curso de la relación. Cuando le comuniqué a mi amigo lo que sentía, no estaba declarando mis límites para tratar de manipularlo, solo le estaba hablando sinceramente sobre mis sentimientos. Su respuesta me dijo lo que necesitaba saber para discernir cómo debía cambiar nuestra relación.

Relajar los límites burbuja

Los límites burbuja, de los que hablamos en el capítulo cuatro, son los límites que establecen quienes quieren que los demás estén cerca, pero no demasiado. Debido a sus problemas de límites, apego y compromiso, sus relaciones suelen ser un tira y afloja continuo, porque nunca aprendieron a gestionar sus emociones. Crecieron en un hogar carente de afectividad y tienen herramientas de respuesta emocional herida, como la baja autoestima, el miedo al cambio y al rechazo, y el perfeccionismo. Estas reacciones suelen ser el catalizador del lenguaje para expresar un sentimiento de inferioridad o de «no valgo». (Ten en cuenta que no siempre quienes se sienten menos que los demás tuvieron unos padres incapaces de mostrar afecto; sin embargo, esta situación es una de las raíces de este patrón de herida).

Este tipo de herida emocional y la falta de conocimiento y habilidad para establecer límites se demuestra cuando una persona se acerca a otra, se abre en exceso a ella, luego teme la conexión o el rechazo que se pueda producir y termina alejando de su vida al otro. Esta interacción yoyó con los demás es agotadora y confusa para todos. Las personas con límites burbuja sueñan con tener una conexión profunda con la gente, como la que querían tener con sus padres, pero cuando alguien se acerca, lo alejan porque no saben qué hacer con el sentimiento o la conexión. No tienen la base de sintonía emocional que suele establecerse en una familia durante la infancia.

Exteriormente, los individuos con límites burbuja parecen adultos perfectamente integrados. A menudo tienen una buena relación, amigos y un buen trabajo, pero por dentro se sienten solos, aislados y asustados. No lo entienden porque piensan: «Debería ser feliz. Lo tengo todo en la vida, pero me siento completamente aislado, incluso cuando estoy rodeado de gente que me quiere. Quiero sentirme más cerca de los demás, pero no sé cómo». Sus sistemas de límites internos y externos están desajustados. En un momento creen que se conocen a sí mismos y al siguiente están desconcertados.

Este sistema de protección excesivamente desarrollado y generalizado les impide sentirse conectados con otros, y les cuesta mucho ser vulnerables emocionalmente con alguien. Imitarán aspectos de la intimidad emocional con los demás, pero esto solo llega hasta cierto punto, ya que aunque su burbuja no se vea, está ahí, en alerta, a la espera de un posible ataque. No es sano aislarse emocionalmente de partes del yo y de los demás, pero el niño no aprendió estas habilidades, por eso recrea la herida de la infancia.

Caso real: Jessica y su doble coraza

Jessica, una mujer soltera de cuarenta y tres años, estaba haciendo un buen trabajo para superar su herida emocional. Había suavizado los límites de su burbuja y estaba trabajando en la curación, haciendo afirmaciones y estableciendo límites. Sin embargo, a pesar de todo, seguía sintiéndose cerrada y sus relaciones no cambiaban. Mientras continuaba haciendo su trabajo, empezó a darse cuenta de que no solo tenía una burbuja exterior de protección, sino que también había creado una armadura interna como respaldo.

Jessica acababa de salir de una relación abusiva a nivel emocional y estaba bien defendida internamente con muchas capas para proteger su núcleo emocional. Aunque había salido de la relación abusiva, su parte herida se aferraba a esta armadura interna. Descubrió que podía ser vulnerable en su interior y se dio permiso para entrar en una relación íntima y segura con su nueva pareja, pero no podía llegar muy lejos.

Pese a esforzarse por curar sus heridas, no se había dado cuenta de lo que le impedía profundizar en la intimidad hasta que descubrió esta capa interna de armadura emocional. Su parte profundamente herida se había aferrado a esta coraza porque esta parte era hipersensible y estaba en guardia, siempre en busca de la siguiente amenaza a sus sentimientos. Al desarrollar límites internos y externos más fuertes y funcionales, Jessica logró saber cómo se sentía por dentro. Aprendió a reconocer la resistencia y a evaluarla para determinar si procedía de su herida o de un miedo irracional. Una vez que lo consiguió, fue capaz de decir lo que de verdad pensaba, establecer sus límites y permitirse intimar más con su nueva pareja.

Para alguien con todas estas capas de protección el camino hacia la curación y la adopción de una vida auténtica consiste en comprender la herida: cómo es, cómo suena y cómo se siente. Como ya sabes, una gran parte de la curación se basa en comprender tu papel en tu familia de origen y discernir la diferencia entre el bagaje emocional de tus padres y lo que tú eres auténticamente. Gran parte del trabajo que necesita realizar la persona con límites burbuja es discernir esa diferencia y luego averiguar cómo salir de ese laberinto. Los ejercicios a lo largo del proceso HEAL te ayudan a percibir claramente dónde se encuentran tus heridas y tus carencias de límites, y te sirven para trazar un plan para el camino de la curación.

Repite mensajes fuertes y positivos sobre ti mismo.
Eres más fuerte de lo que crees.

Si tienes un límite burbuja, en el que quieres que la gente esté cerca, pero la mantienes a distancia, tal vez creas que te estás protegiendo. Sin embargo, en tus relaciones adultas, esta protección se manifiesta en forma de evasión, aislamiento, sentimientos de rechazo, ansiedad, soledad, victimismo, confusión, perfeccionismo y sensación de ser menos que otros y de dejar de lado a los demás.

El siguiente ejercicio te ofrece una perspectiva más clara sobre cómo tu límite burbuja afecta a tus relaciones y cómo crear conexiones más profundas.

EJERCICIO: BURBUJA CON UNA VENTANA

Este ejercicio te ayudará a evaluar tus capas de protección y ver cómo te mantienes a salvo en tu burbuja e impides que los demás entren. Podrás empezar a crear conexiones más profundas con los demás abriendo una ventana en tu burbuja.

Vuelve a mirar tus respuestas del ejercicio «Tus reacciones impulsivas», del capítulo uno. Estas herramientas de respuesta emocional herida revelan dónde necesitas un mejor sentido de los límites internos y externos. Este ejercicio está diseñado con el fin de ayudarte a reconocer lo que estás haciendo cuando lo haces, para que puedas verte a ti mismo con una nueva perspectiva.

En tu cuaderno, dibuja un círculo grande en el centro de la página que represente tu burbuja de límites. El interior de la burbuja es cómo te sientes y lo que te dices a ti mismo, y el exterior son tus interacciones con otros, lo que dices y cómo te comportas. Tu burbuja tiene una ventana que se abre a tu mundo exterior. Puedes conectar con los demás a través de esta ventana, pero también es la forma de excluirlos. Al realizar este ejercicio, observarás cuándo, dónde y por qué quieres conectar con la gente que te rodea y cuándo la dejas al margen.

Dentro de la burbuja, escribe lo que te dices a ti mismo que mantiene la ventana cerrada y a ti aislado. Estas son las razones por las cuales tienes unos límites burbuja, el propósito que cumplen. Por ejemplo, podrías enumerar los sentimientos de miedo, temor, dolor, soledad y confusión. Tal vez escribas tus pensamientos y acciones que refuerzan un relato de víctima, como: «No soy lo suficientemente bueno», «No vale la pena intentarlo», «Nunca voy a encontrar a nadie» o «Al final, siempre me rechazan». Tal vez te prometas que vas a dejar de buscar pareja, creas que conectar íntimamente con alguien es demasiado arriesgado o estés cansado de abrirte con los demás porque no comparten nada contigo. O tal vez culpes a otros, te sientas víctima o estés cansado del rechazo. También puedes escribir palabras o expresiones de sentimientos que te dices a ti mismo una y otra vez. (Consulta la lista de sentimientos en el apéndice A para ver el vocabulario de sentimientos).

Todo lo que pongas fuera de la burbuja se expande y te conecta o bien se contrae y te aísla. En la parte superior y fuera de la burbuja, escribe cómo son tus relaciones cuando la ventana está abierta y estás conectado con los demás. ¿Cómo interactúas? ¿Qué dices? Son acciones que llevas a cabo y cosas que dices cuando te sientes lo suficientemente seguro y confiado como para salir de tu burbuja. Escribe las cualidades de lo que te hace confiar y conectar con los demás, como, por ejemplo: «Puedo ser yo mismo cuando estoy con mis buenos amigos», «Confío en esta clase de gente» o «Me siento seguro cuando voy a la casa de fulano o a una reunión de este tipo». Esto te expande y te abre a traer a otros a tu vida.

A continuación, en la parte inferior y fuera de la burbuja, escribe cómo son tus interacciones cuando la ventana está cerrada. Estas son las acciones que realizas y lo que dices para mantener a la gente a distancia.

¿Evitas las situaciones en las que tienes que hablar con los demás? ¿Sólo hablas con personas «seguras»? ¿Das a la gente mensajes contradictorios? ¿No te comprometes utilizando frases como «no sé si puedo, déjame ver» o «tal vez»? ¿Dices que harás algo y luego te echas atrás en el último momento? ¿Cómo se manifiestan tus heridas y tu burbuja de límites en tus relaciones? También puedes anotar las personas, los lugares y las situaciones que evitas porque te suponen mucho esfuerzo o te dan miedo. Estas palabras o acciones te contraen, limitan y fomentan que los demás se alejen, manteniéndote aislado.

Una vez que hayas identificado cómo te comportas y piensas, fuera y dentro de tu burbuja, hazte las siguientes preguntas. Anota tus respuestas a las preguntas pertinentes en tu cuaderno.

- ¿Todavía necesito decir estas cosas a los demás para mantenerme a salvo?
- ¿Para qué sirve el límite de mi burbuja? ¿Lo mantengo solo por costumbre?
- ¿De verdad me siento inseguro/a al relacionarme con los demás o estoy generalizando en exceso y no tengo claros cuáles van a ser mis siguientes pasos?
- ¿Dejo a la gente fuera de mi burbuja porque tengo miedo y no quiero que me vuelvan a hacer daño?
- ¿Estoy dispuesto/a a acoger a otros en mi vida o quiero seguir cerrándoles el paso?
- ¿Sigo necesitando decirme esas cosas malas a mí mismo/a? ¿De qué me sirve esto?

- ¿Qué tengo que hacer para sanar los mensajes negativos que me digo a mí mismo/a?
- ¿Qué creo que ocurrirá si aprendo a poner límites saludables y a tener más abierta la ventana de mi burbuja?
- ¿Cómo se relacionan estos mensajes con la edad de mi herida? ¿Es una nueva edad de la herida la que aparece?
- ¿Me transmito a mí mismo/a o les transmito a los demás mensajes contradictorios?
- ¿Qué les digo a los demás que les da la impresión de que quiero permanecer dentro de mi burbuja?
- ¿Cómo me siento cuando miro a las personas y situaciones en las que confío cuando la ventana de mi burbuja está abierta?
- ¿Cómo me siento cuando miro a las personas y situaciones en las que no confío cuando la ventana de mi burbuja está cerrada?
- ¿Por qué cierro la ventana y no dejo entrar a nadie?
- ¿Cómo puedo conseguir claridad en el establecimiento de mis límites con los demás para sentirme más seguro/a?
- ¿Cómo puedo establecer mejores límites internos para estar seguro/a en lugar de permanecer aislado/a?
- Una vez que tenga claros mis límites internos, ¿cuáles son los pequeños pasos que puedo dar para abrirme a los demás?

Comprender por qué y cómo te mantienes al margen de los demás cuando en realidad quieres sentir cercanía, te ayudará a discernir lo que deseas hacer con el límite de tu burbuja. Puedes elegir cómo interactuar contigo mismo y con la vida. No tienes que seguir manteniendo a otras personas fuera para protegerte. No se trata de reventar tu burbuja y no tener ninguna protección; aprender a establecer límites sanos y funcionales puede reemplazar el enfoque de los límites de tu burbuja y ayudarte a sentirte auténticamente completo.

Pequeños pasos para establecer límites

Establecer límites adecuados significa determinar los límites que tienes actualmente y los que necesitas desarrollar. Por ejemplo, puedes intentar confiar en alguien permitiéndole conocer tu interior, sabiendo que existe un riesgo emocional. A medida que pase el tiempo, descubrirás si se merece tu confianza y si puedes hablarle de tus asuntos personales. Demostrará que es digno de tu confianza o no a través de una serie de experiencias, y a partir de ahí, tú decides.

Podrás decidir qué tipo de límite tienes que establecer si, por ejemplo, a la hora de ir a pagar la comida en un restaurante terminas por invitar a tu amigo, que ahora mismo no tiene trabajo, o no lo haces. Quizá el día que planeáis una escapada de fin de semana tu amigo llega tarde y te hace perder el vuelo. Te quedas con un sentimiento de tristeza y dolor, y tienes que decidir cómo decirle lo que sientes. Todo esto es una buena práctica, y es importante desarrollar los músculos de la confianza y la capacidad de mantener el equilibrio emocional mientras se desarrollan los acontecimientos.

Una señal de que vas en la dirección correcta es cuando te sientes abierto a desarrollar la intimidad, la conexión y las experiencias enriquecedoras de la vida independientemente de los resultados que se produzcan. Los resultados variarán; la clave es el proceso y la práctica de una apertura adecuada. Confiar en ti mismo y en tu reacción visceral de cómo te sientes en cada encuentro te ayudará a desarrollar tu músculo de los límites. Sabrás cuándo una situación te parece correcta o no y, asimismo, sabrás qué tipo de límite necesitas establecer. Tus límites están siempre contigo; vas aprendiendo cuál es la herramienta de límites correcta que debes utilizar para la interacción. A medida que aprendes sobre los límites, examina en qué aspectos son fuertes y funcionales y en cuáles necesitan algún refuerzo. Crea objetivos sobre cómo quieres interactuar con los demás utilizando sistemas de límites internos y externos fuertes. Trabaja desde donde estás hasta el objetivo, paso a paso.

Haz un inventario de tus relaciones y elige a una persona en la que confíes y con la que quieras llegar a un nivel más profundo, pero te dé miedo hacerlo. Piensa en lo que podrías contarle sobre ti que no te comprometa. Una forma de prepararte para esa conversación es escribir una carta simbólica sobre lo que quieres decirle. No enviarás la carta, pero este ejercicio te preparará para profundizar un poco más en tu conexión. Es importante que valores qué información puedes compartir sin sentirte incómodo ya que no te conviene abrirte y profundizar demasiado tan pronto. Si lo haces, es posible que después no te sientas bien con la conexión. Esta práctica te ayudará a crear límites internos sobre lo que te parece bien compartir y lo que no estás dispuesto a revelar.

Hay tres niveles de información sobre ti mismo que controlas:

Público: Puedes hablar de aspectos fácilmente identificables de tu vida, como tu nombre, la ciudad en la que vives, tu edad y tu ocupación. Se trata de datos que alguien encontraría en una búsqueda en las redes sociales.

Personal: Puedes contar detalles personales que ya conocen familiares, amigos y compañeros de trabajo de confianza. Esto incluye aspectos específicos de ti mismo, como tu dirección, número de teléfono, cumpleaños, grupo musical preferido, color favorito y cosas que te gustan.

Privado: Puedes compartir detalles que quieres que únicamente conozcan tus familiares y amigos cercanos, como tu estado de salud, tu situación sentimental, tus miedos y tus fantasías. Se trata de información que solo conoce un puñado de personas en tu vida.

En tu cuaderno, haz una lista de familiares, amigos y compañeros de trabajo, y determina el nivel de comunicación que te sientes seguro compartiendo con cada persona sin exponerte demasiado. Junto al nombre de cada una de ellas, enumera el nivel de comunicación que tenéis ahora y luego piensa si esta conexión te parece bien tal como está o si te gustaría tener un nivel de comunicación más profundo. La mayoría de la gente que tiene un corazón abierto en sus relaciones está en el nivel personal de comunicación la mayor parte del tiempo y solo a veces comparte información privada.

Si quieres abrir la ventana de tu burbuja y profundizar en una relación con alguien, elige a una persona que reciba esta información con amor y respeto. (Podría ser la misma a la que escribiste la carta simbólica). No le des mucha importancia a esta conversación. Puedes decir simplemente: «He querido contarte algo» o «Quiero hablar de algo que me resulta difícil contar, pero quiero compartirlo contigo». Lo más probable es que también desee una conexión más profunda. Con este enfoque estableces un límite interno de lo que está bien y lo que no está bien compartir con ella y la invitas a conocerte a un nivel más profundo. Le comunicas que quieres ser más abierto con ella y esperas que pueda abrirse más contigo. Es una invitación a una conexión más profunda, que es una necesidad básica para la mayoría de las personas.

Recuerda que únicamente eres responsable de ti y que no puedes controlar ni cambiar a nadie más, así que la forma en que los demás respondan a lo que compartes depende solo de ellos. La parte más importante de este proceso es que te estás dando permiso para romper el ciclo de ser precavido con otros cuando no lo necesitas. Te estás dando la oportunidad de experimentar la libertad emocional en tus relaciones. Sea cual sea el resultado de la conversación, felicítate por utilizar los límites y las formas funcionales de expresarte para compartir una parte de ti mismo. Estás aprendiendo a abrirte, a estar disponible emocionalmente para ti y para los demás.

Los límites de la valla

Límites sanos y funcionales =
un yo sano e integrado.

Llevemos este debate sobre los límites sanos aún más lejos utilizando la metáfora de una valla. Una valla crea un límite físico entre las propiedades, y todo el mundo puede ver claramente a qué lado de la valla está cada propiedad. Puedes aplicar esta metáfora a un límite entre tú y otra persona. Imagina una valla entre tú y alguien. Podéis veros por encima de la valla y a través de los listones. Si el otro tuviera problemas, podrías incluso saltar esta valla para ayudarlo. La valla crea definición y marca claramente dónde está su espacio y dónde el tuyo.

La metáfora de la valla es sencilla, ya que este tipo de imágenes crea una separación entre las personas y un recordatorio de la necesidad de tener límites saludables. Aprender a crear vallas imaginarias como límites en tus relaciones es una de las acciones más maduras y responsables que tu yo adulto puede hacer para cuidar de tus partes heridas. Este establecimiento de límites ayudará a que esas partes se sientan seguras, porque tu yo adulto responsable está actuando interna y externamente para proteger a ese niño interior herido.

La valla metafórica entre tú y otra persona es una forma de recordar que puedes tener límites diciendo no cuando sientas que no. La valla también te ayuda a recordar que, al igual que tú estás en tu propio proceso, el otro también está en el suyo. Respetar la trayectoria de la otra persona nos ayuda a tener presente que debemos permanecer en nuestro lado de la valla. Ayuda a nuestra parte codependiente, que quiere arreglar, rescatar, cuidar o controlar, a recordar que no es nuestro trabajo dirigir la vida de los demás ni ofrecer sugerencias cuando no se nos pide.

EJERCICIO: DETERMINA EL ESTADO DE TUS LÍMITES

Para este ejercicio, siéntate tranquilamente en un lugar donde nadie te moleste. Ten a mano tu cuaderno de notas.

Imagínate de pie con alguien que conoces. Puede tratarse de una persona con la que tengas problemas o con la que sientas resentimiento. Ahora, en tu mente, ve una valla entre los dos. Observa cómo te sientes con la valla allí. Cuando hayas tenido unos minutos para dejar aflorar tus sentimientos, escribe las respuestas a las siguientes preguntas:

- Al erigir la valla, ¿la relación entre tú y esta otra persona se nota diferente de lo habitual?
- ¿Te sientes más seguro/a con esa valla?
- ¿Te sientes más seguro/a ante esa persona?
- ¿Te sientes separado/a de ella?
- ¿Te sientes alejado/a de ella?

- ¿Tienes la sensación de que, con la valla en su sitio, puede ser más fácil decir lo que de verdad piensas y establecer un límite?
- Con la valla ya colocada, ¿cuál es la declaración de límites que quieres hacer a esa persona?
- ¿Sientes que quieres derribar la valla para poder estar cerca de ella?
- ¿Tienes la tentación de agrandar y reforzar la valla?
- ¿Tu sentido de identidad se refuerza con la valla de separación?

Tu reacción a este vallado puede decirte más sobre tu situación de límites con esta persona y si necesitas ajustar tus límites con ella. Si la imagen de la valla de estacas te ayuda a sentirte más seguro, sería bueno recordarla mientras aprendes a poner límites. Si quieres que sea más alta o firme, pregúntate qué sucede a nivel emocional. ¿Qué reacción tienes que te hace creer que necesitas una valla más alta en lugar de mejorar tus declaraciones de límites? A menudo sentimos la necesidad de levantar una valla más grande cuando los demás no nos dejan hablar o no nos escuchan. Aquí la cuestión no es la valla en sí, sino la falta de respeto en la relación.

Si la parte herida de ti se alegra cuando construyes una valla, es que se siente segura y la valla está cumpliendo su función. Si quieres derribarla para estar más cerca de alguien, pregúntate si se trata de una relación sana con límites sanos o si la valla parece demasiado fría e impenetrable. ¿Sientes que te separa de esa persona o que te impide amarla y cuidarla? Son reacciones normales. Recuerda que aún puedes pasar por encima de la valla y abrazarla, así que este límite no significa que no la quieras ni la cuides.

Si te sientes emocionalmente más seguro en tu lado de la valla, piensa en lo que eso te dice sobre tu relación. Esa reacción significa que quizá debas evaluar y establecer mejores límites con esa persona. Si antes no mantenías buenos límites con ella, pero la valla te ayuda a sentirte emocionalmente más seguro, es probable que necesites defenderte más ante ella, decirle que no o decirle lo que piensas en general.
Repite el ejercicio con otras personas de tu vida para que te ayude a establecer tu estado actual de límites.

Practicar el discernimiento

Aprender a permanecer en silencio y en calma, a escuchar tus sentimientos, es una parte clave del establecimiento de límites. Es averiguar qué es lo que de verdad sientes con respecto a cierta persona o situación. Se trata de determinar si estás intentando convencerte de hacer algo o si estás justificando o racionalizando tus decisiones.

Cuanto más tiempo dediques a escucharte y a confiar en ti mismo, más capaz serás de distinguir lo que sale de ti de lo que viene de fuera. Si estás justificando una elección o diciéndote a ti mismo que «deberías», lo más probable es que lo estés haciendo por otra persona. El arte del discernimiento consiste en ser consciente de lo que encaja en tu vida actual y de lo que ya has superado. Practicar el discernimiento diario ayuda a saber claramente quién eres en cada momento y a mantener una conexión activa con el yo auténtico.

Autoentrenamiento

Has aprendido que tu yo adulto responsable es la parte de ti que da un paso adelante y establece los límites adecuados, la que ayudará a sanar a la parte herida. Sin embargo, tu yo adulto responsable no se limita a ayudar a las partes heridas, sino que también es ese lado fuerte y firme de tu ser que defiende todas tus partes.

La única manera de que tu parte herida pueda curarse e integrarse es que tu yo responsable establezca límites, así que tienes que convertirte en tu propio entrenador personal y apoyarte durante este proceso. Ahora es el momento de decirte a ti mismo frases motivadoras, tranquilizadoras y cariñosas que te ayuden a conectar con el yo infantil que lleva la herida. Empieza a hacerte responsable de tomar tus propias decisiones.

Los siguientes son ejemplos de afirmaciones para ayudarte a fortalecer tu autoestima:

- Sé que esto es difícil, pero puedo hacerlo.
- Cada día me siento más fuerte y valioso/a.
- Me esfuerzo al máximo y estoy orgulloso/a de mis esfuerzos.
- Día a día estoy aprendiendo a poner límites para sentirme seguro/a en mi mundo.
- Estoy aprendiendo a saber quién soy y quién no.
- Tengo derecho a sentir lo que siento.
- Merezco que me traten con amor y respeto.
- Confío en lo que siento y me expreso con claridad ante los demás.

Estas afirmaciones no son más que unos cuantos ejemplos de cómo puedes reafirmarte y asegurarte de que lo que estás haciendo te ayuda a crecer y a dar lo mejor de ti. Podrías escribir otras frases motivadoras que te sean de ayuda para tu momento actual. Es posible que, si no estás acostumbrado a utilizar este tipo de lenguaje, te cueste un poco; sin embargo, esta presencia amable y cariñosa que hay en tu interior te ayudará a fomentar los cambios graduales que produce el proceso HEAL.

A medida que te vayas entrenando a ti mismo en el proceso, distinguirás con una mayor claridad lo que te parece apropiado y lo que ya no encaja en tu vida. Es entonces cuando empezarás a discernir la diferencia entre la voz y el sentimiento de tus partes heridas y la voz y el sentimiento de tu yo adulto emocionalmente maduro.

Otra cosa que has de aprender a discernir son los *sentimientos heredados*. Como su nombre indica, se trata de sentimientos heredados de la infancia, es decir, que pertenecen a otra persona, pero que están en tu caja de herramientas debido a lo aprendido de tus padres o tutores. Los niños adquieren sentimientos cargados de vergüenza o miedo, por ejemplo, especialmente si el hogar era caótico o abusivo. Estos sentimientos se trasladan a la vida adulta y, en ocasiones, cuesta determinar si el sentimiento es propio o no. La mayoría de las veces, son emociones proyectadas en ti que absorbiste como parte de tu identidad, y terminaste creyendo que así es como eres.

Mark es un joven de veintisiete años que vino a mi consulta. Durante su infancia, su madre siempre estaba muy ansiosa. Aprendió de ella a preocuparse, a entrar en pánico, a temer las tormentas y a no confiar en nadie. Aprendió a cargar con su miedo. Cuando le pregunté si esa manera de vivir, llena de ansiedad y nervios, era la forma en que quería pensar y reaccionar como adulto, contestó: «¡Por supuesto que no!». No reaccionaba a los acontecimientos como lo haría un adulto funcional, sino de forma exagerada y angustiosa. Se esforzó por reconocer las emociones que había heredado de su madre y aprendió a distinguir entre estas y las suyas. Lo ayudé a desarrollar un nuevo prototipo de límite interno –nuevas herramientas funcionales– para utilizarlo cuando se encontrara con situaciones que antes le habrían hecho perder los nervios.

En su libro *La codependencia: qué es, de dónde procede, cómo sabotea nuestras vidas*, Pia Mellody escribe que una forma de distinguir entre las emociones heredadas y tus propias emociones saludables es tener en cuenta que las heredadas son abrumadoras, mientras que las tuyas, por más intensas que sean, no lo son.* En otras palabras, los sentimientos heredados suelen ser desmesurados.

Cuando estableces límites internos sanos, te haces una idea de lo que sientes por algo, y de esta manera sabes cómo reaccionar. Es decir, puedes decidir cómo quieres reaccionar tú, en lugar de reaccionar como lo haría esa otra persona. Por ejemplo, Mark había aprendido a tener miedo a las tormentas, pero ese era el miedo de su madre, no el suyo. Su forma de reaccionar ante las tormentas era desproporcionada si la comparamos con cómo respondería un adulto funcional a un acontecimiento tan natural como este. Sin embargo, una vez que entendió que el miedo provenía de su madre y no de él, pudo elegir una reacción diferente.

Cuando desarrollas el discernimiento, adquieres claridad y una conexión saludable con lo que piensas, sientes y eliges como adulto funcional. Si tus emociones se han vuelto confusas o pesadas, observa la situación y pregúntate si está reactivando tu herida, cuál es tu estado de límites con esa persona y qué depende de ti y qué le corresponde a ella. Esta no es una regla que haya que seguir a rajatabla, pero puede ayudarte a discernir estas

* Pia Mellody, *Facing Codependence: What It Is, Where It Comes from, How It Sabotages Our Lives*, HarperCollins, New York, 2003 (publicada en castellano por Editorial Paidós con el título *La codependencia: qué es, de dónde procede, cómo sabotea nuestras vidas*).

emociones mientras integras tu niño interior herido con tu yo adulto protector.

Una de las medidas que más te ayudarán a sanar es establecer unos límites saludables. Puedes aprender a crear límites saludables y seguros con los demás y desterrar para siempre las antiguas pautas de falta de límites, enredos y límites burbuja o excesivos.

Para comprender el estado de tu sistema de límites y cómo orientarlo hacia patrones saludables, realiza los ejercicios de este capítulo tan a menudo como lo consideres necesario. Estás en el buen camino para sanar y abrazar una vida auténtica.

CAPÍTULO 7

El yo adulto responsable da un paso adelante

Al conectar tu niño interior con tu yo interno, sacas a relucir el héroe que todos llevamos dentro.

–KIM HA CAMPBELL,

Inner Peace Outer Abundance [Paz interior, abundancia exterior]

Ya has recorrido un largo camino en tu proceso de sanación. Has trabajado en los ejercicios y practicado el establecimiento de límites saludables.

Por fin estás preparado para aceptar plenamente a tu auténtico yo, a medida que tu parte adulta, madura y responsable, toma las riendas de tu vida. Por supuesto, hay más trabajo por delante, y en este capítulo hablaremos de los últimos pasos de tu proceso de curación.

Ahora que te has familiarizado con las heridas de tu infancia y los desencadenantes a los que reaccionas en tu vida adulta, quizá te preguntes cómo puedes saber la diferencia entre la parte herida y tu yo adulto responsable. La diferencia consiste en cómo te sientes por dentro y cómo reaccionas ante las situaciones. Tu yo herido elegirá, sentirá y se expresará de las siguientes maneras:

- Asustado.
- Victimizado.
- Culpable.
- Resentido.
- Inseguro.
- Reactivo.
- Inconsciente.
- Desconfiado.
- Confuso.
- Desconcertado.
- Querrá evitar la situación y esconderse.

Tu yo adulto responsable elegirá, sentirá y se expresará de las siguientes maneras:

- Con firmeza.
- Tomando el control de tus decisiones en la vida.
- Siendo amable contigo mismo y con los demás.
- Teniendo confianza en ti incluso cuando no lo sabes todo.
- Siendo auténtico.
- Sabiendo quién eres y quién no.
- Practicando el autocontrol.
- Siendo honesto contigo.
- Aceptándote a ti mismo y a los demás.
- Sabiendo cuándo tienes la cabeza despejada y cuándo estás distorsionando la verdad.

Tu yo adulto responsable es como un hermano mayor, amable, cariñoso y protector que vive en tu interior. Es lo mejor de ti, la parte con la que puedes contar sabiendo que aparecerá y hará lo correcto.

Cuantos más límites establezcas, más certeza tendrán tus partes heridas de que el yo adulto responsable te protegerá. Las partes heridas no soltarán estas herramientas de respuesta emocional herida, por muy destructivas y disfuncionales que sean, hasta que el yo adulto responsable sea capaz de establecer límites internos y externos de forma coherente y segura. La parte herida está observando para ver cómo, cuándo, por qué y dónde aborda la situación el yo adulto responsable cada vez que se activa una herida.

Si no respetas mis límites, no me respetas a mí.

Si el yo adulto responsable no entra sistemáticamente a proteger las partes heridas, estas seguirán inmovilizadas y atascadas. La parte herida no quiere volver a sufrir daños y pensará que bajar la guardia es un riesgo demasiado elevado.

A continuación, verás varias formas de propiciar que aparezca el yo adulto responsable:

- Trata de reaccionar de un modo equilibrado y funcional ante los desencadenantes.
- Sé plenamente consciente de si estás tomando una decisión o no.
- Mantén una comunicación clara y directa con tu auténtico yo.
- Practica afirmaciones amables, cariñosas y respetuosas contigo mismo cada día.
- Discierne lo que consideras correcto y lo que te parece mal.
- Aborda de forma clara y asertiva las violaciones de tus límites.
- Sabe cuándo y cómo cuidar adecuadamente de todas las partes de tu ser.
- Ten claro cómo quieres defenderte a ti mismo.

Tu yo adulto responsable utiliza las herramientas de respuesta funcional que desarrollaste de niño y de adulto. ¿Cómo se ha mostrado contigo ese yo adulto responsable en el pasado? ¿Cómo se muestra ahora?

La siguiente es una lista de herramientas de respuesta funcional que puedes haber llevado a la edad adulta:

- Dar la cara por los demás.
- Pedir lo que necesitas.
- Quererte a ti mismo.
- Querer a los demás.
- Mostrar agradecimiento a ti mismo y a los demás.
- Prestar atención a tus necesidades.
- Escuchar de verdad a los demás, no solo oír lo que dicen.
- Respetar a otros cuando dicen lo que piensan, aunque no estés de acuerdo con ellos.
- Respetar los sentimientos de los demás, aunque no los compartas.
- Abrir tu corazón con la gente en la que confías.
- Compartir.
- Ser amable.
- Ofrecer ayuda sin esperar nada a cambio.
- Ser agradecido.
- Estar orgulloso de ti mismo, con humildad.
- Sentirte orgulloso de los demás de forma totalmente desinteresada.
- Hacer de tripas corazón cuando tienes miedo.
- Practicar el desapego amoroso en las relaciones cuando sea necesario.
- Darte permiso para ser vulnerable en las relaciones.
- Aprender a dejar de lado los sentimientos de vergüenza.

- Aprender de los demás con humildad.
- Confiar en ti mismo.

Al hacerte responsable de ti mismo, tomas las riendas de tus decisiones vitales. Dejas de utilizar tus herramientas de respuesta emocional herida y creas otras más eficaces.

Tómate un tiempo para anotar en tu cuaderno algunos ejemplos en los que hayas visto a otros sacar a relucir su yo adulto responsable y mostrar compasión. Por ejemplo, un compañero se ofreció a ayudar a un amigo o alguien fue amable y comprensivo con quien lo necesitaba. Los actos de compasión son grandes ejemplos de mostrar nuestro yo más funcional, porque proceden de un ámbito de altruismo, humildad y generosidad. No buscamos nada a cambio, solo deseamos lo mejor para la otra persona.

Ahora escribe algunos ejemplos de actos de nobleza, por ejemplo de alguien que hayas visto haciéndose responsable de un asunto o asumiendo un error. También puedes anotar algunos aspectos y cualidades del adulto funcional que aspiras a encarnar. Por ejemplo, reconocer cuándo algo te sobrepasa y pedir ayuda, o ser vulnerable y hablar con un amigo cuando estás triste. Ser un adulto funcional no significa que tengamos que ser fuertes todo el tiempo y no mostrar nunca lo que algunos perciben como debilidad. Significa ser fieles a todas las partes de nosotros mismos y esforzarnos por conseguir la plenitud y la integración. Se trata de cualidades que quizá no puedas demostrar plenamente en la actualidad, pero que tienes la intención de alcanzar.

Tras escribir estas cualidades del yo adulto responsable que acabas de describir, guarda tu cuaderno y vuelve a mirarlo dentro de unos años para ver si ya te has convertido en quien querías ser.

Aprende a decir no

En el capítulo anterior hablamos de los problemas de decir sí cuando quieres decir no. Hay gente a la que le cuesta mucho decir que no, porque no quiere defraudar o porque le importa tanto gustarles a los demás y que la quieran que dice que sí a todo. Esta falta de límites también se debe a que su parte herida tiene miedo y se crece. Incluso el adulto responsable puede ceder al miedo a ser excluido.

La verdad es que todo el mundo quiere gustar y que lo quieran. Creo que es un principio básico de la naturaleza humana. Sin embargo, puedes seguir cayendo bien y siendo amado, aunque digas ese no que te cuesta tanto. De hecho, no te extrañe que tus amigos y familiares empiecen a respetarte más. Todos sentimos un profundo respeto por quienes se defienden a sí mismos y a aquello en lo que creen y dicen claramente lo que necesitan. Hace falta valor para mostrarse tan vulnerable.

La capacidad de establecer límites se corresponde directamente con el grado de curación de tus partes heridas.

Mientras te dedicas a establecer límites, fíjate en cuándo y cómo el yo herido intenta volver a sus viejos comportamientos de no poner límites o de poner límites extremos. Piensa que este intento proviene de la parte de ti que se siente insegura y temerosa.

Acostúmbrate, poco a poco, a utilizar con valentía un lenguaje asertivo y empieza con algunos pequeños noes. Un pequeño no puede ser cuando, por ejemplo, alguien te pregunta si quieres comida italiana y lo que de verdad quieres es comida mexicana. Simplemente tienes que decir no y, acto seguido, lo que prefieres. Un caso así no es una cuestión de vida o muerte, pero te servirá para comenzar. Establecer límites es como usar un músculo que no está acostumbrado a ser utilizado. Empieza con los pequeños noes y ve aumentando la fuerza.

Al empezar a poner límites puedes tropezarte con algunas ideas erróneas, como las siguientes:

- Si soy sincero/a, dejaré de gustarle a la gente.
- Si abro el corazón, alguien me hará daño.
- No quiero que los demás me vean como alguien desagradable o de mal carácter.
- Si establezco mis límites, tendré que atenerme a ellos durante toda mi vida.
- No soy una persona egoísta, y los límites contradicen mi naturaleza bondadosa.

Al principio es posible que no te parezca natural poner tus necesidades por delante de las de los demás, e incluso podrías sentirte como si fuera algo forzado. Esto es normal, y acostumbrarse a ejercitar este músculo va a llevar un tiempo.

Empecemos a ejercitar tu músculo del no. Recuerda una situación en la que hayas dicho que sí en lugar de respetar tu no. Ahora deja de juzgar y pregúntate por qué tomaste esa decisión. ¿Qué estabas evitando o qué temías? Probablemente se te ocurrirán algunos motivos bastante razonables por los que aceptaste decir sí y no utilizaste tu músculo del no. De hecho, probablemente puedas convencerte de que tomaste la decisión correcta al decir que sí. Si de verdad la decisión que tomaste era tan correcta y lógica y lo hiciste por tu amigo o por tal o cual motivo, entonces ¿por qué guardas una pizca de resentimiento por haber dicho sí en lugar de no?

La realidad es que nuestra mente analítica conoce nuestros juegos y nos convencerá de que tomemos decisiones y digamos sí cuando queremos decir no. La mente engaña a nuestro yo auténtico con nuestro yo emocional. Esto se debe a que llevamos toda una vida entrenándola para que anule nuestro yo auténtico y nuestros límites. Hemos sido objeto de un condicionamiento social, basado en todas las razones que acabo de exponer y otras muchas más, para hacernos creer que debemos decir que sí.

Vuelve a recordar cuando dijiste sí en vez de no. ¿Sigues pensando que fue la mejor elección que pudiste hacer para respetar a tu auténtico yo? Lo has hecho así, y no hay problema. La cuestión es que la próxima vez te preguntes qué te dicen tus entrañas.

Supón que te han pedido que hagas algo y quieres decir que no, pero tienes miedo de entablar la conversación porque no sabes cómo va a resultar. He oído a personas que planean una conversación como si fuera una partida de ajedrez, desarrollan una estrategia sobre lo que van a decir y luego se anticipan a lo que dirá el otro. Veo esto especialmente a menudo con personas inteligentes que tienen problemas de control o de confianza. Saben cómo suele responder su interlocutor, así que tratan de manipular la conversación para que vaya a su favor. Quieren manejar la conversación para obtener el resultado que desean y evitar los temas incómodos o imprevisibles.

Esta estrategia del miedo procede del yo herido, que cree que esa es la forma de establecer un límite o mantener una conversación. No lo es. Es manipuladora, y el otro se dará cuenta. Además, le niega al yo adulto la oportunidad de estar presente y disponible para ver cómo resultaría la conversación si la persona utilizara una comunicación clara y asertiva en lugar de ser manipuladora e indirecta.

Muchos mantienen estas conversaciones estratégicas o dirigidas pensando que están progresando y estableciendo límites, pero solo están mejorando el ajedrez de la relación, cerrando su corazón y fracasando a la hora de relacionarse.

Sé sincero

Muchas personas que acaban de empezar a establecer límites quieren ser un «buen chico» y tienen miedo de que, si dicen lo que sienten, se las perciba como malas. Esto es normal cuando estás estableciendo límites por primera vez, al igual que sentir dudas, culpa y considerarte poco cariñoso o desagradable. Estos sentimientos surgen del deseo de gustar y ser apreciado; todos queremos eso, pero no a todo el mundo le va a gustar lo que decimos, y eso también es normal. Defender tu postura y decir lo que sientes es algo que puede hacerse con amabilidad y compasión. No es necesario gritar ni dar un golpe en la mesa para que te escuchen; solo tienes que ser claro y asertivo en tu discurso.

A menudo tenemos la falsa impresión de que los demás no podrán aceptar la sinceridad. La sensación es que, si le dijéramos a alguien lo que de verdad sentimos, esa persona se vendría abajo, se hundiría, se asustaría o se enfadaría. La realidad es que la mayoría de la gente es resiliente y capaz de asimilar ideas o hechos desagradables. Al no decir lo que de verdad piensas, estás dando a entender que no crees que alguien sea capaz de afrontarlo, por lo que decides por él en lugar de respetar su inteligencia y capacidad de comprensión. Te engañas a ti mismo y le impides a la otra persona vivir una experiencia que podría ampliar la relación y ayudarla a profundizar la conexión. Cuando ocultas lo que piensas, te cierras a conexiones más profundas. También puedes dar a entender que no quieres decir esa verdad porque te resulta difícil sostenerla.

Cuando no dices lo que realmente piensas, estás diciendo en un nivel más profundo que no confías en ti mismo ni te respetas, y por tanto los demás probablemente tampoco deberían confiar en ti ni respetarte. Después de décadas de trabajar en mi propio proceso de sanación, me interesa mucho más respetarme a mí mismo y ser respetado por los demás que caerle bien a todo el mundo. Cuando somos sinceros, nos estamos queriendo y respetando a nosotros mismos. Cuando hacemos nuestro trabajo de sanación, nos volvemos menos dependientes de las opiniones de los demás para dar forma a nuestras ideas sobre nosotros mismos.

EJERCICIO: VIEJOS PATRONES DE LÍMITES

En este ejercicio harás una lista de las decisiones que tomaste y que te sirvieron para respetarte y de las que tuvieron el efecto contrario. Verás si te mantuviste fiel a quien eres y mantuviste tus límites o si te los saltaste y tomaste una decisión para contentar a otros.

Saca tu cuaderno y traza una línea vertical en el centro de una página en blanco. En la parte superior del lado izquierdo escribe «Me viene bien» y en el lado derecho escribe «Le viene bien a otro». Ahora recuerda una ocasión en la que hayas dicho sí o no a una situación o invitación. Piensa en el resultado, cómo te sentiste al respecto y para quién decidiste esa respuesta de sí o no. Escribe una breve descripción de la situación en la columna correspondiente. Por ejemplo, supón que pones en la columna «Me viene bien» que estudiaste lo que de verdad querías, y que estabas contento con tu decisión, y en la columna «Le viene bien a otro» que saliste o te casaste con el tipo de persona que tus padres querían. Escribe todos los ejemplos que puedas –de mayor o menor importancia– y comprueba si empieza a surgir un patrón.

Ahora mira los ejemplos que escribiste en la columna «Me viene bien». ¿Qué estaba ocurriendo en tu vida por aquel entonces? ¿Por qué fuiste capaz de serte fiel a ti y a tus límites? ¿Era una época de tu vida en la que te sentías bien contigo, en la que te encontrabas fuerte y equilibrado/a? Cuando dijiste lo que de verdad pensabas fuiste capaz de expresar los sentimientos de orgullo y honor de aquella época. Todas tus elecciones en la columna «Me viene bien» las tomó tu yo adulto funcional.

A continuación, mira la columna «Le viene bien a otro». ¿Por qué crees que sacrificaste tus límites por alguien? ¿Por qué crees que era más importante para ti hacer lo que otros querían en lugar de lo que querías tú? Sé comprensivo contigo al revisar estas elecciones. Siempre tomamos las mejores decisiones para nosotros en función de nuestra visión de nosotros mismos y el mundo. Hace tiempo tomaste decisiones que satisfacían a otros, anteponiendo su felicidad a la tuya. Fue tu herida emocional la que hizo que eligieras las opciones de la columna «Le viene bien a otro».

Si tienes más ejemplos en la columna «Le viene bien a otro» que en la columna «Me viene bien», significa simplemente que en el pasado hacías más por los demás que por ti mismo. Que en el pasado te sacrificabas para complacer a otros en lugar de satisfacer tus propias necesidades y a ti mismo. Significa también que evitaste los enfrentamientos al principio, pero que esto lo pagaste emocionalmente después.

Es interesante revisar nuestras decisiones vitales porque podemos ver patrones de cómo nuestros comportamientos pasados influyeron en nuestras elecciones futuras. Estas pautas continúan a menos que trabajemos en la curación de nuestras heridas. Como experimento, mira tu columna «Le viene bien a otro» e imagina cuál habría sido el resultado si hubieras tomado una decisión diferente. Imagina qué habría sido distinto si hubieras respetado tus límites y te hubieras defendido a ti mismo y a lo que querías. ¿Crees que tu vida sería diferente ahora? Esta es otra forma de ver el poder de la elección en nuestras vidas.

Cada día, en todos los sentidos, estás creando tu vida. Cuando honras a tu auténtico ser y eres sincero, creas la mejor oportunidad posible para crecer y sanar.

Caso real: Chandler, un joven adicto

Chandler es un hombre de cuarenta años que tenía problemas de adicción mientras intentaba ser un buen marido, padre y mantener a su familia. Durante un tiempo se encontraba bien, pero luego algún incidente cotidiano desencadenaba su adicción y volvía a acudir a su camello para drogarse. Decía que no sabía por qué seguía queriendo consumir, ya que estaba muy contento con su vida, su familia y su trabajo.

Chandler había entrado y salido de rehabilitación varias veces, e incluso estuvo en la cárcel a los veintiún años por traficar con drogas. Entendía la adicción y el proceso de adicción, pero en todo el trabajo que hizo para intentar mantenerse sobrio y en recuperación, nunca tuvo en cuenta la parte emocional de su adicción. Tenía un sistema de límites dañado, así que reconocía que se estaba haciendo daño, no solo a sí mismo, sino también a su mujer y al resto de su familia; no obstante, justificaba su comportamiento y seguía drogándose.

En nuestro primer trabajo juntos, le pregunté a Chandler qué edad sentía que tenía cada vez que estaba fuera de control, era impulsivo y quería escapar y consumir. ¿A qué edad le recordaba ese comportamiento? Inmediatamente dijo que se acordaba de cuando era un chico de veintiún años. A esa edad, no solo consumía drogas, sino que las vendía, y su vida estaba totalmente descontrolada. Pasó más de tres años en la cárcel por tráfico de drogas. Sus veinte años fueron una época de gran agitación y confusión.

Mucho después de que saliera de la cárcel, cuando el estrés del trabajo, la familia y las finanzas activaban su yo más joven y herido, este recaía en la adicción. Esa parte de veintiún años daba un paso adelante y tomaba malas decisiones. Cuando el efecto de las drogas desaparecía, su yo adulto, la parte de él que intentaba recomponer su vida, tenía que enfrentarse a los estragos y tratar de arreglar la situación.

Como muchos adictos, Chandler detestaba este ciclo. Una vez que se identificó con su yo de veintiún años y reconectó con él, no pudo ignorar durante más tiempo esta pauta y desarrolló habilidades de superación y límites específicos que acabaron por cambiarla. Abrió los ojos y comprendió que ya no quería vivir con ese dolor reciclado. Aun así, su herida emocional seguía intentando llamar su atención. Podía ver claramente cuándo su yo de veintiún años se sentía descontrolado y utilizaba sus emociones heridas y su lógica para «arreglar» un problema. Tuvo que establecer límites internos para protegerse de más daños, dejar de consumir drogas y ayudar a la parte herida más joven a madurar emocionalmente. Estos límites debían tener sentido para Chandler y tenían que salir de él. No iba a hacer algo simplemente porque alguien le dijera que debía hacerlo. La adicción es un viaje personal que afecta a quienes nos rodean, así que tuvo que aprender a comprometerse primero consigo mismo y luego con los demás.

Para afrontar la situación utilizó estrategias como salir a pescar y trabajar duramente con el fin de conseguir buenos resultados y retribuir y mantener a su familia. Esto lo ayudaba a combatir el estrés, pero probablemente se excedía en el trabajo para aumentar su estima. No había asentado el compromiso consigo mismo. Se esforzaba hasta caer rendido por el cansancio. Intentaba rehabilitar su sentido de la autoestima volcándose en sus tareas y agotándose, pero esto no era más que otra adicción: la adicción al trabajo.

En su revisión de la línea de tiempo, Chandler se vio a sí mismo como alguien con un pasado familiar caótico que se vio envuelto en el tráfico de drogas, fue detenido y mandado a prisión, luego conoció a una joven maravillosa y se casó. Consiguió observar sus primeras experiencias hirientes y vio cómo prepararon el terreno para que se perdiera en las drogas. Le estaba agradecido a su mujer, pero no veía que era él mismo el que había creado su realidad, que era él quien había trabajado duro para mantener a su familia. Seguía viéndose como el tipo que fue a la cárcel y tuvo suerte al salir. Le costaba ver su propia resiliencia, su autenticidad y su grandeza porque seguía en modo de supervivencia. Nuestras conversaciones sobre el establecimiento de límites le sonaban a chino.

Hablamos de cómo podía comprometerse consigo mismo porque se lo merecía, pero él no se consideraba digno. Veía que los demás sí lo eran y también era capaz de apreciar el valor de la vida que estaba viviendo; en cambio, su valor personal siempre tenía que venir del reconocimiento externo, es decir, debía esforzarse a todas horas en trabajar y en compensar sus antiguos errores. Mantenía este valor fuera de sí mismo, no dentro.

Con el tiempo, Chandler comprendió cómo él solo había sido capaz de superar sus problemas, había encontrado una maravillosa compañera de vida, se esforzaba duramente en el trabajo y tenía hijos a los que intentaba darles más de lo que había tenido nunca. Logró entender que era él quien había creado esa transformación.

Al aprender a poner límites, se comprometió consigo mismo (límite interno) a no consumir drogas por todo lo que tenía que perder. Colocó una foto de sus hijos en su camión y habló con su mujer más a menudo. Aprendió técnicas de meditación y acudió a reuniones de doce pasos. Se comprometió consigo mismo a hacer el trabajo duro en el proceso continuo de recuperación, día a día. Resistió el impulso de acudir a su camello. A menudo detenía su camión en el arcén y sollozaba con la lucha interna de querer consumir y saber todo lo que podía perder si lo hacía. Su yo adulto y responsable estaba confundido sobre por qué quería drogarse, ya que pondría en peligro todo lo que había creado. Su yo adulto se sentía descontrolado, avergonzado y lleno de rabia. Se esforzaba por mantener la calma y conseguir que todo funcionara. Luchaba por recuperarse para su familia, pero cada vez aprendía a respetarse y quererse más a sí mismo. Chandler empezó a hacer declaraciones de límites, como: «Merezco la pena», «No voy a dejar que me avasallen en el trabajo», y «Me defenderé y me protegeré». Las declaraciones de límites a su mujer (límites externos) eran mensajes de lo que sentía ese día y de cómo necesitaba que ella lo ayudara con algunas cosas. Esto contribuía a que no tratara de hacerlo todo solo y luego resentirse con ella.

Estaba aprendiendo no solo a sobrevivir, sino a crecer emocionalmente y a establecer límites firmes. Dejó de verse a sí mismo como un antiguo recluso que tan solo iba saliendo adelante o que tenía suerte. El hecho de haber cumplido una condena en la cárcel se había convertido en una prisión que llevaba dentro de sí mismo, pero a medida que se curaba desde dentro y encontraba su autoestima, ese espejismo empezó a disolverse y a desvanecerse.

Quiero dejar claro que seguir el proceso HEAL no solucionó por sí solo la adicción de Chandler. Asistió a reuniones de doce pasos durante todo el tiempo que estuvimos juntos y tiene un padrino. Probablemente siempre sentirá la atracción de su adicción y necesitará trabajar en su recuperación continuamente. El proceso HEAL lo ayudó a identificar de forma consciente lo que le ocurría, en lugar de tomar decisiones inconscientes que reaccionaban emocionalmente. Los problemas de adicción tienden a disminuir cuando hay una sensación prolongada de mejora de la autoestima, humildad, autocuidado y rendición.

Ahora es capaz de reconocer lo que le dicen sus sentimientos, lo que tiene que hacer con ellos y cómo mantener la sobriedad. Puede tener conversaciones conscientes con su yo herido más joven, establecer límites firmes y entrenarse a sí mismo para hacer frente a los desencadenantes y a los antojos para evitar el consumo de drogas. A través del proceso HEAL, volvió a encontrar su auténtico yo. Recuperó lo que siempre había estado ahí, pero había quedado enterrado bajo una falsa apariencia.

En la actualidad Chandler tiene planes claros para evitar que su yo adicto consuma en los momentos en que se desencadena su adicción. Este plan de prevención de recaídas no es parte del proceso que utilizó para curar su yo herido de veintiún años. Siempre tendrá que esforzarse en su recuperación de la adicción.

Hoy en día Chandler es uno de mis héroes, y lo digo en serio. Estoy orgulloso de su esfuerzo y me maravilla su valor, su tenacidad y su historia como hombre que ha recuperado su poder y su amor propio.

Desarrolla herramientas de respuesta funcional

Has trabajado mucho con los límites y aprendido mucho sobre los tuyos. Aprender a establecer límites saludables es una parte crucial del proceso HEAL. El trabajo que estás haciendo con los límites te ayudará a elaborar nuevas herramientas de respuesta funcional ajustadas a tu vida actual. Miraste en tu caja de herramientas de respuesta emocional herida y viste todas las que usabas continuamente y que, como tus reacciones impulsivas, te fueron tan útiles durante la niñez. Hónralas y ten presente que siempre estarán ahí para cuando realmente las necesites. Pero ahora hay que desarrollar otras herramientas nuevas, especialmente diseñadas, que se ajusten a quién eres y dónde estás en tu vida hoy.

A través de este trabajo, también has visto ejemplos de cómo no siempre te has mostrado de forma adecuada para ti o para los demás, o cómo has evitado a personas y situaciones. Ahora es el momento de verte a ti mismo con una mirada más amable y gentil. Mientras sigues haciendo este trabajo, obsérvate, no te juzgues.

EJERCICIO: DESARROLLA TUS NUEVAS HERRAMIENTAS FUNCIONALES

Este ejercicio te ayudará a desarrollar nuevas herramientas de respuesta funcional, para lo cual deberás comprender que tú tienes el control de tu mente y que esta no te controla a ti. ¿Qué instrucciones le darás a tu mente sobre cómo quieres percibirte a ti mismo?

En la parte superior de una página en blanco de tu cuaderno escribe la pregunta: «¿Quién quiero ser para mí?». En la parte superior de la página siguiente escribe: «¿Cómo quiero mostrarme ante los demás?».

Bajo el primer epígrafe, «¿Quién quiero ser para mí?», escribe cómo quieres ser en tu día a día. Puedes anotar algunas intenciones positivas, objetivos que quieras alcanzar o instrucciones que te quieres dar a ti mismo. Escribe tus ideales y objetivos superiores.

El lenguaje que utilices se dirige a la parte de ti que está sanando, así que escribe en un lenguaje positivo y en tiempo presente. Aquí tienes algunos ejemplos de afirmaciones positivas para animarte a estar emocionalmente disponible para ti:

- Soy amable y cariñoso/a conmigo.
- Tengo una gran motivación para ir al gimnasio.
- Estoy orgulloso/a de alimentarme bien y nutrir mi cuerpo.
- Me siento agradecido/a por todo lo que hay en mi vida.
- Estoy orgulloso/a de cómo mejora mi recuperación día a día.
- Me expongo mis límites internos con claridad y cariño.
- Soy responsable con mis elecciones cuando fumo o bebo.
- Respeto mi sentido de identidad y sé lo que es bueno para mí y lo que no.
- Estoy aprendiendo a ser emocionalmente vulnerable conmigo mismo/a.
- Puedo decir que no a alguien, asumirlo y no sentirme culpable.
- Me levanto cada día y me fijo en los aspectos positivos de la vida.
- Sonrío para recordarme que me quieren.
- Soy humilde para poder aceptar y amar la totalidad de mi ser.

Escribe tanto y durante tanto tiempo como quieras.

En la segunda página, «¿Cómo quiero mostrarme ante los demás?», escribe ideas sobre cómo quieres aparecer ante otros en tu vida. Tal vez desees crear algunas intenciones positivas para ti. También puedes pensar en algunos ideales superiores para cuando te relaciones con la gente. Aquí tienes algunos ejemplos de afirmaciones positivas para que así puedas estar emocionalmente disponible para los demás:

- Reconozco cuándo necesito estar con otros y cuándo necesito un tiempo a solas.
- Estoy totalmente presente con mi pareja o cónyuge.
- Tomo buenas decisiones sobre con quién quiero estar.
- Soy compasivo/a con los demás.
- Respeto mis límites y escojo a quienes hacen lo mismo.
- Expreso mis límites con los demás de forma clara y asertiva.
- Aprendo a ser emocionalmente vulnerable con la gente y a no verlo como una debilidad.
- Me siento bien con quien soy en mis relaciones.
- Respeto los sentimientos ajenos, incluso cuando no los entiendo.
- Me siento respetado/a, amado/a y confiado/a en mis conexiones con otros.
- Mis relaciones me resultan recíprocas y enriquecedoras.
- Soy humilde en mis relaciones.
- Me abro a aquellos con quienes me siento seguro/a.

De nuevo, escribe todo lo que quieras sin límite de tiempo.

Los objetivos e ideales que has escrito en este ejercicio no son fórmulas mágicas que creen transformaciones inmediatas o nuevas situaciones en tu vida; son ideales que empezarás a mantener para ti. Con el tiempo, te ayudarán a desarrollar nuevas herramientas de respuesta funcional. Estás estableciendo intenciones de comportamientos y acciones que quieres atraer hacia ti y, al mismo tiempo, que te atraigan. La energía intencional te ayudará a discernir y crear mejores límites, de modo que atraerás a otras personas que sean emocionalmente sanas y tengan buenos límites. (Quizá te vendría bien volver a consultar esta lista dentro de seis meses o un año para ver si estás manifestando estas afirmaciones positivas en tu vida). Con el tiempo empezarás a ver y sentir la diferencia, porque eres un creador consciente de tu mundo. Ya no estás en la ensoñación; estás viviendo tu vida presente y disponible.

Utiliza tus nuevas herramientas

A través del proceso HEAL aprendes a ser un creador consciente de tu vida, y establecer límites es la clave más significativa para conseguir la auténtica libertad. Estás dejando de vivir en piloto automático y de reaccionar. Ahora tienes algunas herramientas para determinar, en cualquier momento, el estado de tus límites. Puedes comprobar y preguntarte cómo te sientes respecto a algo y qué elección quieres hacer. Ese es tu sistema de límites interno en funcionamiento. También puedes preguntarte cómo te sientes y luego decidir qué decirle a otra persona. Este es tu sistema de límites externos.

La otra gran clave para vivir una vida auténtica es utilizar tus nuevas herramientas de respuesta funcional. Aprender a establecer límites sanos y responsables y utilizar estas herramientas son pasos cruciales para sanar y abrazar una vida auténtica. Los límites saludables te permiten respetar tus propias necesidades, deseos y anhelos sin sacrificar tu relación con los demás.

Cuando muestras a la parte herida de ti que puedes manejar responsablemente situaciones que fueron desencadenantes en el pasado y eres capaz de establecer límites saludables, demuestras a todas tus partes que se puede confiar en ti para tomar decisiones maduras y responsables. Al aceptar la responsabilidad por ti mismo ayudas a tu parte herida a dejarse llevar y a confiar en tu yo adulto para establecer buenos límites y proteger todas tus partes. Esto te lleva al objetivo final de curación de la autointegración, para que puedas abrazar una vida auténtica.

Pulsa el botón de reinicio

Desarrollar y aprender a utilizar tus nuevas herramientas de respuesta funcional requiere tiempo y práctica. A medida que vayas creando nuevas formas de responder, utilizarás el método de ensayo y error para hacerlo bien. Supón que estás hablando con un amigo y dices algo que al instante sabes que suena mal o que no es lo que quieres decir. En ese momento puedes pulsar el botón de «reinicio» y corregir el error.

Cuando te des cuenta de que has dicho algo que no era lo que querías decir, simplemente detente, respira y di: «Lo siento, no quería decir eso. Lo que quería decir era...». Puedes pulsar el botón de reinicio de inmediato y rehacer las cosas. Se trata de una herramienta muy útil, especialmente cuando estás practicando nuevos límites y comportamientos. Reajusta inmediatamente la conversación y aporta una nueva dinámica a tu comunicación. Estás diciendo que intentas ser intencionado y respetuoso con tu lenguaje.

A menudo enseño esta herramienta a las parejas que vienen a verme. En las relaciones íntimas desarrollamos una manera de comunicarnos rápida y sin rodeos, y a menudo estamos tan familiarizados con el otro que simplemente soltamos lo que queremos decir. Esto puede hacer que surjan problemas en la relación. Si utilizas el botón de reinicio, puedes tener inmediatamente, o poco después, un momento de reajuste y aclarar cualquier malentendido o resentimiento.

Puedes aplicar la idea del botón de reinicio a muchas áreas de tu vida. No es necesario que te alejes de una conversación y te castigues inmediatamente por algo que hayas dicho o hecho con mala intención. Date la vuelta, reconoce tu error, discúlpate si es necesario y di de forma clara y coherente lo que quieres decir. No es difícil; solo hace falta valor para mostrarse vulnerable.

Con el tiempo, utilizar el botón de reinicio te ayudará a ser más consciente de las elecciones y respuestas que adoptas con los demás. Te ayudará a tomarte las cosas con más calma, a no reaccionar precipitadamente y a ser más respetuoso.

Cambia de perspectiva

Cambiar tu perspectiva para ver cómo las situaciones que vives pueden ser diferentes es una herramienta saludable y útil que te ayudará a transformar tu vida. Tómate un momento para observar las áreas de tu existencia en las que hay dolor o malestar. Pregúntate qué se necesita y qué está bajo tu control para mejorar esta situación. No puedes cambiar las cosas que escapan a tu control, pero sí cambiar tu forma de actuar e interactuar en las situaciones. Tienes poder sobre tu mente y sobre lo que haces con tus sentimientos. Puedes elegir una forma más funcional de abordar una determinada circunstancia.

Saca tu cuaderno y busca una página en blanco. En la parte superior de la página, escribe «Cosas que me gustaría transformar en mi vida». Apunta algunas situaciones de tu vida que te gustaría cambiar. Debajo de cada afirmación, haz una lluvia de ideas sobre lo que cambiarías de la situación si tuvieras una varita mágica. Al revisar cada punto, pregúntate si hay alguna herramienta de reacción impulsiva que se interponga en el camino de tus sueños. ¿Hay algo que crees o que haces que crea un obstáculo para esta transformación?

Este ejercicio es simplemente para ayudarte a ver dónde tienes poder para cambiar tu forma de ver una situación y cómo te sientes. Gran parte de tu trabajo de sanación consiste simplemente en cambiar tu perspectiva.

En el próximo capítulo aprenderás a integrar tu niño interior con tu yo protector adulto, el objetivo final del proceso HEAL. A medida que estableces tus límites y practicas el uso de tus nuevas herramientas de respuesta funcional, tu yo infantil sanador se va uniendo poco a poco a tu yo adulto responsable y desarrollando una conciencia de las personas, las situaciones y el contexto. Estás entrenando los músculos emocionales necesarios para crear este equilibrio adaptativo. La integración del niño interior con tu yo adulto responsable te permite enriquecer tu experiencia vital y te ofrece oportunidades para crecer de una manera expansiva.

CAPÍTULO 8

La integración del niño herido

El niño interior curado se convierte en una fuente de vitalidad y creatividad, permitiéndonos encontrar una nueva alegría y energía para vivir.

–JOHN BRADSHAW

Siempre recordarás lo que te ocurrió. Tus experiencias y tu línea de tiempo son solo tuyas, y tus recuerdos siempre te acompañarán, pero ya no quieres que estén en primer plano. A medida que avanzas en este proceso, tu herida interior ha empezado a suavizarse, curarse y transformarse lenta y conscientemente, fusionándose con tu yo adulto y responsable. Tal vez ya hayas notado cómo esta herida se está convirtiendo en una nota a pie de página en tu vida en lugar de un título del capítulo.

Una vez que has ido trabajando en el proceso HEAL, probablemente has descubierto algunas ideas nuevas sobre ti mismo. Así es como te expandes y creces en tu interior. A través de este proceso, estás aprendiendo a ver y sentir la realidad que conoces de una forma nueva. Tienes la misma vida que tenías antes de abrir este libro –probablemente el mismo trabajo, las mismas relaciones, las mismas amistades–, pero ahora estás aprendiendo a mirar tu vida con una lente diferente.

Puede que notes que los recuerdos que pones en tu línea de tiempo ya no desencadenan reacciones ni son tan duros como antes. Esto se debe a que has encontrado el valor para enfrentarte a estos temas, para examinarlos y para trabajar a través de los sentimientos dolorosos hacia la curación. Te estás enfrentando a cosas en tu interior que antes te parecían grandes y aterradoras.

Puede que descubras que tener esta consciencia es una transformación gradual, que empiezas a notar que no te alteras tanto por ciertas cuestiones que antes te molestaban mucho. Ya no hay tanto ruido en tu interior y no se desencadenan tanto tus recuerdos dolorosos porque estás sanando la herida. Si esto es cierto para ti, significa que has hecho un gran trabajo para sanar y aliviar ese dolor. Estás sanando las heridas familiares que has tenido durante tanto tiempo.

Cómo sabes que estás sanado

La gente me pregunta a menudo cómo sabrá cuándo ha terminado la terapia. La respuesta breve es: cuando tus emociones ya no se desencadenen por determinadas situaciones. Seguirás recordando lo que pasó, pero no reaccionarás emocionalmente a ello ni experimentarás «fuertes» sentimientos. Como terapeuta, veo esto como un indicador del nivel de curación de una persona y de si ha trabajado o no su herida.

Puede que estés creando conexiones más seguras, que te permiten sentirte libre y abierto gracias a tu nueva capacidad de establecer límites. Ahora es más fácil desarrollar relaciones funcionales porque estás prestando más atención a ti mismo en el contexto de la conexión, en lugar de limitarte a reaccionar.

Estás reconectando con tu auténtico yo, el lugar tranquilo y sabio que siempre ha estado dentro de ti. Estaba oculto por los espejismos que otros proyectaban sobre ti y por tus propias percepciones erróneas de las situaciones. Estás aprendiendo a fomentar diálogo interior positivo y a propiciar que el auténtico yo salga a la luz y brille.

Tus partes heridas saben y sienten que tu yo adulto responsable está estableciendo límites funcionales y por eso van aprendiendo a confiar en él y a dejar de lado las herramientas de respuesta emocional y las reacciones impulsivas.

Estas partes no se sienten tan vigiladas como antes y se están relajando.

Tus partes heridas ya no están varadas y congeladas en el tiempo, las estás uniendo e integrando con tu yo adulto responsable.

Ya no atraes a personas heridas a tu vida solo para poder cuidarlas, solucionarles sus problemas o rescatarlas.

Asimismo, has dejado de entrar en patrones disfuncionales con otras personas al reproducir inconscientemente tu herida emocional con ellas. Si estás saliendo con alguien, puedes notar que ya no te atrae el tipo de persona que solía interesarte. Te das cuenta conscientemente de que ese tipo de persona no era buena para ti en muchos aspectos. Hoy eliges mejor y te atraen aquellas que han hecho su trabajo de sanación. Las personas sanas encuentran a otras personas sanas.

Ahora que estableces límites sanos, tu parte herida ya no tiene que hacer el trabajo de protegerte ferozmente. La parte herida ya no se siente tan herida, confundida, triste, sola y enfadada. Deja que esta transformación te inunde a medida que la vieja herida se disuelve y tu niño interior, antes perdido, se integra con tu yo adulto responsable.

La confianza es la unión de la inteligencia y la integridad.

—SOUMYA KRISTIN MATTIAS

Todos estos cambios son indicadores de que tu yo herido se está curando e integrando con tu yo adulto. Tu yo herido ha observado y escuchado para que tu yo adulto responsable dé un paso adelante, establezca límites y os proteja a todos. Ahora se siente cómodo dejando de lado las herramientas de la herida porque estás utilizando tus herramientas de respuesta funcional para navegar por tu mundo.

Las siguientes son las formas en que sabrás día a día que tu yo herido se está integrando con tu yo adulto responsable y que estás mejorando:

- Experimentas una mayor sensación de libertad.
- Ya no reaccionas con tanta frecuencia a los desencadenantes.
- Te sientes más ligero y mejor.
- No estás tan triste, herido y enfadado.
- Te encuentras en un estado de conexión y apertura hacia los demás.
- Vuelves a sentirte tú mismo.
- Eres más amable y gentil contigo y con los demás.
- Confías más en ti mismo, te amas y te respetas más.
- Experimentas una sensación de calma y sabiduría.
- Sientes que te han sacado una espina o que te han liberado del cautiverio.

A medida que te sientas más integrado con tu niño interior, date permiso para atraer a tu vida a otras personas que tengan límites fuertes y que estén conectadas con su yo auténtico. Es posible que veas cómo los demás ponen límites todo el tiempo de los que no te habías dado cuenta antes. Practica los pequeños noes, ya que esto fortalecerá tu músculo de los límites. Cuando te sientas valiente y con la mente despejada, practica un no más grande. Recuerda que cuando dices que no, en la mayoría de los casos puedes decir que sí después si quieres. Sé valiente al protegerte con tus límites. Tú lo vales.

Probablemente hayas practicado la declaración de límites en tu cabeza a medida que has trabajado en los capítulos. Si no la has dicho en voz alta cuando ha sido necesario, ahora es el momento de hacerlo.

Si un recuerdo sigue reciclándose y no puedes dejarlo pasar, reevalúa la declaración de límites en torno a él o crea una ahora.

Transiciones

Cada vez que pasas por una transición en la vida, algunos aspectos son complicados, y eso es normal. No todo el mundo en tu vida va a estar en el mismo punto que tú. Ahora tienes una mayor conciencia de ti mismo, de tus relaciones y de cómo encajas en el mundo. Esta es tu oportunidad de mirar objetivamente tus relaciones y preguntarte si son saludables para ti y qué estás obteniendo de ellas. Es entonces cuando te das cuenta de que puedes ser el creador, y no solo el reactor, de tu vida. Recuerda que seguramente los demás en tu vida no están pasando por este proceso de transformación. Están en su propio viaje.

Con esta nueva perspectiva llega un cambio de realidad. Es posible que te sientas desorientado sobre ti mismo y tus relaciones, que no te sientas conectado a tu cónyuge, pareja o amistades, que empieces a cuestionar todo en este momento, ya que todo parece distinto ahora. También es posible que te sientas como si estuvieras al borde de un nuevo comienzo.

Cuando haces este trabajo, estás dejando atrás una realidad y entrando en una nueva. Puede que añores tu realidad conocida, aunque no siempre fuera agradable y las relaciones fueran tóxicas. Incluso así, podrías pensar: «Sí, era un desastre, pero era mi desastre». Ahora no sabes en qué te estás metiendo ni hacia dónde te diriges. Hace falta valor para ser vulnerable. Esta sensación de pérdida es una parte natural del proceso de desdoblamiento, de soltar y de reclamar un nuevo sentido de ti mismo a partir del trabajo de curación. Tienes que desprenderte de esta parte de ti con el fin de dejar espacio para sanar y seguir adelante. Estás aprendiendo a darte permiso para soltar los ciclos en los que te has perdido durante gran parte de tu vida.

Puede que empieces a ver únicamente las partes malas de tus relaciones y ninguna de las buenas, o que veas algunas cosas con claridad y sepas lo que tienes que hacer, y que te sientas tan confuso como siempre con otras situaciones. Estos síntomas suelen ser desconcertantes porque te gusta cómo te sientes y los progresos que estás haciendo, pero no ves que nada cambie en la vida de los demás. Esto se debe a que no todas las personas de tu vida están en terapia o pasan por este proceso. No tienen la perspectiva que tú estás desarrollando. Te estás viendo a ti mismo y a tu familia y amigos de una manera diferente.

Lara se encontraba en una situación similar. Llevábamos un tiempo trabajando en sus partes heridas, y estaba haciendo una labor fantástica. Había pasado por los pasos y estaba comprendiendo muchas cosas de su vida. Dijo que le iba bien, pero que se sentía triste, confusa e insegura sobre sus próximos pasos. Más tarde declaró que iba a dejar la terapia por completo porque no sabía qué estaba pasando y por qué tenía esos sentimientos contradictorios. Una parte de ella quería volver a su antigua realidad, sacar sus viejas herramientas de respuesta emocional herida y utilizarlas;

al menos le resultaban familiares. Asimismo, afirmó que, aunque estaba aprendiendo nuevas formas de relacionarse consigo misma y con su novia, le asustaba lo desconocido.

Le hablé a Lara sobre este tiempo de transición y le expliqué que es normal sentirse así. Hablamos de la sensación de pérdida que acompaña a este trabajo, ya que hay un componente de duelo en el proceso que proviene de un nivel subconsciente profundo. Lara había vivido en una burbuja en la dinámica de la relación con su novia que conocía y comprendía, pero ahora estaba utilizando sus nuevas herramientas de respuesta funcional. No escapaba a sus viejas costumbres ni a sus respuestas heridas de hace décadas. Ahora estaba fuera de la burbuja, explorando nuevas partes de sí misma e interactuando con su mundo de forma diferente. Era una situación que temía y al mismo tiempo era emocionante, ya que seguía desarrollando límites más fuertes y respuestas emocionales más eficaces.

Cada vez que vuelvas a revisar el proceso HEAL te sentirás mejor y ampliarás tu conciencia de ti mismo y de tu realidad. Pasarás de sentirte emocionalmente cerrado y disperso a sentirte libre y abierto.

Salvar las brechas

Te habrás dado cuenta, por medio de la observación y el discernimiento diarios, de que en tu vida se producen brechas entre esas relaciones que van bien –en las que creas conexiones sanas, sólidas y fuertes– y las recaídas en tus antiguos comportamientos. Esta es una parte natural del aprendizaje de nuevas habilidades; no vas a ser un experto de inmediato. Las brechas son las áreas en las que necesitas desarrollar herramientas específicas para utilizarlas en una relación o para emplear sistemáticamente las herramientas de límites que has desarrollado.

Fíjate en las áreas en las que tienes conexiones seguras, en donde la conexión resulta recíproca, arraigada y enriquecedora. Ahora fíjate en aquellas en las que la conexión es desigual y no te sientes bien contigo mismo o con la conexión. Se trata de observar tus interacciones contigo mismo y con los demás y dónde estás utilizando las herramientas que has aprendido. La cuestión no es juzgar, sino utilizar tu discernimiento para determinar tu papel como creador o como receptor que reacciona. Observa en qué aspectos estás haciendo un buen trabajo para mantenerte centrado y en cuáles se producen algunas deficiencias en tus herramientas de respuesta funcional.

Cuando las cosas no van bien en una relación, tal vez pienses que no estás mejorando, que todo sigue igual y que la otra persona no respeta tus límites hagas lo que hagas. O quizá estés intentando establecer límites, pero recibas resistencia, y dejes de intentarlo. Sin embargo, como te sientes frustrado por el baile disfuncional y de todo corazón quieres que las cosas cambien, lo volverás a intentar. Este empezar y parar es normal cuando se aprende una nueva habilidad, pero puede ser un mensaje contradictorio en una relación.

Si este es tu caso, tal vez tengas que replantearte tus herramientas de respuesta emocional. ¿Sigues recurriendo a reacciones impulsivas a las que estás acostumbrado, pero que no son nada prácticas? Esta es la ocasión de revisar el capítulo cuatro y tus respuestas al ejercicio «Falta de límites o enredo». Pero lo más importante es que no pienses que algo va mal con tus límites solo porque el otro no los respete. Es posible que esa persona quiera evitar el tema, que no le guste lo que dices o que tenga una inclinación narcisista. En cualquier caso, puedes observar y examinar la relación.

Si la dinámica de la relación no está cambiando y sanando, tal vez es porque seas reacio a poner límites. Quizá te cueste decir lo que piensas, seas poco claro al hablar o tengas miedo de perder la relación si te muestras totalmente sincero. Tal vez no quieras provocar una discusión y te asuste la idea de hacerlo. Esta evasión es simplemente miedo. Eres más fuerte de lo que crees. Aunque la dinámica de la relación no cambie y las cosas no mejoren, en tu interior estás progresando más de lo que crees.

Cuando las relaciones no cambien por mucho que lo intentes, fíjate en lo que sí puedes cambiar y controlar, y luego sopesa si la relación te satisface o no. Es posible que descubras que tus relaciones cambian con el tiempo. Este proceso de reevaluación de las relaciones se produce gradualmente porque estás discerniendo lo que te parece correcto, lo que funciona y lo que va en tu contra. Estás aprendiendo a confiar en ti mismo y en el proceso.

Las relaciones siempre cambian y se transforman porque son dinámicas. Van a surgir brechas incluso en las relaciones establecidas, sólidas y funcionales. Es entonces cuando tendrás que comprobarte a ti mismo, determinar si algo no se siente conectado y averiguar por qué no estás en sintonía con otra persona. Pregúntate qué puedes controlar o cambiar en ti mismo sin poner en peligro tus límites para que esta conexión sea más funcional.

Recuerda que estás haciendo tu trabajo de sanación desde tu interior.

El hecho de que tu mundo exterior no refleje a la perfección cómo te sientes por dentro no significa que estés haciendo algo mal, sino que no puedes controlar a los demás. Estás viviendo tu vida auténtica, y con el tiempo atraerás y cultivarás relaciones que sean satisfactorias, recíprocas y gratificantes. Hazte cargo de tus propias decisiones vitales en lugar de buscar que otros cambien para tu comodidad. Mientras realizas este trabajo de sanación, las personas con las que estás alineado y en sintonía estarán ahí para ayudarte. Aquellos que no conecten con lo que eres hoy empezarán a alejarse. Las personas semejantes se atraen entre sí. Tu sintonía resonará con otros que hayan hecho su trabajo de sanación. No tienes que revisar tu lista de contactos y eliminar a la gente. Las conexiones y desconexiones se producirán de forma natural, y verás quién es capaz de crecer contigo y quién se ha quedado atascado en su propia herida disfuncional.

Sigue observándote a ti mismo y a los demás. No olvides que ahora cuentas con las herramientas de respuesta funcional para crear resultados positivos en tu vida. Te conviene fluir, estar enraizado y ser consciente de las elecciones que haces. Ya no tienes que reaccionar a los acontecimientos, eres el creador de tu vida.

Al final de cada día, haz un balance de tus interacciones contigo mismo y con los demás. Observa dónde te ha ido bien a la hora de fijar los límites y dónde hay brechas en tus límites. Fíjate en dónde haces un buen trabajo con tus respuestas a los demás y dónde necesitas practicar el uso de herramientas de respuesta funcional. Observa dónde consigues animarte a ti mismo y dónde sigues castigándote. Presta atención a dónde te estás expandiendo o contrayendo.

Si te sientes bien en tus interacciones con los demás, *enhorabuena*. Te estás honrando a ti mismo y a tus relaciones. Si sigues sintiéndote resentido o incómodo tras una interacción, reevalúa tu papel en la relación y determina si necesitas mejores límites internos o mejores límites externos. No se trata de la perfección, sino de observar y guiarte suavemente a ti mismo para crear buenas relaciones contigo y con los demás.

Has logrado un avance extraordinario

Has llegado muy lejos, mucho más de lo que crees. Piensa en todo lo que has aprendido sobre ti y en lo mucho que has progresado. Seguramente, la comprensión que tienes de ti mismo ahora es muy diferente de la que tenías al comenzar a trabajar en este proceso. Te has dado permiso para atravesar las barreras y los espejismos que habías construido sobre ti, y estás aprendiendo a mirar y soportar tus heridas, tu dolor y tu miedo. Estás aprendiendo a permitir que se cicatrice suavemente en tu interior toda la dolorosa experiencia de tu infancia. Eres sincero contigo mismo y con el dolor de tu pasado. El proceso HEAL te ha ayudado a ver cómo tus heridas, antes ocultas, seguían resurgiendo de forma indirecta hasta que reconociste esta parte perdida de ti y le diste voz.

Has sido capaz de identificar partes de tu pasado que arrastraban esta herida y la has ayudado a expresar claramente sentimientos que llevaban mucho tiempo enterrados pero que seguían doliendo. Al hacerlo, has podido calificar el nivel del dolor, y esto te ha proporcionado una forma de medir internamente la intensidad de la herida.

Has creado un diálogo entre tus partes heridas y tu parte adulta que no entendía ni podía ver lo que estaba ocurriendo. Este intercambio ha abierto la comunicación, de modo que has logrado saber claramente y en el momento en que el dolor se produce cómo se sienten todas tus partes heridas y cuándo se manifiestan en tu vida cotidiana. Has alentado a tu yo adulto y responsable, que siempre ha estado ahí pero quizá en un segundo plano, a dar un paso adelante y reclamar poder y protagonismo.

Una vez que has sido capaz de atravesar todo el dolor y el yo adulto responsable ha conseguido hacerse cargo de esa parte herida más joven, esa parte de ti ha empezado a relajarse y a confiar en que vas a hacer todo lo posible para protegerte a ti mismo. Los límites que emplees ayudarán a recordarles a todas tus partes que puedes protegerte en tus relaciones personales. Estos límites son la infraestructura que te mantendrá en el camino para que logres alcanzar tus sueños y propósitos.

Hoy, la edad de tu herida ya no se enciende ni parpadea brillando. Ya no se activa porque has aprendido a hacer caso a esta herida, has escuchado su llamada y atiendes sus necesidades. Estás viendo lo que está bien en ti, no solo lo que está mal.

No dejes que nada se interponga en el camino de la recuperación de tu auténtico yo. Sigue practicando tus habilidades de establecer límites, de hacerte cargo de tu propia verdad y de expresarla, y de vivir tu vida tan auténticamente como puedas. Lee tus escritos anteriores, tus notas y las respuestas a los ejercicios que hiciste. Fíjate en cómo describiste los acontecimientos y las situaciones en ese momento. Vuelve a leer tus cartas sanadoras. Pregúntate si describirías esos mismos acontecimientos hoy de la misma manera, utilizando las mismas palabras para expresar tus sentimientos. ¿Tienes ahora los mismos sentimientos sobre ellos que cuando los escribiste? ¿O ha cambiado tu perspectiva y ahora tienes una visión más sabia y tranquila de esas experiencias?

¿Cómo han cambiado tus relaciones? ¿Qué patrones notas que siguen ocurriendo y qué partes puedes controlar? ¿Oyes y ves a la gente de forma diferente ahora que estás creciendo y expandiéndote? Observa cómo te atrae la gente que es auténtica, equilibrada y más feliz, en lugar de los vampiros emocionales llenos de sufrimiento. Presta atención a estas relaciones y escucha lo que te dice tu subconsciente, tu mente sabia. Sigue confiando en tus sentimientos y habla con franqueza para que puedas vivir con una mayor sensación de libertad y amor hacia ti mismo.

Abraza a tu auténtico yo

Tu herida emocional ya no está atrapada en una bola de nieve preguntándose si hay una salida. Vas camino de disfrutar de la libertad emocional y de abrazar a tu auténtico yo. Estás aprendiendo a convertirte en tu mejor defensor y a estar junto a ti en los momentos de dificultad y de triunfo. Estás aprendiendo a sostener y valorar esas partes que antes se sentían perdidas y abandonadas y que ahora se sienten integradas y acogidas por todo tu ser.

Has aprendido nuevas formas de reconectar y animar a esa parte auténtica y resistente de ti que siempre estuvo ahí para que salga y vuelva a su tamaño original. Has aprendido a honrar tus traumas y tus triunfos porque cada uno de ellos tiene valor, ya que todo tu ser lo tiene. Has aprendido que no hace falta que seas perfecto, eres perfectamente imperfecto, y no hay nadie como tú.

Tu trayectoria de sanación va a tener efectos en cadena en todas tus relaciones. Al caminar en tu auténtica verdad, demostrarás a los demás que te amas, confías en ti y te respetas. Otros que buscan esto para sí mismos se sentirán atraídos por ti porque tienes algo que ellos anhelan.

Gracias a tu duro trabajo, serás capaz de dar un paso adelante con autenticidad y estar presente y emocionalmente disponible para ti y para los demás. Podrás ser fiel a tus principios y hablar con claridad, respetándote a ti mismo en todas tus relaciones. Serás capaz de nombrar tus partes heridas cuando aparezcan, acogerlas y saber lo que tienes que hacer para sanarlas.

Siente el resplandor del amor propio a medida que se expande en ti, llenando las grietas en las que una vez tuviste dolor y tristeza. Deja que esto te bañe como un bálsamo curativo que has estado anhelando toda tu vida. Siente cómo tu yo verdadero y auténtico emerge y se fortalece día a día.

Vivir una vida auténtica

Estás aprendiendo a ser un creador consciente de tu vida en lugar de reaccionar al mundo y ahora estás en camino de vivir una vida auténtica. Conforme realizabas el proceso HEAL, has aprendido que tener claridad es la clave para poder verte a través de una lente curativa.

Una de las formas de mantener este enfoque nítido es desarrollar algunas intenciones que te ayudarán a mantenerte fuerte y fiel a ti mismo y a fomentar nuevos comienzos en tu camino para convertirte en un creador y un manifestador. Con ellas podrás discernir si sigues tu propio camino en lugar de seguir ciegamente el de otra persona. Las intenciones son ideales u objetivos superiores que hablan a la parte de ti que está sanando y buscando el equilibrio. Son las cualidades del yo que quieres encarnar, apreciar y a las que aspiras. Son declaraciones escritas en un lenguaje positivo y en tiempo presente. Las siguientes son algunas intenciones a las que puedes referirte cuando necesites un suave recordatorio de tu fuerza y sabiduría:

- Soy amable y gentil conmigo mismo/a.
- Me quiero.
- Confío en mí.
- Me respeto.
- Encuentro la motivación para hacer ejercicio.
- Me siento orgulloso/a de comer bien y nutrir mi cuerpo.
- Respeto mi identidad y sé lo que es bueno para mí y lo que no.
- Puedo decir que no a otra persona, asumirlo y no sentirme culpable.
- Cada día, en todos los sentidos, vivo mi vida al máximo.
- Mis límites me ayudan a tener una sensación de seguridad en mis relaciones personales.
- Tomo mejores decisiones sobre con quién me rodeo a diario.
- Me encuentro a gusto con quien soy en mis relaciones con los demás.

- Me siento respetado/a, amado/a y digno/a de la confianza de quienes forman parte de mi vida.
- Mis relaciones me nutren y las siento recíprocas.
- Traigo a mi vida a otras personas que son emocionalmente sanas y crean relaciones positivas.
- Estoy agradecido/a por seguir trabajando en mi relación conmigo mismo/a porque, al final, soy lo más importante.
- Estoy orgulloso/a de todo mi trabajo y mis logros.
- Hoy soy más sabio/a de lo que jamás pensé que podría llegar a ser.

Utiliza estas intenciones como guía y crea las tuyas propias que coincidan con las aspiraciones que tienes para tu vida auténtica. Es posible que algunas de tus intenciones ya se estén llevando a cabo en tu vida. Usarlas te ayudará a seguir desarrollando nuevas herramientas de respuesta funcional. Te ayudarán a discernir y crear mejores límites para que crees relaciones funcionales y amorosas contigo mismo y con los demás.

Los siguientes son algunos mensajes que espero que sientas y conozcas profundamente en tu interior. Léelos en voz alta desde el lugar conectado a tierra dentro de ti que sostiene tu yo sanado y siente el amor propio que estás fomentando y desarrollando cada día.

- Conozco cada paso del camino y respeto todo el esfuerzo que he realizado para llegar a este punto en mi camino auténtico y resiliente. Estoy orgulloso/a de mi labor.
- Conozco el dolor que sentí cuando toqué mis heridas y me di permiso para ser vulnerable a esos sentimientos. Ahora me doy cuenta de lo fuerte que soy.

- Después de haber sido herido/a por las palabras, utilizo mis palabras para decir amablemente mi verdad, para animar y para defender. Tengo derecho a decir lo que pienso.
- Sé que soy más fuerte de lo que creo.
- Mis logros y experiencias, grandes o pequeños, desempeñan un papel en la creación de abundancia en mi vida. Recibo cada día con esperanza, confianza y una sensación de fuerza interior.
- Sé que he sanado mis heridas emocionales y las partes que he trabajado hasta ahora. Hoy y cada día soy mi mejor aliado.
- Sé que soy un proyecto en marcha y que probablemente me esperan retos para sanar, pero ahora me siento bien conmigo mismo/a. Estoy disfrutando del viaje cada día.
- Siento que se cierran suavemente muchas de las heridas de mi infancia. Experimento la sensación de satisfacción por el duro trabajo que me ha llevado a este lugar.
- Sé que mi relación conmigo y con los demás es hoy más fuerte gracias al trabajo que he realizado en mi interior. Me quiero.
- Sé que el efecto dominó de mi curación tocará a todos aquellos con los que me encuentre. Estoy caminando por mi auténtico camino.
- Sé que no he llegado aquí solo/a, que todos aquellos con los que me he encontrado en mi viaje me han ayudado a comprender mis puntos fuertes, mi valor y mis vulnerabilidades, y estoy humildemente agradecido/a. Me siento conectado/a a los que me quieren por lo que soy.

Te deseo muchos días de plenitud en el futuro mientras sacas a relucir tu mejor yo y te amas, confías y respetas a ti mismo. Has completado el círculo. Tus partes heridas perdidas se han integrado con tu yo adulto responsable. Ya no estás perdido ni herido. Te has reunido con tu auténtico yo. Bienvenido a casa.

Al final del proceso de liberación
mirarás hacia abajo y verás tus propios pies
que te han llevado tan, tan lejos
y, por una vez, decidirás que está bien sentarse,
descansar,
extender las manos y levantar la cabeza,
abrir el corazón
a la posibilidad de que, después de todo,
nunca estuviste solo ni por un minuto

Que Ella, el Amor, estaba ahí mismo con su grandioso silencio
sin saber cómo hacer para que la creyeras cuando te decía
que eres un ser de rara belleza en la Tierra,
que Ella aún tiene tu collar de macarrones,
que te ha estado siguiendo,
haciendo mapas de todos los lugares en los que te perdiste,
para que supieras cómo volver,
cuando llegara el momento de ponerlo todo en orden.*

* Extraído de *Love Will Find You Out* [El amor te encontrará], de Jen Lemen. Reproducido con permiso.

APÉNDICE A

Tabla de vocabulario sentimental

Esta lista contiene numerosos términos que puedes utilizar para describir las sensaciones, tanto emocionales como físicas. Estas palabras están divididas en dos categorías: sentimientos que tenemos cuando nuestras necesidades están satisfechas y sentimientos a los que nos enfrentamos cuando no lo están.

Revisa el vocabulario cuando quieras expresar sentimientos específicos para ser claro al transmitirlos.*

* Lista de sentimientos reproducida con permiso. (c) 2005 del Center for Nonviolent Communication ('centro para la comunicación no violenta'). Sitio web: www.cnvc.org. Email: cnvc@cnvc.org. Teléfono: +1.505.244.4041.

Cuando tus necesidades están satisfechas te sientes...

AFECTUOSO
Amable
Cálido
Cariñoso
Comprensivo
Cordial
Simpático
Tierno

COMPROMETIDO
Absorto
Arrebatado
Concentrado
Curioso
Embelesado
Estimulado
Fascinado
Hechizado
Interesado
Involucrado
Pendiente
Participativo

ESPERANZADO
Animado
Expectante
Optimista

CONFIADO
A salvo
Abierto
Empoderado
Orgulloso
Seguro

ENTUSIASMADO
Animado
Ansioso
Apasionado
Ardiente
Asombrado
Con sensación de vértigo
Deslumbrado
Enérgico
Exaltado
Entusiasta
Excitado
Vehemente
Vibrante
Vigorizado

AGRADECIDO
Conmovido
Emocionado
Lleno de gratitud

INSPIRADO
Asombrado
Deslumbrado
Maravillado

ALEGRE
Alborozado
Complacido
Contento
Divertido
Feliz
Jubiloso
Regocijado

EXULTANTE
Cautivado
Dichoso
Emocionado
Eufórico
Extasiado
Exuberante
Radiante

TRANQUILO
Aliviado
Apacible
Aplacado
Calmado
Centrado
Cómodo
Confiado
Contento
Ecuánime
En paz
Lúcido
Relajado
Satisfecho
Sereno

RENOVADO
Animado
Descansado
Nuevo
Recuperado
Rejuvenecido
Renacido

Cuando mis necesidades no están satisfechas me siento...

ASUSTADO
Aprensivo
Atemorizado
Aterrado
Con miedo
Desconfiado
Fatídico
Horrorizado
Intimidado
Petrificado
Preocupado
Receloso
Suspicaz
Temor

MOLESTO
Agitado
Consternado
Descontento
Disgustado
Exasperado
Frustrado
Impaciente
Irascible
Irritable

ENFADADO
Enfurecido
Furioso
Indignado
Iracundo
Irritado
Rabioso
Resentido

HASTIADO
Asqueado
Despreciativo
Horrorizado
Hostil
Intolerante
Lleno de odio
Rechazado

CONFUNDIDO
Ambiguo
Aturdido
Desconcertado
Desgarrado
Intrigado
Pasmado
Perdido
Perplejo
Vacilante

DESCONECTADO
Aburrido
Adormecido
Alienado
Apático
Desinteresado
Desorientado
Displicente
Distante
Distraído
Frío
Indiferente
Retraído

INQUIETO
Agitado
Alarmado
Alterado
Atolondrado
Conmocionado
Convulso
Desazonado
Desconcertado
Desencajado
Destemplado
Impresionado
Incómodo
Intranquilo
Perturbado
Sobresaltado
Trémulo
Turbado

AVERGONZADO
Apenado
Aturdido
Cohibido
Culpable
Humillado
Mortificado

FATIGADO
Agotado
Aletargado
Apático
Cansado
Exhausto
Molido
Quemado
Somnoliento

Cuando mis necesidades no están satisfechas me siento... (cont.)

DOLIDO
Afligido
Acongojado
Angustiado
Apesadumbrado
Con el corazón roto
Decepcionado
Desgraciado
Destrozado
Devastado
Herido
Solo

TRISTE
Abatido
Deprimido
Desamparado
Desanimado
Descorazonado
Desdichado
Desesperado
Melancólico
Sombrío

TENSO
Abrumado
Agitado
Agotado
Alterado
Angustiado
Ansioso
Atormentado
Estresado
Irritable
Malhumorado
Nervioso
Sobresaltado

VULNERABLE
A la defensiva
Débil
Frágil
Indefenso
Inseguro
Receloso
Reservado
Sensible

ANHELANTE
Carente
Celoso
Demandante
Envidioso
Necesitado
Nostálgico

APÉNDICE B

Inventario de necesidades

Las necesidades son una parte esencial de nuestra vida. Difieren de los deseos, que son intereses efímeros sin valor permanente. Las necesidades satisfacen a un nivel extremadamente fundamental nuestra propia valoración y autoestima. Identificar tus necesidades te ayudará a comprenderte mejor, y podrás comunicar a los demás lo que necesitas con mayor claridad. Conocer tus necesidades te permite tener una conexión más profunda contigo mismo.

Revisa esta lista para identificar qué necesidades satisfaces en este momento y de cuáles quieres hacerte cargo a partir de ahora.*

* Reimpreso con permiso. (c) 2005 por el Center for Nonviolent Communication ('centro para la comunicación no violenta'). Sitio web: www.cnvc.org Email: cnvc@cnvc.org. Teléfono: +1.505.244.4041

Inventario de necesidades

CONEXIÓN
Aceptación
Afecto
Amor
Apoyo
Aprecio
Atención
Calidez
Cercanía
Coherencia
Compañerismo
Compasión
Comprender y ser comprendido
Comunicación
Comunidad
Confianza
Conocer y ser conocido
Consideración
Cooperación
Empatía
Estabilidad
Inclusión
Intimidad
Pertenencia
Protección
Reciprocidad
Respeto/autoestima
Seguridad
Ver y ser visto

BIENESTAR FÍSICO
Agua
Aire/comida
Contacto físico
Descanso/sueño
Movimiento/ejercicio
Refugio
Seguridad
Sexualidad

HONESTIDAD
Autenticidad
Integridad
Presencia

JUEGO
Alegría
Humor

PAZ
Armonía
Belleza
Comunión
Facilidad
Igualdad
Inspiración
Orden

AUTONOMÍA
Elección
Espacio
Espontaneidad
Independencia
Libertad

SIGNIFICADO
Aprendizaje
Autoexpresión
Celebración de la vida
Claridad
Competencia
Comprensión
Conciencia
Consciencia
Contribución
Creatividad
Crecimiento
Desafío
Descubrimiento
Duelo
Eficacia
Eficiencia
Esperanza
Estimulación
Importar
Participación
Propósito

APÉNDICE C

Recursos

Los siguientes son recursos que te ayudarán a satisfacer diversas necesidades.

National Domestic Violence Hotline: 1-800-799-7233, www.thehotline.org
Busca tu recurso local para conocer cuanto antes tus derechos sobre el establecimiento de una orden de alejamiento por violencia doméstica, también conocida en Estados Unidos y sus territorios como orden de protección temporal.

The National Suicide Prevention Lifeline: 1-800-273-8255, www.suicide-preventionlifeline.org

National Institute of Mental Health: www.nimh.nih.gov

Victories for Men: www.victoriesformen.org

The Art of Manliness: www.artofmanliness.org

Mental health support for active military, veterans and their families: www.giveanhour.org

Alcoholics Anonymous: www.aa.org

Narcotics Anonymous: www.na.org

The Trevor Project for LGBT ('el proyecto Trevor para LGTB'): 1-866-488-7386, www.thetrevorproject.org

Codependents Anonymous: www.coda.org

Recursos en español (España)

Violencia de género

Teléfono 016 - 016 *online* – WhatsApp 600 000 016

Teléfono de información sobre violencia intrafamiliar (Andalucía)

900 300 003

Teléfono de la Esperanza (prevención del suicidio)

968 343400

El Teléfono de la Esperanza está siempre disponible

Alcohólicos Anónimos

Para el tratamiento del alcoholismo

985 566 345

info@alcoholicos-anonimos.org

Narcóticos Anónimos

Para el tratamiento de adicciones

Línea de Ayuda

952853522

Whatsapp

+34 622776219

LGTBIfobia

«Teléfono arcoíris» 028

Asesoramiento, prevención y apoyo emocional a las víctimas de delitos de LGTBIfobia.

Codependientes Anónimos CoDA

Teléfono +34 630919030 / +34 696229644

Para obtener el libro de trabajo (en inglés) que acompaña a *Sanar a tu niño interior perdido*, con material complementario, testimonios compartidos y ejercicios en profundidad, visita mi sitio web en www.theartofpracticalwisdom.com.

Para profundizar en el tema del trabajo con el niño interior y otros ámbitos del desarrollo personal, los siguientes libros pueden ser de tu interés:

Dr. Eric Berne, *Juegos en que participamos: la psicología de las relaciones humana.* Gaia, 2022.

John Bradshaw, *Volver a casa: recuperación y reivindicación del niño interior*. Gaia, 2017.

Dr. Brené Brown, *El poder de ser vulnerable: ¿qué te atreverías a hacer si el miedo no te paralizara?* Urano, 2016

Jeff Brown, *Love It Forward* [Amar hacia el futuro] Enrealment Press, 2014.

Susan Cain, *El poder de los introvertidos: en un mundo incapaz de callarse.* Random House, 2020.

Dra. Doris Eliana Cohen, *Repetition: Past Lives, Life, and Rebirth* [Repetición: vidas pasadas, vida y reencarnación]. Hay House, Inc., 2008.

Panache Desai, *You Are Enough: Revealing the Soul to Discover Your Power, Potential, and Possibility* [Eres suficiente: revelar el alma para descubrir tu poder, tu potencial y tus posibilidades]. HarperCollins, 2020.

Dr. Joe Dispenza, *Sobrenatural: gente corriente haciendo cosas extraordinarias*, Urano, 2018.

Matthew Fox, *The Hidden Spirituality of Men: Ten Metaphors to Awaken the Sacred Masculine* [La espiritualidad oculta de los hombres: diez metáforas para despertar lo sagrado masculino]. New World Library, 2008.

Louise Hay, *Usted puede sanar su vida,* Urano, 2009.

Dr. Bessel van der Kolk, *El cuerpo lleva la cuenta. Cerebro, mente y cuerpo en la superación del trauma.* Editorial Eleftheria, 2020.

Dalái lama, Desmond Tutu y Douglas Carlton Abrams, *El libro de la alegría: Alcanza la felicidad duradera en un mundo en cambio constante.* Grijalbo, 2016.

Jackson MacKenzie, *Whole Again: Healing Your Heart and Rediscovering Your True Self after Toxic Relationships and Emotional Abuse* [Completa de nuevo: sanar tu corazón y redescubrir tu verdadero yo después de las relaciones tóxicas y los abusos emocionales]. Penguin Random House, 2019.

Dr. Karyl McBride, *Mi mamá no me mima: cómo superar las secuelas provocadas por una madre narcisista*. Books4pocket, 2018.

Pia Mellody, *La codependencia: Qué es, de dónde procede, cómo sabotea nuestras vidas*, Editorial Paidós, 2005.

Alice Miller, *El drama del niño dotado: y la búsqueda del verdadero yo.* Planeta, 2020.

Vivek H. Murthy, MD, *Juntos: El poder de la conexión humana.* Planeta, 2020.

Mark Nepo, *El libro del despertar: consigue la vida que deseas estando presente en la vida que ya tienes*. Gaia, 2012.

Dr. Michael Newton, *Destino de las almas. Un eterno crecimiento espiritual.* Arkano Books, 2016.

Dr. Michael Newton, *El viaje de las almas: Estudios de casos de la vida entre vidas*. Arkano Books, 2015.

Newton Institute, *Wisdom of Souls: Case Studies of Life between Lives from the Michael Newton Institute* [La sabiduría de las almas: estudios de casos de la vida entre vidas del Instituto Michael Newton]. Llewellyn Publications, 2019.

Eleanor Payson, *The Wizard of Oz and Other Narcissists: Coping with One-Way Relationships in Work, Love, and Family,* [El Mago de Oz y otros narcisistas: cómo afrontar las relaciones unidireccionales en el trabajo, el amor y la familia]. Julian Day Publications, 3.ª edición, 2002.

Terrence Real, *I Don't Want to Talk about It: Overcoming the Secret Legacy of Male Depression* [No quiero hablar de ello: superando el legado secreto de la depresión masculina]. Scribner, reprint ed., 1999.

David Richo, *Cómo llegar a ser un adulto*. Desclée De Brouwer, 2008.

Ross Rosenberg, *El síndrome del imán humano: ¿por qué queremos a quienes nos hieren?* Publicación independiente, 2018.

Babette Rothschild, *El cuerpo recuerda. La psicofisiología del trauma y el tratamiento del trauma*. Eleftheria, 2016.

Gary Zukav, *El asiento del alma*. Ediciones Obelisco, 2008.

Glosario

Activado: proceso interno por el que se evoca un recuerdo a través de la vista, el sonido, el olor o el tacto. Es el estímulo que inicia la evocación del recuerdo y que suele provocar un cambio en el estado de ánimo o en el comportamiento. Ver también **Desencadenante**.

Adivinación del pensamiento: también conocida como leer la mente. Proyectar en otra persona los propios miedos, inseguridades y defectos. Inventar falsedades.

Autenticidad: tener una sensación de libertad de autoexpresión. Congruencia entre cómo se siente uno por dentro y cómo se presenta por fuera.

Carencia de afectividad: la incapacidad para transmitir o recibir emociones en una relación. La conexión con los sentimientos está bloqueada o se ignora. La persona carente de afectividad no reconoce este déficit en sí misma ni se da cuenta de cuándo los demás necesitan aprobación y apoyo emocional. Suele transmitirse de una generación a otra hasta que se sana el ciclo.

Cartas sanadoras: cartas simbólicas de afecto dirigidas al propio yo infantil o adulto que expresan sentimientos profundos de reconocimiento, amor y cuidado. Se escriben rápida y arrebatadamente como un intercambio de energía que proviene del interior del individuo. Estas cartas no se entregan, ni se envían por correo, ni se comparten; su finalidad es ser destruidas o quemadas después de escribirlas. Crean un diálogo para fomentar la integración de las partes heridas perdidas del yo con el yo adulto responsable.

Codependiente: tener una mayor consideración, estima, amor, confianza y respeto por otra persona que por uno mismo. Depender excesivamente de otros para sentirse identificado o legitimado.

Desencadenante/circunstancia desencadenante: una situación actual, una vista, un sonido, un olor o un tacto que activa el recuerdo de un acontecimiento pasado, normalmente traumático. Ver también **Activado**.

Deseos: un afán o anhelo de poseer o experimentar algo. Lo que no se necesita pero que sería bueno tener. Lo que es efímero y no duradero.

Discernimiento: distinguir claramente lo que a uno le gusta y lo que no. La capacidad de examinar diversos factores con el fin de descubrir lo que para un individuo es cierto.

Disociar/disociación: desconectar internamente o «escapar» de una situación o persona abusiva o traumática, es decir, ausentarse mentalmente de la realidad sensorial y física presente. Suele ocurrir durante el trauma, pero también puede darse después. Cuando la disociación se produce el individuo parece soñar despierto o «desconectarse».

Dolor reciclado: sentimientos o recuerdos que surgen repetidamente y no desaparecen hasta que se reconocen, se validan o se curan.

Edad de la herida: la edad en la que se produce una herida emocional inicial, normalmente en la infancia. Una edad que representa una parte que no maduró emocionalmente con las demás.

Emociones: son estados de ánimo subjetivos que pueden ser una reacción a un estímulo interno, como un pensamiento o un recuerdo, o una reacción a un acontecimiento externo. Se manifiestan tanto de forma consciente como subconsciente.

Enraizado: sentirse centrado dentro de uno mismo y firme respecto a un pensamiento, sentimiento o respuesta. Un sentimiento o respuesta que se origina en un ámbito sano, no a partir del dolor. Ver también **Centrado**.

Enredo: estar tan cerca de otra persona, normalmente un miembro de la familia, que no se sabe dónde esta empieza y dónde acaba el individuo. Se da en dinámicas familiares disfuncionales en las que todos se meten en los asuntos de los otros y les dicen lo que tienen que hacer. Límites difusos, poco claros o establecidos solo en algunas ocasiones.

Experiencias relevantes a nivel emocional: acontecimientos de nuestro pasado que tienen un gran impacto en la forma en que nos vemos a nosotros mismos y a nuestra vida. Experiencias evocadas sin mucho esfuerzo; pueden ser de dolor o de gran alegría.

Falso yo: un autoconcepto negativo inconsciente que suele originarse en la familia de origen y que es reforzado por ella. Una ilusión de que uno es menos que otro, malo, imperfecto o fracasado.

Familia de la infancia: la familia en la que uno se ha criado. Puede ser una familia biológica, adoptada, de acogida o mixta.

Herida central traumática: una herida emocional profunda que puede ser de naturaleza física, mental, emocional o sexual. Tarda más en procesarse y curarse.

Herida central: un trauma emocional que ocurre en un momento o durante el transcurso del tiempo y que afecta al sentido de identidad, a las decisiones y a los resultados de la vida.

Herramientas de respuesta emocional: por lo general, se desarrollan en la infancia, aunque se aprenden a lo largo de toda la vida. Estas herramientas crean un conjunto de reacciones, comportamientos, pensamientos y sentimientos ante un estímulo. Estas reacciones pueden ser funcionales, como las que ayudan a alguien a alcanzar sus objetivos, o heridas, que van en contra del individuo. Ambos tipos de herramientas de respuesta emocional se desarrollan internamente sin un conocimiento consciente inicial de cuáles son «buenas» o «malas».

Herramientas de respuesta emocional herida: una herramienta de respuesta emocional que está arraigada en un espacio de miedo o dolor dentro de un individuo y le crea patrones de relación pobres o disfuncionales. Se desarrolla a lo largo de la vida.

Herramientas de respuesta funcional: una respuesta a una situación que procede de un enfoque auténtico y realista. Suele ser una respuesta productiva que fomenta una mejor dinámica de relación y un resultado más positivo. Se desarrolla a lo largo de la vida.

Integración: el proceso dinámico de unir el niño interior perdido y herido con el yo adulto funcional y responsable. Un espacio de curación que se logra a través de la introspección, la autorreflexión y el desarrollo de un panorama más amplio de los acontecimientos de la vida y el paisaje emocional de uno mismo. Un sentimiento de estar completo, no fragmentado ni disperso.

Límite burbuja: un límite semipermeable, flexible pero rígido, por el que uno mantiene a otro u otros a distancia emocional. Se trata de ser simultáneamente precavido y abierto.

Límite extremo: bloquear, cerrar, ignorar, mandar a alguien «a la porra» o poner altos muros emocionales entre uno mismo y otro u otros.

Límites externos: declaraciones o acciones hacia los demás que demuestran y declaran lo que es aceptable e inaceptable para un individuo.

Límites internos: compromisos y acuerdos con uno mismo sobre cuáles son los pensamientos, sentimientos y comportamientos aceptables e inaceptables que uno elige para su vida y cómo quiere expresarlos.

Límites: sensación de dónde acaba una persona y dónde empieza otra, que crea seguridad emocional en las relaciones personales. Se establece mediante palabras o acciones.

Necesidades: necesidades básicas de la vida requeridas para una supervivencia funcional: amor, cariño, comida, refugio, ropa, etc. No se limitan a la comida y al refugio, ni son superfluas o lujos. Las necesidades satisfacen un sentimiento de autoestima y valoración de uno mismo a un nivel profundo y fundamental.

Niño interior: concepto que una persona imagina y que guarda el recuerdo emocional impreso de la infancia. Puede ser auténtico y emocionalmente libre o herido y traumático. Si está herido, puede denominarse niño interior herido o niño interior perdido. Una representación del propio yo más joven. También se denomina «parte» o «partes» de alguien.

Oposición: ser incongruente con la opinión, la creencia o el comportamiento de otra persona.

Partes heridas; yo herido; niño interior herido y perdido: términos que se refieren a los aspectos emocionales conscientes e inconscientes de uno mismo que no se han curado y que a menudo están enterrados emocionalmente. Heridas emocionales internas que no se ven ni son conocidas por los demás, pero que se manifiestan de forma indirecta, como la pasividad agresiva, el autosabotaje y las pautas de tomar malas decisiones, que a menudo dan lugar a resultados negativos.

Pensamiento mágico: mirar una solución o situación a través de una lente de fantasía o inocencia que no es práctica ni realista. Una respuesta reactiva cuando no se quiere conectar con la realidad y se omiten los detalles clave de cómo se podría lograr algo exactamente. Una respuesta infantil a una situación compleja.

Proyección: dolor emocional inconsciente y no resuelto de una persona dirigido hacia otra, a menudo en forma de encontrar fallos en los demás. Identificar una herida en otra persona que no está curada en uno mismo y luego avergonzarla por sus propios problemas.

Reacciones impulsivas: responder a un estímulo sin pensar demasiado. Una reacción rápida que a menudo no procede de un espacio interior enraizado, sino de un ámbito de herida o dolor.

Recuerdos explícitos: también conocidos como recuerdos declarativos. La recuperación y evocación consciente de los recuerdos a largo plazo que consisten en experiencias, ideas y hechos.

Recuerdos implícitos: la utilización de experiencias pasadas para recordar cosas sin necesidad de pensar en ellas. No se requiere una rememoración consciente; es decir, un semáforo en rojo significa parar y en verde, seguir.

Relato/narrativa: la historia que uno se cuenta en relación con quién es, cómo es y qué cree que merece. Este relato puede basarse en hechos, falsedades o creencias distorsionadas de uno mismo.

Resentimiento: un sentimiento de dolor que sigue reciclándose y que es difícil de superar.

Resiliencia: la capacidad de encontrar los recursos internos para responder a una situación. Una fuente de fuerza y firmeza en el interior. El grado en que un individuo puede recuperarse de una situación que se produce de forma inesperada.

Sentimientos heredados: sentimientos que le fueron impuestos a un individuo por otra persona o sentimientos que recogió de alguien pensando que era responsable de estos. A menudo provocan reacciones emocionales exageradas.

Sentimientos: estados o reacciones emocionales como la ira, la alegría y la tristeza. La experiencia consciente de las reacciones emocionales.

Sin deseos: renunciar a cualquier idea de deseo por alguien o algo. Suele observarse en individuos que crecieron en un hogar carente de afectividad, en el que las necesidades y los deseos básicos fueron desatendidos o ignorados. Los individuos sin deseos no saben expresar lo que les gusta o no les gusta.

Sin necesidades propias: cuando uno no pide ni se da a sí mismo lo que necesita para vivir con seguridad, comodidad o llevar una vida emocionalmente satisfactoria. Cuando desatiende las necesidades de su yo, el niño desarrolla y arrastra la falsa creencia de que no tiene necesidades legítimas. Al ignorar sus necesidades en la edad adulta, no tiene que enfrentarse a la dolorosa realidad de que sus necesidades básicas no fueron satisfechas en la infancia. A menudo se origina en un hogar carente de afectividad en el que el niño termina por dejar de pedir que se satisfagan sus necesidades. Esto da lugar a que el adulto tenga dificultades para saber cómo establecer conexiones íntimas con los demás porque sus necesidades emocionales básicas no fueron satisfechas ni reflejadas por sus padres.

Sinérgico: la interacción y cooperación dinámica de personas, lugares o cosas que crea algo que es mayor que cualquiera de las partes. Sentirse conectado a un nivel profundo con otro, lo que da lugar a una idea o sentimiento que no puede lograr alguien por sí mismo.

Sintonía/sintonizado: resonar y conectar emocionalmente con el mundo interior de otra persona y reflejárselo a esta. Sentirse conectado o alineado con alguien en un nivel energético y emocional profundo.

Sintonía con uno mismo: el proceso de conectar con el yo para que todas las partes de uno sean congruentes, equilibradas y completas. Conocer conscientemente las necesidades del auténtico yo y estar alineado con ellas.

Supresión: cuando un individuo intenta conscientemente apartar un recuerdo de su consciencia. Querer olvidarse de algo.

Violación de los límites: falta de respeto o de reconocimiento de un límite implícito o verbal. Las violaciones de los límites pueden provenir de uno mismo o de otra persona.

Yo adulto responsable: una parte de uno mismo que ha madurado emocionalmente y responde a una situación de forma racional y funcional. Establece y mantiene los límites de todas las partes del yo. Un defensor de todas las partes del yo.

Acerca del autor

ROBERT JACKMAN es un psicoterapeuta certificado por la National Board of Certified Counselors ('junta nacional de consejeros certificados') que ha ayudado a muchas personas en su camino de curación durante más de veinte años. Además de su consulta privada, ha sido profesor en los cursos de postgrado en la Universidad Nacional de Louis, en la zona de Chicago, ha dirigido grupos de pacientes externos en hospitales, ha impartido conferencias sobre atención plena, hipnoterapia, codependencia y el papel de la espiritualidad en la curación, y ha participado en numerosos retiros de fin de semana con Victories for Men.

Robert es también un maestro de *reiki* que utiliza la psicología de la energía en su consulta y se considera a sí mismo un codependiente en fase de recuperación, trabaja siempre en el establecimiento de límites, el discernimiento y la conexión con su auténtico yo. Vive con su familia en la zona oeste de Chicago y en Oregón. Le gusta la fotografía, el kayak y la jardinería, además de nutrir y deleitar a su niño interior.

Para obtener más información sobre Robert Jackman, sus otras obras, los próximos eventos y el libro *Sanar a tu niño interior perdido* y el libro de ejercicios que lo acompaña (en inglés), visita www.theartofpracticalwisdom.com.